Logisches Philosophieren

Festschrift für Albert Menne zum 60. Geburtstag

Mit einleitenden Erinnerungen von I. M. Bocheński

Zweite, um eine Bibliographie erweiterte Auflage

herausgegeben von
Ellen Walther-Klaus

1988
Georg Olms Verlag
Hildesheim · Zürich · New York

Zweite erweiterte Auflage

Printed in Germany
Herstellung: Weihert-Druck GmbH, Darmstadt
ISBN 3 487 07421 4

Inhalt

Vorwort

Einer der wenigen deutschen Philosophen, die ein umfassendes Wissen auf dem Gebiet der Geschichte der Philosophie und Logik mit ebenso umfassenden Kenntnissen auf dem Gebiet der modernen Logik und Wissenschaftstheorie verbinden, wird am 12.Juli 1983 sechzig Jahre alt, eine Tatsache, die allein schon deshalb durch eine Festschrift herausgestellt zu werden verdient, weil kaum einer von denen, die ihn persönlich kennen, dies wegen seiner unglaublichen Energie und Arbeitskraft glauben würden. Die Rede ist von Albert Heinrich Menne, der am 12.Juli 1923 in Attendorn in Westfalen geboren wurde.

Er besuchte dort das Gymnasium bis zum Abitur im Jahre 1942. Nach Wehrdienst und englischer Kriegsgefangenschaft studierte er in Paderborn, Tübingen und München Philosophie, Psychologie und Theologie. Durch Max Planck, der auf den hochbegabten Studenten aufmerksam wurde und der ihn zu persönlichen Gesprächen zu sich einlud, wurde er Stipendiat der Studienstiftung des Deutschen Volkes. 1952 promovierte er bei Wilhelm Britzelmayr mit der Dissertation "Logistische Analyse der kategorischen Syllogismusfunktoren und das Problem der Nullklasse". Nach einigen Jahren Tätigkeit als Religionslehrer an Berufsschulen wurde er 1962 Wissenschaftlicher Rat an der Universität Hamburg und dort wegen hervorragender wissenschaftlicher Leistungen zum Professor der Philosophie ernannt. In einer Zeit, in der wegen der Umorganisation der Philosophischen Fakultät der Universität Hamburg erschwerte Bedingungen herrschten, wurde er Dekan und verstand es, die schwierige Zeit des Übergangs zu meistern. Seit 1971 ist er Professor für Philosophie mit dem Spezialgebiet Logik und Leiter der Arbeitsgruppe Mathematische Logik an der Ruhr-Universität Bochum.

Im Gegensatz zu einem heute häufig anzutreffenden Antitraditionalismus versteht Albert Menne es, Tradition und Moderne immer wieder miteinander zu verbinden. Nicht zuletzt hierin liegt sein wissenschaftliches Verdienst. Seine Arbeit ist geprägt von hohen Anforderungen an Präzision, Klarheit und Verständlichkeit, sowie von Radikalität beim Überprüfen von ungenannten philosophischen Voraussetzungen. Dabei orientiert er sich an einer Traditionslinie die durch Namen wie Bolzano, Frege und Bocheński zu kennzeichnen ist.

Die interdisziplinäre Rolle der Philosophie und speziell der Logik bringt er durch die Zusammenarbeit mit Fachvertretern zahlreicher anderer Wissenschaften, mit Mathematikern, Natur- und Sprachwissenschaftlern, Juristen, Medizinern und Psychologen zur Geltung. Aber nicht nur der Wissenschaft als Aussagensystem gelten seine Bemühungen, wie seine zahlreichen Veröffentlichungen zeigen, auch der Wissenschaft als Prozeß erweist er seine Dienste, indem er an zahlreichen philosophischen Kongressen und anderen wissenschaftlichen Tagungen aktiv teilnimmt: viele Vorträge hält, Kongreßsitzungen leitet und auch seine organisatorischen Fähigkeiten mit einbringt. So war er von 1969 bis 1975 Geschäftsführer der Allgemeinen Gesellschaft für Philosophie in Deutschland und hat u.a. den X. Deutschen Kongreß für Philosophie, der vom 8. bis 12. Oktober 1972 in Kiel stattfand, organisiert.

Da Bewahrung wissenschaftlicher Tradition jedoch nicht nur eine umfassende Auseinandersetzung mit dem tradierten Lehrgut ausmacht, sondern vor allem eine Weitergabe von wissenschaftlichen Kenntnissen und Entwicklung wissenschaftlicher Fähigkeiten bedeutet, gilt seine Fürsorge dem Weiterkommen jüngerer Kollegen und begabter Studenten. Dabei sei sein Einsatz für alle Mitglieder der von ihm geleiteten Arbeitsgruppe Mathematische Logik nicht vergessen, die ihm als Dank und Anerkennung diese Festschrift widmen und ihm hiermit herzlich zum Geburtstag gratulieren.

Die Themen der Beiträge beziehen sich auf recht unterschiedliche Gebiete. Sie bringen zugleich die weit gestreuten Interessen und die Vielfalt der freundschaftlichen Verbindungen des Jubilars nicht nur mit Kollegen aus dem Hochschulbereich, sondern auch mit Persönlichkeiten aus der Industrie und der technischen Forschung zum Ausdruck. Daher war es nicht möglich, einen auf diese Beiträge bezogenen Gesamttitel für diese Festschrift zu formulieren. Der Titel soll daher Albert Menne als Philosophen und Logiker und die Eigenart seines Philosophierens charakterisieren, und da er, wie sein Freund I.M.Bocheński es in seinen "Erinnerungen eines Logikers" ausgedrückt hat, im echten Sinne logisch philosophiert, erhielt diese Festschrift den Titel "Logisches Philosophieren".

Aus den gleichen genannten Gründen war es aber auch nicht möglich, die Beiträge nach Sachgebieten zu ordnen. Die wissenschaftlichen Beiträge wurden daher in alphabetischer Reihenfolge der Namen ihrer Verfasser geordnet. Nur die "Erinnerungen" des dem Jubilar besonders verbundenen Vorkämpfers der modernen Logik I.M.Bocheński wurden vorangestellt, weil sie ein lebendiges Bild jener Zeit geben, in die der Jubilar als ein jüngerer Mitkämpfer für ein klares, deutliches und konsequentes Philosophieren hineingestellt wurde.

Da ohne die Hilfe anderer diese Festschrift nicht möglich gewesen wäre, dankt die Arbeitsgruppe Mathematische Logik allen, die dieses Vorhaben, trotz der kurzen zur Verfügung stehenden Zeit, mit finanziellen und geistigen Beiträgen unterstützt haben, ferner all denjenigen deren Beiträge aus Platzmangel nicht berücksichtigt werden konnten; sowie dem Olms-Verlag für seine großzügige Bereitschaft zur Veröffentlichung.

Bochum, im Februar 1983

Gerhard Heyer
Christa Matthies
Corinna Mette
Ursula Neemann
Delia Pauli
Mathias Rehsöft
Ellen Walther-Klaus

Erinnerungen eines Logikers

I.M.Bocheński, Fribourg

Professor Albert Menne gehört wohl zur dritten Generation der Logiker, die in unserem Jahrhundert tätig sind. Ich zähle nämlich zur ersten. Die "Denkmäler des 19.Jahrhunderts", wie man in meinem Noviziat zu sagen pflegte, sind etwa Russell (*1872), Lukasiewicz (*1878) und Carnap (*1891). Ich selbst bin am Anfang des 20.Jahrhunderts geboren, zusammen mit solchen Logikern wie Church, Curry und Quine. Dieses 20.Jahrhundert ist übrigens, so scheint es mir, verdammt schnell vergangen. Aus der ersten Generation leben nur noch ganz wenige. Auch aus der zweiten sind viele, wie man (sinnlos übrigens) sagt, "verewigt" worden. Und jetzt feiert auch Professor Menne sein Jubiläum!

Da nun weder er noch sogar ich selbst "verewigt" sind, möchte ich ihm ein paar sozusagen logische Erinnerungen widmen. Nicht etwa um diese Vorgänge zu "verewigen", denn *ad aeternam rei memoriam* kann nur einer schreiben, der überhaupt nichts davon versteht, gar ein Hermeneutiker, oder etwas Ähnliches. Ich schreibe aber, weil es mir Spaß macht, und in der Hoffnung, daß es auch ihm Spaß machen möge.

I.

Mein Vater war Nationalökonom mit klassischer Bildung, aber auch ein Mann, der im Geist der Aufklärung erzogen war und der die Wissenschaft verehrte. Für Mathematik hatte er wohl kein Verständnis. Als ich mich an der Technischen Hochschule einschreiben wollte, sagte er, daß man dort einen Barbaren aus mir machen würde, und zwang mich, Jura zu studieren, und doch glaube ich, daß sein Verhältnis zur echten Wissenschaft nicht ohne Einfluß auf meine Neigung zum Mathematisieren geblieben ist. Jedenfalls fand ich nach zwei Jahren Jura-Studium in Lemberg nach der Übersiedlung nach Posen ganz schnell den Weg zum statistischen Seminar. Mathematik ist immer meine Liebe gewesen. Im Gymnasium pflegten meine Mitschüler zu sagen "Bocheński, stelle ihm eine Frage", nämlich dem Zawirski, dem späteren Krakauer analytischen Philosophen (ich hatte auch immer eine solche vorrätig), und der beabsichtigte Erfolg war gesichert, denn wenn Zawirski das Problem nicht gleich lösen konnte, stieg er vom Katheder herab und wanderte denkend im Klassenraum herum, meine Kumpel aber spielten Karten, rauchten Pfeife usw. Wir waren schon eine schreckliche Bande! Das Wesentliche ist hier aber nur, daß ich immer so ein Problem hatte, das einen guten Mathematik-Professor in die Enge trieb.

Mit der mathematischen Logik hatte ich jedoch während meiner sechsjährigen juristischen und nationalökonomischen Studien keine Berührung. Unter meinen Lehrern in Posen gab es freilich einen hervorragenden analytischen Philosophen, Znamierowski. Er war damals zwar bei allen seinen Kollegen verpönt, erweist sich aber aus heutiger Sicht als ein bedeutender Vorläufer der analytischen Philosophie des Rechtes und der Gesellschaft. Er hat auf mich einen gewissen Einfluß ausgeübt, als Philosoph (ich philosophierte schon damals) war ich aber ein überzeugter Kantianer.

Die "Bekehrung" zur wissenschaftlichen Logik kam viel später, nämlich in Fribourg etwa 1929 durch die Principia Mathematica, die ich in der Kantonalbibliothek fand. Nebenbei gesagt, hat mir dasselbe einmal Curry von sich erzählt, wie er dieses gewaltige Werk ganz zufällig entdeckte und zum Logiker wurde. Das bedeutet aber, daß ich ein Autodidakt war - wie viele unter meinen Zeitgenossen. Ich bin kein "Schüler der polnischen Schule" gewesen, habe nur Vorträge gehört und Kongresse und Symposien besucht und kannte daher die meisten dieser Schule. Mit Lukasiewicz verband mich eine echte Freundschaft. Lesniewski ist immer sehr gütig zu mir gewesen, obwohl ich seine Haufen-Logik nie ganz zu verdauen vermochte. Und natürlich haben sie mich, vor allem Lukasiewicz, aber auch Tarski stark beeinflußt.

II.

Lukasiewicz war eine Art Genius, aber auch eines der besten mir bekannten Beispiele für den unpraktischen Professor. Man denke nur, daß man ihn einmal zum Kultusminister gemacht hat! Ich kann mir nicht einmal vorstellen, wie das Ministerium unter ihm funktionieren konnte. Wenn jemand nicht dazu geeignet war, zu leiten und zu kämpfen, dann war er es. Er war ein Wissenschaftler so sublimer Art, daß man ihn einen Künstler nennen durfte. Die meisten seiner relativ wenigen Aufsätze sind in dem Sinne so perfekt, daß man in ihnen kein Wort wegnehmen oder hinzufügen kann, "schön und pünktlich" wie ein anderer meiner Freunde und Lehrer, Heinrich Scholz, zu sagen pflegte.

Einmal besuchte ich Lukasiewicz an einem Abend in Warschau. Er saß an der Schreibmaschine und tippte einen logischen Beweis; denn seine Sprache läßt sich auf der Schreibmaschine schreiben, dies ist einer ihrer Vorteile. Als er mich sah, zog er das Papier aus der Maschine und zeigte mir das letzte Theorem, das etwa so aussah:

CCCCCKCACCNKNKCCCppppp ... usw.,

und sagte mit Enthusiasmus: "Wie wunderbar schön und wie evident wahr!" Ich habe mir damals Gedanken über den Begriff der Evidenz gemacht; denn offenbar war seine Evidenz noch lange keine Evidenz für mich: CCCCCKCACCp...!

Um nochmal auf Scholz zu kommen, Lukasiewicz hatte dies mit ihm gemeinsam: sie waren beide Ästheten. Das Geschwätz der "klassischen" Logiker war ihnen unerträglich, nicht nur deshalb, weil es meistens falsch war, sondern auch, weil es nicht "schön" war.

Beide waren auch ziemlich radikale Platoniker. Als ich einmal während der für die Deutschen schweren Nachkriegszeit Scholz einlud und ihn im wunderbaren Tessin herumfuhr, fragte ich: "Herr Scholz, glauben Sie, daß die Negation an sich existiert?" Seine Antwort, und zwar mit tiefer Überzeugung: "Ja! Sie muß irgendwo sein!". Beide waren auch, obwohl jeder in anderer Weise, tief gläubige Männer. Scholz fing als protestantischer Theologe an, um sich dann auf solche Denker wie Pascal usw. zu spezialisieren. Lukasiewicz glaubte, daß seine Logik irgendwo in Gottes Gedanken bestehe. In seinem Krakauer Vortrag von 1936 sagte er: "Wenn ich an einem logischen Problem arbeite, so habe ich immer das Gefühl, vor einem Gefüge zu stehen, das fester ist als Stahl und Beton: es ist schon da, ich kann daran nichts ändern, ich entdecke nur Einzelheiten daraus."

So haben diese beiden großen Männer gedacht und gearbeitet. Wenn ich jetzt auf meine eigene Entwicklung zurückschaue, so glaube ich, sagen zu dürfen, daß ich meinen Platonismus gerade ihnen verdanke, denn ich bin ja im Grunde auch immer ein Platoniker geblieben. Und aus mir und aus solchen Denkern wie Scholz und Lukasiewicz hat man Positivisten gemacht! Freilich, wenn man unter "Positivist" dasselbe versteht wie "kein Schwätzer", so waren meine beiden Lehrmeister Positivisten, und ich bin auch stolz - si parva magnis comparare licet - ein Positivist in diesem Sinne zu sein.

III.

Echten und zwar ganz großen Positivisten begegnete ich erst auf dem Prager Philosophie-Kongreß 1934. Das war übrigens der letzte große Kongreß mit echten Diskussionen über wesentliche Fragen. Am Schluß sprach Brunschvicg, der Rationalist, gegen Marcel den Existentialisten und schloß mit den Worten: "Der Unterschied ist der: Während der Tod von Marcel im Zentrum Marcel's Philosophie steht, hat der Tod Brunschvicg's überhaupt keine Bedeutung für seine Philosophie."

Hart waren die Auseinandersetzungen zwischen den traditionellen Philosophen und dem "Wiener Kreis", der hier zum ersten Mal vollzählig und mit Schwung erschien. Ich erinnere mich an drei Einzelheiten dieses Streites. Noch heute sehe ich den alten Hans Driesch mit seinem Bart, einem großen

Bär vergleichbar, der sich gegen die Meute von Hunden verteidigt. Er war mutig, aber er war alt und stand allein gegen die Phalanx der jungen Wiener, die ihn angriffen. Dies ist in meinem Gedächtnis als ein Symbol der Wende der Zeiten haften geblieben.

Eine weitere Einzelheit war die Erklärung des englischen Pragmatikers F.C.S.Schliier, die Logik sei just a game, und da die aristotelische viel einfacher sei als die mathematische, würde er sie eher wählen. Aber das wichtigste Ereignis des Kongresses war wahrscheinlich der Vortrag von Ingarden. Der Krakauer Philosoph, der, wie wir heute wissen, Husserl am nächsten stand, war der einzige in seiner Schule, welcher die Logik, uns alle und im Besonderen die Wiener ernst nahm und sich damit auseinandersetzte: Er sagte dem Sinne nach, daß für Neo-Positivisten alles, was nicht verifizierbar sei, keinen Sinn habe; nun sei das Verifizierbarkeitsprinzip selbst nicht verifizierbar, also sei es Unsinn. Es war köstlich zu sehen, wie sich Carnap, Neurath, Schlick & Co. zwei Stunden lang damit quälten, ohne im Stande zu sein, den boshaften Phänomenologen zu widerlegen. "Der Begriff der Wahrheit" war ja noch nicht in deutscher Sprache erschienen, und so etwas wie die Metalogik war ein ziemlich fremder Begriff für die meisten unter uns. Übrigens bin ich der Meinung, daß man auch beim heutigen Stand der Forschung viel zugunsten der These von Ingarden sagen könnte.

Die allgemeine Lage könnte jedoch so umschrieben werden: die traditionellen Philosophen, Kantianer, Hegelianer, Thomisten, ja Positivisten alter Prägung, waren einfach durch die Wucht des Angriffes seitens der Wiener erschrocken und überwältigt, zumal diese ständig mathematisch-logische Formeln gebrauchten und sich mit einer gewissen Verehrung auf die Polen beriefen. Die Letztgenannten blieben aber demgegenüber ziemlich kühl und machten bis auf wenige Ausnahmen nicht mit.

Ich hatte auf dem Kongreß die Gelegenheit, zahlreiche Logiker kennenzulernen, so vor allem Carnap, aber auch Reichenbach, Wiener (wenn ich mich nicht irre) und andere.

IV.

Zwei Jahre nach dem Prager Kongreß, am 26.September 1936, fand ein anderes für mich wichtiges Ereignis statt: das erste öffentliche Erscheinen dessen, was wir etwas pompös den "Krakauer Kreis" nannten. Bei Gelegenheit des 3.Polnischen Philosophenkongresses in Krakau organisierten wir nämlich eine Sitzung, in der unter dem Vorsitz von K. Michalski/J.Salamucha, J.Fr.Drewnowski, ich selbst und - das war die große Überraschung - Lukasiewicz Referate hielten, gefolgt von einer ausgiebigen Diskussion durch führende Neu-Scholastiker des Landes wie P.Chojnacki, J.Pastuszka und J.Stepa. Die Vorträge und die Diskussionsbeiträge wurden dann unter dem Titel "Der katholische Gedanke und die Exaktheit" veröffentlicht. Die Veröffentlichung verdankten wir K.Kowalski, meinem ehemaligen Lehrer, der,obwohl ein "Klassiker", immer für mich und meine logischen Bestrebungen Verständnis hatte. Er wurde (trotzdem) Bischof und ist bereits verstorben. Ich möchte seiner gedenken als einem seltenen Beispiel christlicher Liebe unter den Gegnern der modernen Logik; denn die meisten christlichen Philosophen begegneten uns eher mit unchristlichem Haß und mit Verfolgung.

Diese Verfolgung hatte als erster Jan Salamucha erlebt. Seine Habilitation wurde auf Anregung eines drittklassigen neuscholastischen Dozenten durch das Ministerium annuliert, und man erreichte, daß er der Vikar seines persönlichen Feindes wurde, der ihn bis zum Selbstmordversuch trieb. Salamucha wurde, Gott sei Dank, durch Freunde gerettet. Er wurde ermordet, als er im Warschauer Aufstand die Pflichten eines Spitalkaplans ausübte.

Salamucha war einer meiner besten Freunde. Wir hatten dieselben Grundansichten, die im o.g. Buch zum Ausdruck kamen: die Tradition des katholischen Gedankens (die große echte Tradition) ist, so sagten wir, nicht jene des dialektischen Geschwätzes, sondern jene der formalen Logik. Sie wurde zu Zeiten der Renaissance gerade deswegen verpönt, weil sie "spitzfindig" war. Wir, die mathematischen Logiker, seien die echten Vertreter dieser Tradition, nicht jene, die Kant, Hegel und ähnlichen "Logikern" nachlaufen.

Die Reaktion war gemäßigt. In Polen mußte man die neue Logik ernst nehmen. Sie wurde schon in den Gymnasien gelehrt und beherrschte den philosophischen Unterricht an den meisten Universitäten. Dies beruhte auf der Autorität von Lukasiewicz. Aber einverstanden waren die Kollegen selbstverständlich nicht. Jedenfalls haben wir damals echte Diskussionen gehabt, was, soweit ich weiß, später nicht mehr vorkam. Man ging lieber mit "administrativen Mitteln", wie die Russen sagen, gegen uns vor. Salamucha wurde die Habilitation aberkannt. Clark, der amerikanische Jesuit, wurde seines Lehramtes enthoben und zum Ausüben des Ökonomats verurteilt. Hoenen, der vorzügliche Logiker, obwohl an der Gregoriana angestellt, konnte nie für die Masse der Studenten über Logik lesen, sie wurden durch einen anderen (sagen wir höflich) "belehrt". Ich selbst habe meinen Lehrstuhl fast verloren - wurde jedoch im letzten Augenblick durch den Eingriff des Staates gegen die kirchliche Behörde gerettet. So war es.

V.

Vielleicht sollte ich nicht mit einer solchen Bitterkeit über meine damalige Umwelt sprechen, weil ich persönlich auch viel Wohlwollen erfahren habe. Man muß auch gestehen, daß wir, die mathematischen Logiker, nicht gerade zart gewesen sind: "Demagogen", "Ignoranten", "Schwätzer" waren Komplimente, die wir nur zu oft unseren Gegnern erteilten, und zwar mit der tiefen Überzeugung, daß die Komplimente zutrafen.

Jedenfalls muß ich sagen, daß ich in Rom, wo ich seit 1933 im Angelicum dozierte, anfangs ein ziemlich glückliches Leben führte. Dies verdanke ich vor allem dem Verständnis des P.Browne, des damaligen Rektors der Hochschule, dem späteren Ordensgeneral und Kardinal. Ich las über mathematische Logik (hatte u.a. die Ehre, G.von Wright als Zuhörer zu haben) und konnte mein erstes logisches Buch, ein peccatum iuventutis, nämlich die "Nove lezione di logica simbolica", veröffentlichen.

Mit dieser Veröffentlichung hängt die folgende Erinnerung zusammen. Einige Monate nach Erscheinen des Buches kam ein sehr alter Herr namens Vacca zu mir, Dozent für chinesische Sprache an der Universität Rom, und weinte. Er sei ein Schüler von Peano gewesen, Mitglied einer einmal blühenden Schule. "Und was ist jetzt daraus geworden? Das einzige logische Buch seit vielen Jahren veröffentlicht jetzt in Italienisch ein Ausländer". Tatsächlich glaube ich, daß mein Buch das erste italienische Buch dieser Art seit vielen Jahren gewesen ist. Viele Italiener haben durch dieses Buch den Zugang zur neuen Logik gefunden - so sagte es z.B. von sich selbst der heute in Fribourg dozierende italienische Denker Evandro Agazzi.

VI.

Die Lage wurde aber allmählich weniger angenehm, ja geradezu bedrohlich. Ich sah nach einigen Jahren ein, daß ein weiteres systematisches Studium für meine wissenschaftliche Laufbahn gefährlich sein würde. Freilich, als Missionar, etwa in Patagonien, wirken zu dürfen, ist eine schöne Sache. Ich glaubte aber, daß ich Verpflichtungen ganz anderer Art hatte, nämlich der Wissenschaft zu dienen. In einem eher dramatischen Augenblick, da sich die Angriffe der Gegner peinlich bemerkbar machten, sagte mir einer meiner ehemaligen Lehrer, nämlich Simonin: "Warum befaßt du dich nicht mit Geschichte? Wenn man über Geschichte schreibt, kann man den anderen alles das sagen lassen, was man selbst sagen möchte, und zwar ohne jede Gefahr".

Dazu kam noch etwas anderes. 1931 hatte Heinrich Scholz seine Geschichte der Logik veröffentlicht, ein noch schüchterner Versuch, diese Geschichte mit anderen Augen zu sehen, als es die "Klassiker" getan hatten. Dann kam 1935 der bahnbrechende Aufsatz von Lukasiewicz. Ich entschloß mich also, auf dieses Gebiet überzuwechseln, veröffentlichte eine Ausgabe des Petrus Hispanus, eine Sammlung griechischer Texte, und machte mich dann an den Theophrastus, angeregt durch die großartige Dissertation von Albrecht Becker. So entstand vielleicht das beste Buch, das ich je geschrieben habe, das aber durch einen unbeholfenen Verleger fast ganz verloren ging. Nicht einmal Sir Ross hatte nach zehn Jahren etwas von ihm gehört. Im Ganzen wurden davon nur 72 Exemplare verkauft.

Von diesem Buch gilt wahrlich, was das römische Sprichwort sagt: habent sua fata libelli. Es sollte in der Sammlung von Lukasiewicz erscheinen, war schon gedruckt aber nicht gebunden, als der Krieg ausbrach. Eine deutsche Bombe fiel auf die Druckerei, wo die Druckbogen lagen, eine andere auf das Institut, in dem das Manuskript lag. So ging also beides verloren. Ich selbst machte den Feldzug mit, wurde verwundet, gefangen genommen, entfloh und landete endlich in Krakau, wo ich vom Verlust des Werkes hörte, aber auch die Nachricht erhielt, daß es in meiner Zelle im Warschauer Konvent der Dominikaner (den ich selbst, beiläufig gesagt, erbaut hatte), noch einen Satz korrigierter Fahnen gab. Ich ließ sie mir kommen und wollte sie mit ins Ausland nehmen. Da aber bereits ein Logiker an der Grenze wegen eines mitgenommenen logischen Manuskriptes von den Russen erschossen worden war - sie dachten, es wäre ein Chiffre - entschloß ich mich, die genannten Fahnen an Heinrich Scholz nach Münster zu schicken.

Der gute alte Freund und Meister nahm sie nicht nur entgegen, sondern veröffentlichte auch eine Notiz, daß ein solches Werk in seinem Seminar vorhanden sei. Ich selbst ging nach Rom, dann nach Frankreich und England. Man kann sich meinen Schrecken vorstellen, als ich dann im Regent-Hotel sitzend die Times öffnete und die Nachricht fand, daß Münster in Westfalen zum Gegenstand eines großangelegten Luftangriffes geworden war: "a sea of flames", ein Feuersee, hieß es in der Times. Addio mein Theophrast! habe ich gedacht. Und doch gelang es mir, mit einem anderen Satz Druckfahnen, der in Rom lag, das Buch zu rekonstruieren.

VII.

Wegen meines langjährigen Kriegsdienstes verlor ich meinen Lehrstuhl für Logik in Rom und mußte 1945 einen anderen, einen für zeitgenössische Philosophie in Fribourg annehmen. Dort war mir vom Fach her nicht erlaubt, Logik zu dozieren, denn dieses Gebiet gehörte meinem Kollegen P.Philippe, dem einzigen Meritainisten in Fribourg. Es gelang mir aber, ein einstündiges Kolleg über mathematische Logik einzuschmuggeln als einen Teil meines eigenen Lehrauftrages über zeitgenössische Philosophie.

Aus diesen elementaren Vorlesungen über die Logik ist mein Buch "Précis de logique mathématique" (1949) entstanden, wie auch meine "Zeitgenössische Denkmethoden" (1954). Das erstgenannte Buch hat auch sein <u>fatum</u> gehabt, obwohl weniger dramatisch wie das der Theophrastus-Monographie. Ich hatte nämlich hier und da darin bemerkt, daß ein bestimmtes Gesetz schon den Scholastikern bekannt war, z.B. wenn ich das sog. De Morgan'sche Gesetz zitierte, das in Wahrheit aus dem 13.Jahrhundert stammt. Nun hatte mir der genannte Kollege die Pflicht auferlegt, jeden Hinweis auf die Scholastik aus dem Buch herauszunehmen. Da ich so etwas nicht erwartet hatte und den Text setzen ließ, kostete mich diese Liebenswürdigkeit des genannten Kollegen mein zweijähriges Taschengeld. So war es damals, sowohl bei uns, als auch bei den Russen (ich beschäftigte mich mit ihnen im Rahmen meines Auftrages), wo die Schüler der Frau Janowskaja, des Moskauer Bocheński's, unter starkem Druck lebten. Jedoch haben auch sie sich durchgesetzt.

Zur selben ersten Nachkriegszeit gehören aber auch erfreulichere Ereignisse. Unter sie möchte ich an erster Stelle die Begegnung mit zwei Logikern zählen, mit E.W.Beth, meinem besten Freund, und mit Albert Menne. Da dieser heute sein Jubiläum feiert, sei es mir erlaubt, ein paar Worte über ihn zu sagen.

Ich lernte ihn 1948 kennen, als er auf einer Radtour durch die Schweiz mir Grüße von Wilhelm Britzlmayr überbrachte. Wir unterhielten uns über Probleme der Klassenlogik. Die Antworten und Bemerkungen des jungen Studenten waren für mich interessant und beeindruckend. Sie zeugten von einer tiefen Gründlichkeit und Klarheit, die schon ein Jahr zuvor Max Planck aufgefallen waren. Max Planck selbst stellte Albert Menne der Studienstiftung des Deutschen Volkes vor. Mein Gespräch mit Albert Menne hatte ich damals auf ein Magnetofon aufgezeichnet, zu jener Zeit eine sensationelle Neuigkeit auf dem Gebiet der Technik. Ich spielte es ihm vor, während wir einen Kaffee nach dem anderen tranken.

Vieles hat sich seit dieser ersten Begegnung ereignet. Albert Menne hat mehrere meiner Bücher übersetzt, einige mit mir zusammen veröffentlicht, viele wertvolle Arbeiten selbst verfaßt, er hat sich aber nicht geändert. Was bei ihm beeindruckt - heute wie damals - ist der klare Gedankengang, die Gründlichkeit und Fundierung der Argumente, mit einem Wort, seine Fähigkeit logisch zu philosophieren. Und noch eines: Menne ist kein "dialektischer" Denker, der auf jede Frage mit einem "ja - aber" antwortet. Was ich bei ihm besonders schätze, ist seine sog. Kategorizität. Wenn er der Meinung ist, daß etwas falsch ist, so sagt er es klar, eindeutig und laut. Man nennt ihn deshalb manchmal "Jupiter tonans". Das ist aber wichtig, denn es zeigt, daß er ein w a h r e r Philosoph ist, ein Philosoph, der an die Wahrheit glaubt.

VIII.

1955 begann meine USA-Tätigkeit, begannen die vielen Reisen nach Amerika. Die erste führte nach Notre Dame (Indiana), auf Einladung eines weitsichtigen und klugen Mannes, des Präsidenten Hesburgh. Um den Mut zu verstehen, der notwendig war, um einen Menschen wie mich einzuladen, muß man etwas über die katholischen Universitäten Nordamerikas wissen.

Das waren damals Anstalten, deren Hauptzweck die Wahrung des Glaubens einer armen und verfolgten Minderheit war, Wissenschaft war Nebensache. Dann kamen Neo-Thomisten besonderer Prägung, nämlich die Schüler von De Koninck aus Laval. Dieser De Koninck selbst war ein Maritainist und seine Schüler gehörten zum schlimmsten, was ich unter den "Neos" irgendeiner Art bisher gesehen hatte. Um nur ein Beispiel ihrer Haltung zu geben: Einer unter den Lavalisten, der gerade die aristotelische Logik dozierte, sagte mir mit tiefer Überzeugung: Wer den Altmeister griechisch lese, werde ihn nie verstehen. Er selbst verstünde kein Wort in dieser Sprache.

In Notre Dame fand ich einen alten Freund und glänzenden Logiker, Pater Ivo Thomas. Zusammen mit ihm gelang es uns, Sobocinski, den ehemaligen Assistenten von Lukasiewicz, nach Notre Dame einladen zu lassen. Zusammen bildeten wir dann die "Drei-Musketiere-Bande". Man nannte uns Ivo, Bobo und Sobo, und wir erklärten den Lavalisten den Krieg.

Zu jener Zeit schrieb der Rektor der Belgrader Universität einen Brief an den Präsidenten der Indiana University in Bloomington, der mit dem Ausruf endete "smart fashizmu!" (Tod dem Faschismus!). Der arme amerikanische Rektor suchte nach etwas Entsprechendem und fand endlich die Wendung "beat Purdue!" Purdue ist nämlich die andere Staats-Universität von Indiana und die Fußballkämpfe zwischen den beiden Universitäten gehören zur besten amerikanischen Tradition. Wir übernahmen dieses Schlagwort und sagten: "Beat Laval!" - "Schlage Laval!". Wir haben es zerschlagen. Notre Dame ist heute eine Hochburg guter moderner Logik.

Schon zu meinen Zeiten ist dort etwas Wichtiges passiert. Ich meine das Universalien-Symposion von 1956. Die University of Notre Dame organisierte damals zu Ehren des Hl.Thomas von Aquin ein zweitägiges Symposion mit drei Referaten: von Goodman (Pensylvania, - Nominalist), Church (Princeton, - Platoniker) und mein eigenes. Etwa einhundert Logiker waren da. Die Diskussion, die leider nie veröffentlicht wurde, dauerte Tag und Nacht, fast ohne Unterbrechung. Das Ergebnis war eindeutig. Die "Churchmen" (Leute um Alonzo Church) trieben ebensowohl Goodman wie mich selbst in die Enge. Goodman hatte es wohl verdient, weil sein Nominalismus angesichts des heutigen Standes der Mathematik ganz unhaltbar ist. Ich aber litt unter dem Mangel an einer vernünftigen, dreistelligen Semantik. Jene von Tarski und Carnap, die einzige, die wir hatten, hatte ja keinen Platz für die Begriffe. Man konnte also entweder ein Nominalist oder ein Platoniker sein, aber kein Aristoteliker.

Der Verlauf der Auseinandersetzungen war ziemlich dramatisch, obwohl alles in einem See von mathematisch-logischen Formeln schwamm. Ich erinnere mich noch sehr gut an das Gesicht von Goodman, als er das Argument eines jungen Mathematikers hörte, das sich auf die Ergebnisse von Gödel stützte. "Ich kann nicht antworten", sagte er, "wenn sie aber glauben, daß ich meinen Standpunkt deshalb verlassen werde, dann irren sie sich; denn so sehe ich die Welt." Und darauf der extrem kaltblütige und ernste Church, der Patriarch der mathematischen Logiker: "You are a fine instance of an intuitionist Mr.Goodman, are you not?" Trotz der persönlichen Niederlage glaube ich, nichts Schöneres erlebt zu haben als dieses Symposion.

IX.

1959 folgte ich einem Ruf der UCLA und übernahm für ein Semester die Flint-Professorship in Los Angeles. Dies ist, obwohl ich die Ehrendoktorate, die ich erhielt, zu schätzen weiß, die größte Ehre, die ich genossen habe. Die Flint-Professorship war durch eine, wie man sagt, ziemlich wolterianische Familie für Bertrand Russel gegründet worden, nachdem ein New Yorker Richter ihm verboten hatte, in diesem Staat zu dozieren, weil er die Ehescheidung verteidigte. Daß die Fakultät sich gerade für mich entschied - ich bin ja weder ein Wolterianer noch gerade ein Anhänger der Ehescheidung - und für den Lehrstuhl empfahl, konnte ich nur als Anerkennung meiner Leistungen verstehen. Ich glaube, ich verdanke diese Auszeichnung Ernest Moody, dem führenden Historiker der Logik des Mittelalters, einem Texaner, dem nachgesagt wird, daß er 100 000 Kühe besitzt. Wahrscheinlich war aber auch Rudolf Carnap daran beteiligt; er war damals Professor an der UCLA.

Carnap war mir gegenüber sehr gütig, lud mich regelmäßig in sein Haus ein und wir diskutierten verschiedene Fragen, so u.a. das Universalienproblem. Dabei konnte ich sehen, wie der alte Philosoph langsam aber sicher zu einer Art Platoniker wurde. Vor allem aber versuchte Carnap, mich zu seiner Auffassung von Induktion zu bekehren. Ich war nämlich damals und noch lange später ein Popperianer, dies trotz der Bemühungen Carnaps. Erst viel später, nach dem Tode Carnaps, fand ich, daß er im Grunde recht hatte. Dies sah ich anhand eines Prozesses, des Strafprozesses gegen einen führenden Genfer Rechtsanwalt, der als Mörder des Vaters seiner Liebhaberin verurteilt wurde. Jetzt bin ich einer der sehr wenigen übriggebliebenen Carnapianer in der Welt, nämlich jener Leute, die meinen, daß der Grad der Wahrscheinlichkeit einer Hypothese grundsätzlich berechenbar ist.

Im allgemeinen war mein Aufenthalt in Los Angeles fruchtbar und angenehm. Die äußeren Bedingungen waren freilich nicht schön. Die Frauen, die von Hollywood träumen, sollten versuchen, dort zu leben, wie ich es tat. Etwas Häßlicheres kann man sich schwerlich vorstellen! Aber das intellektuelle Leben war großartig, nicht nur wegen Carnap. Mehrere namhafte Logiker, darunter Montague, waren bei meinen Vorlesungen. Wir hatten ja auch sehr interessante Besuche, so u.a. von Austin, dem besten englischen Philosophen aus der "soft shoe" Analyse, der damals in Berkeley Gastprofessor war.

UCLA war die erste der großen amerikanischen Universitäten, an denen ich als Gastprofessor wirken konnte. Unter anderem möchte ich nur jene von Pittsburgh (University of

Pittsburgh, mit ihrer "Cathedral of Learning") nennen, wo ich die Mitarbeit einer glänzenden Equipe erlebte (Sellars jr., Anderson, Resher, Grünbaum u.a.). Es war wahrscheinlich die beste philosophische Fakultät, die ich je gesehen habe. Die Europäer sollten wahrlich aufhören, abschätzig von ihren amerikanischen Kollegen zu sprechen; denn sie könnten selbst sehr sehr viel von ihnen lernen.

Es sei erlaubt, noch eine Einzelheit zu nennen. Die John Hopkins University (d.h.ihre philosophische Abteilung und das appointment committee) hat mir einen Ruf, also eine ordentliche Professur, erteilen wollen. Die Abstimmung soll einstimmig zu meinen Gunsten ausgefallen sein. Aber die trustees, die Verwaltung, sagte nein, mit der Begründung, daß sie einem katholischen Geistlichen das Lehren der Philosophie nicht erlauben dürften.

So kann ich sagen, daß ich für meine Glaubensgenossen zu häretisch und für die anderen zu katholisch gewesen bin, im Grunde genommen eine Freude; denn ein Mann, der bei den πολλοῖ populär ist, kann kein echter Philosoph sein.

X.

Eine meiner letzten Einladungen verdanke ich einem alten amerikanischen Freund, Sydney Hook. Er ist freilich kein Logiker, sondern, soweit ich es verstehe, eine Art marxistisierenden Deweyaner, dabei ein Gegner des Leninismus. Er fing an über mich zu schimpfen: "Dieser Bocheński scheint ein katholischer Geistlicher zu sein, spricht aber nie von der Religion, sondern immer von der Logik. Ich möchte wissen, wie sich diese Logik zur Religion in seinem Kopf verhält". Als mir das berichtet wurde, nutzte ich die erste Gelegenheit - es war, soweit ich mich erinnere, in Chicago - um ihm zu sagen: "Was für einen Unsinn erzählst du? Lade mich ein und ich werde dir das Problem lösen".

Ich sagte das scherzend, doch Hook nahm es ernst, und es kam die Einladung mit bezahltem Flug und gutem Honorar. Ich mußte nach New York fliegen und drei Vorträge über die Logik der Religion halten, aus welchen das entsprechende Buch (das Professor Menne übersetzt hat) entstanden ist.

Beim ersten Vortrag waren viele Theologen anwesend, aber keiner von ihnen scheint weiter mitgemacht zu haben. Meine Logik war ihnen zu unverdaulich. Um religiös zu sein, muß man nach vielen Gottesgelehrten möglichst viel Unsinn erzählen. Ich aber glaube nicht, daß ein denkender Mensch imstande ist, einen echten Unsinn zu glauben. Die Glaubenssätze müssen einen Sinn haben, oder es handelt sich um einen Glauben, der des Papageis und nicht des Menschen würdig ist.

***

Eine eher moralische als logische Schlußbemerkung. Wir haben 50 Jahre lang für die Logik gekämpft und gelitten. Man kann sich nun die Frage stellen, ob dies sinnvoll war, ob es sich lohnte, für so etwas wie sie zu kämpfen, da es so viele wichtigere Probleme gibt. Auf diese Frage antworte ich heute, auf mein Leben zurückschauend, mit einem entschiedenen Ja. Die Logik war der Mühe des Kampfes, der Gefahr und des Leidens wert. Denn die Logik steht ja für etwas viel Wichtigeres als sich selbst, nämlich für die Vernunft. Die Logik zu verwerfen, heißt die Vernunft zu leugnen. Unser Kampf galt den Philosophen, die an der Vernunft zweifelten, die sie durch etwas Anderes ersetzen wollten. Wir glaubten aber, daß es die Vernunft ist, die den Menschen zum Menschen macht. Wir fühlten uns als die wahren Humanisten, als jene, die das am meisten Menschliche im Menschen verteidigten.

Der Kampf um diese große Sache geht weiter. Für uns Alte ist es ein Trost, daß er durch eine neue Generation von Denkern übernommen wurde und mit Kraft weitergeführt wird.

***

J.M. Bochenski

Von der Freiheit, ihrem Begriff und ihrer Beziehung zum Wert

Helmut Angstl, München

'Freiheit' ist eines der meistgebrauchten Wörter der Kulturgeschichte. Von Philosophen erörtert, von Dichtern gefeiert, von Politikern als Schlachtruf benützt, von Scharlatanen mißbraucht, steht der Freiheitsbegriff arg mitgenommen vor uns. Ist er zerredet, ist er unbrauchbar geworden?

Wenn ja, dann wäre es eine mögliche Konsequenz, den Ausdruck 'Freiheit' ganz zu vermeiden und mit anderen Worten das Gemeinte auszudrücken. Dies ist aber im vorliegenden Fall nicht angebracht, da der Gebrauch (und Fehlgebrauch) des faszinierenden Wortes 'Freiheit' sicher nicht aufhören wird. Es bleibt also nichts anderes übrig, als das Wort beizubehalten und das beste daraus zu machen, d.h. zur Klärung seiner Bedeutung beizutragen.

Daß 'frei' ein Prädikat beschreibt, steht wohl außer Zweifel. Aber schon die Frage nach der Stellenzahl dieses Prädikates wird verschiedene Antworten bekommen.

So wird 'Freiheit' oft einstellig gebraucht, d.h. als Eigenschaft für **ein** Individuum: x ist frei, kürzer Fx. x ist dabei "Variable" über einem Bereich von Individuen, in diesem Fall dem Bereich der Menschen.[1)] 'Karl ist frei' ist ein Beispielsatz.

Sofort aber fragt man: In welcher Hinsicht oder wieso ist Karl frei? Ist er frei, weil er nicht im Gefängnis sitzt? Oder weil er im Besitz der "Willensfreiheit" ist? Oder ist er frei, weil er ein untadelig sittlicher Mensch ist?

Man sieht: Die eine Stelle reicht nicht aus. 'Frei' ist mindestens zweistellig, d.h. eine **Beziehung**, eine **Relation** zwischen mehreren Entitäten. Wir werden mit zweien auskommen.

'Fxy' ist dann zu lesen: 'x ist frei gegenüber y'. Den Bereich der ersten Variablen bilden wie bisher die Menschen, für die zweite Variable werden wir zwei ganz verschiedene

Bereiche brauchen: **Sachverhalte** oder **Forderungen.**

Zunächst betrachten wir die **Freiheit gegenüber Sachverhalten (physische Freiheit).**

Freiheit gegenüber Sachverhalten heißt nichts anderes als **Macht** über Sachverhalte. Wenn ich frei bin, spazieren zu gehen, einen Brief zu schreiben, einem Menschen zu helfen, dann bedeutet dies, daß es in meiner Macht steht, die Sachverhalte des Spazierengehens, des Briefschreibens, des Helfens Wirklichkeit werden zu lassen **oder auch nicht.** Ich definiere daher:

Fxs (zu lesen: x ist frei gegenüber s)
:df x hat die Macht darüber, daß der durch s beschriebene Sachverhalt zutrifft oder nicht zutrifft.[2)]

Ein Beispiel:

F(Karl) (zur Zeit t bewegt sich die rechte Hand des Karl)[3)]

Diese Aussage ist wahr, wenn Karl zur Zeit t wach, aufmerksam, gesund und unbeeinträchtigt ist. Sie ist falsch, wenn Karl zu dieser Zeit einschlägig gelähmt, entsprechend gefesselt ist oder auch nur schläft.

Ich bin mir darüber klar, daß die Feststellung des Wahrheitswertes von Aussagen der Form Fxs nicht unproblematisch ist, auch wenn die Dinge so einfach liegen wie im genannten Beispiel.

Insbesondere im bejahenden Fall zeigt sich diese Problematik. Aber in der Praxis des Lebens werden fortwährend solche Sätze - wenn auch nicht ausdrücklich formuliert - für wahr genommen und als Prämissen von Schlüssen verwandt. Man denke nur an die Rechtsprechung.

Viel einfacher ist es dagegen, Sachverhalte anzugeben, über die sicher kein Mensch Macht hat. So ist es jedem versagt, wie ein Vogel zu fliegen, oder sein Leben wesentlich zu verlängern. Zahlreich sind auch die Fälle, wo die Macht über einen Sachverhalt von Mensch zu Mensch verschieden ist. Manche können zwei Meter hoch springen, die meisten nicht. Ferner weiß man, daß der jeweilige Zustand eines Menschen für die Freiheit gegenüber ein und demselben Sachverhaltstyp eine Rolle spielt: Der Gefesselte kann sich nicht bewegen, der Schwerkranke nicht aufstehen usw.

Ich will nun die Menge der Sachverhalte, bezüglich derer ein Mensch frei ist, zur Abkürzung als den Bereich seiner **physischen** Freiheit bezeichnen.[4)]

Dieser Bereich kann **eingeschränkt** sein durch Krankheit und Sucht, widrige Umstände, das Wirken anderer Menschen, kurz durch **Zwänge** verschiedenster Art. Er kann **erweitert** werden durch technische Erfindungen, gute Organisation, aber auch durch Erziehung und Selbsterziehung (Training).

Es gehört sicher zu den Aufgaben des Menschen, den Bereich seiner physischen Freiheit zu vergrößern und auszubauen. Dies darf jedoch nicht bedenkenlos und auf Kosten anderer geschehen, sondern muß unter Beachtung moralischer Prinzipien, vor allem der Gerechtigkeit, erfolgen, wobei immer mehr auch das Wohl und Wehe künftiger Generationen in die Überlegung einzubeziehen ist.

Ich habe oben bereits bemerkt, daß die Verifizierung von 'Fxs' auf Schwierigkeiten stoßen kann. Es ist bekannt, daß es nicht wenige Leute gibt, die hier ganz radikal sind. Sie halten den Bereich der physischen Freiheit des Menschen schlicht für leer. Kein Mensch habe je Macht über irgend einen Sachverhalt. Die ganze Naturgeschichte und damit auch jede Einzelheit im Leben eines Menschen liefen mit Notwendigkeit so ab, wie sie tatsächlich ablaufen. Diese Ansicht wird 'Determinismus', manchmal auch 'harter Determinismus' oder so ähnlich genannt.

Nun muß man einräumen, daß unser ganzes Verhalten sehr stark von Veranlagung, Erziehung, vorangegangenen Erlebnissen, augenblicklicher Stimmung usw. abhängt, so daß für die Freiheit gegenüber Sachverhalten höchstens ein kleiner Spielraum bleibt. Dafür spricht auch, daß wir das Verhalten unserer Mitmenschen mit einer gewissen Sicherheit voraussagen können und zwar umso besser, je genauer wir ihren Charakter kennen. So entsteht schließlich die Meinung, daß das gesamte Verhalten eines Menschen durch seinen Charakter einerseits und die gegebenen Situationen andererseits vollständig bestimmt sei. Für den Determinismus wird auch das "Kausalprinzip" ins Feld geführt, das eine unverursachte Urheberschaft des Menschen nicht zuzulassen scheint.

Andererseits ist der Glaube an die physische Freiheit des Menschen[5)] unausrottbar und durchzieht unser ganzes Leben so sehr, daß auch der Determinist nicht umhin kann, von dieser Freiheit in der gleichen Weise zu reden, wie es der Nichtdeterminist tut, allerdings immer mit dem - meist unausgesprochenen - Zusatz, daß diese Freiheit nur eingebildet sei.

Vom Determinismusproblem unbelastet sind die Definitionen der Freiheit gegenüber Forderungen.

Betrachten wir die von Menschen ausgehenden Zwänge näher, so stellen wir fest, daß ihnen fast immer eine Forderung vorausgeht, ja daß i.a. auf Gewalt verzichtet wird, wenn einer Forderung Folge geleistet wird. Es ist also primär die Forderung, welche die Freiheit des Betroffenen einschränkt. Den Begriff der Forderung will ich dabei sehr weit fassen und auch Wünsche und Erwartungen, die Menschen untereinander hegen, mit einbeziehen. Aber auch Forderungen, die nicht unmittelbar aus einer menschlichen Quelle kommen, wie etwa moralische Normen, will ich dazunehmen.

Alle solchen Forderungen sind geeignet, die Freiheit des Adressaten einzuschränken. Sie können ihn aber auch "nichts angehen", er kann ihnen gegenüber frei sein. Und zwar auf zwei verschiedene Weisen. Es kann sein (a), daß der Adressat gar nicht die Neigung hat, die Forderung zu verletzen, es kann aber auch sein (b), daß ihm etwaige Folgen der Verletzung gleichgültig sind. Um die beiden Arten von Freiheit terminologisch auseinanderzuhalten, benütze ich die Wörter 'subjektiv' und 'objektiv' und definiere zwei Prädikate:

$F_s xf$ (zu lesen: x ist subjektiv frei gegenüber f)

:df x hat keine Neigung f zu verletzen.

$F_o xf$ (zu lesen: x ist objektiv frei gegenüber f)

:df Etwaige Folgen der Verletzung von f sind x gleichgültig.

Anders ausgedrückt:

$F_s xf$ äq die Neigungen (Wünsche) von x sind mit dem Inhalt von f verträglich äq f ist für x neigungskonform.

F_0xf äq Etwaige Folgen der Verletzung von f sind mit den Neigungen (Wünschen) von x verträglich äq f hat für x kein Gewicht.

Beispiele:

Viele Menschen sind subjektiv frei gegenüber der Forderung 'Du sollst nicht töten', weil sie niemals jemanden zu töten wünschen. Es sollte jedoch ausgeschlossen sein, daß jemand dieser Norm gegenüber objektiv frei ist.

Gegenüber 'Rauchen verboten' ist der Nichtraucher subjektiv frei.

Der durch 'Man trägt keine langen Unterhosen' ausgedrückten Erwartung gegenüber ist jeder (hoffentlich) objektiv frei, viele sind es auch subjektiv.

Nun erhebt sich die Frage: Welche Art von Freiheit ist wünschenswert, welche ist "des Schweißes und des Opfers der Edlen" wert? Objektive Freiheit schlechthin kann nicht unser Ziel sein. Wenn es keine Forderung von Gewicht gäbe, würde das zur Anarchie führen. Aber auch das Streben nach subjektiver Freiheit muß seine Grenzen haben, denn ein Mensch, für den jede beliebige Forderung neigungskonform wäre, wäre der perfekte Kuli, eine verachtungswürdige Sklavenseele.

Hier hilft nur die Unterscheidung der Forderungen nach ihrem Wert, nach ihrer Berechtigung. Leider nützt hier keine bloß persönliche Wertschätzung, wir brauchen für Forderungen und Normen einen überindividuellen, möglichst einen objektiven Wertmaßstab, wenn wir die Frage nach dem "richtigen" Freiheitsstreben beantworten wollen.

Ich bin mir der Tatsache bewußt, daß ich damit zuviel verlange, denn die Bemühungen um einen solchen Maßstab sind im Laufe der Geschichte über mehr oder weniger hoffnungsvolle Ansätze nicht hinausgekommen.

Aber nehmen wir einmal an, man könne zwischen berechtigten

und unberechtigten Forderungen unterscheiden. Dann ist es wünschenswert und anzustreben, daß der Mensch gegenüber den berechtigten Forderungen subjektiv frei, den unberechtigten Forderungen gegenüber aber objektiv frei ist.

Der erste Teil dieses Programms setzt die Begriffe 'Freiheit' und 'Sittlichkeit' zueinander in Beziehung, denn die berechtigten Forderungen sind eben das schlechthin Sittliche. Dies darf aber keinesfalls dazu führen,daß Freiheit und Sittlichkeit mehr oder weniger identifiziert werden, wie das so oft geschehen ist und noch geschieht.[6)]

Zu erreichen, daß die Menschen gegenüber den berechtigten Forderungen subjektiv möglichst frei seien, ist vor allem Aufgabe der Erziehung.

Der zweite Teil des Programms umfaßt u.a. das Gebiet der "bürgerlichen Freiheit". Es fordert den Kampf gegen Tyrannei und alle sonstigen gesellschaftlichen Zwänge, die unberechtigterweise den Menschen bedrängen.

Hier sei es mir gestattet, einen Mann im Lichte der vorgelegten Definitionen zu interpretieren, dem es m.E. sehr darauf ankam, das obige Programm verwirklicht zu wissen. Es ist dies der Apostel Paulus. Für ihn gab es keinen Zweifel, welches die berechtigten Normen sind: die Normen nämlich, die Christus gepredigt und vorgelebt hat. Als unberechtigte Normen dagegen betrachtete er das "Gesetz", die zahlreichen Vorschriften der jüdischen Tradition. Ihnen gegenüber ist der Christ objektiv frei, er braucht keine Gewissensbisse zu haben, wenn er sie verletzt. Dagegen ist die wahre Moral für den Bekehrten, in welchem "Christus lebt", eine schiere Selbstverständlichkeit. Ihr gegenüber ist er subjektiv frei.

Ich möchte zusammenfassen: Man kann nicht von Freiheit schlechthin sprechen, auch wenn die alte prima-facie-Definition: 'frei ist, wer tun kann was er will' gar nicht so schlecht ist wie ihr Ruf. Um Verwirrung zu vermeiden und Klarheit zu fördern, muß man differenzieren und präzisieren. Dem Occamschen Prinzip der Sparsamkeit folgend, habe ich drei Prädikate vorgeschlagen:

$$Fxs,\ F_s xf,\ F_o xf$$

mit x, s, f als Variable für die Bereiche Mensch, Sachverhalt und Forderung. Ich glaube, daß mit diesen drei Prädikaten eine weitgehend klare Diskussion über viele Probleme, die mit 'Freiheit' zusammenhängen, geführt werden kann.

Anmerkungen:

1) Ob auch Tiere frei sein können, soll hier nicht erörtert werden.
2) Hier tritt eine Aussage als Argument eines Prädikats auf. Es ist klar, daß das außerhalb des Rahmens der üblichen Prädikatenlogik liegt.
3) t ist hier nicht Variable, sondern Abkürzung für eine Zeitangabe.
4) In der Sprache der Mengenlehre: Bereich der physischen Freiheit von x :df $\{ s | Fxs \}$
5) d.h. der Glaube daran, daß der Bereich der physischen Freiheit bei keinem Menschen ganz leer ist.
6) Wer gegenüber moralischen Normen subjektiv frei ist, befindet sich gewiß auf einer hohen Stufe der Menschlichkeit. Es muß aber Verwirrung stiften, wenn man etwa ihm und nur ihm das (einstellige) Prädikat 'frei' zuspricht.

Zur Aktualität der Suppositionstheorie

G.Heyer, Bochum

Die logische Analyse traditioneller logischer Theorien stößt nicht selten auf das Problem, daß sich die von der modernen Logik bereitgestellten Ausdrucksmittel kaum in den Begriffen, Unterscheidungen und Theorien der traditionellen Logik wiederfinden. Setzen wir voraus, daß die Beschäftigung mit traditionellen logischen Theorien überhaupt von philosophischem Interesse ist, so bieten sich für eine Lösung dieses Problems offenbar verschiedene Strategien an.

Erstens könnte man, die alte und die neue Logik relativierend nebeneinander bestehen lassend, versuchen, die historischen Hintergründe für die Entwicklung der Logik herauszuarbeiten. Eine solche "critical study of applied conceptual structures" scheint E.M.Barth vorzuschweben, wenn sie schreibt:

> "While Foucault speaks of the episteme underlying the (various) modes of thought in a certain age, I prefer to speak of the logos within which the intellectual and, often, great parts of the practical life of an age, is confined. This logos may be disclosed through accurate descriptions of logical detail".[1)]

Sieht man dagegen in der Entwicklung der Logik einen Fortschritt, und nicht bloß eine Verschiebung des logos oder des Untersuchungsgegenstandes der Logik, dann müßte man auch in den Fällen, in denen sich zu einer traditionellen logischen Theorie kein modernes Gegenstück findet, auf jeden Fall versuchen, die traditionelle Theorie im Sinne der modernen Logik zu interpretieren, sofern man sie - als eine falsche Theorie - nicht einfach vergißt. Dieser zweite Weg einer logischen Restriktion, wie man ihn nennen könnte, ist besonders von den Kneales beschritten worden.[2)]

Schließlich könnte man jedoch drittens versuchen, die logische Tradition ernst zu nehmen, - sie weder historisch, noch in bezug auf die moderne Logik zu relativieren -, und damit vielleicht auf Probleme, die von der modernen Logik ignoriert oder unzureichend analysiert worden sind, fruchtbar anzuwenden. Am Beispiel der Suppositionstheorie möchte ich im folgenden skizzieren, wie sich diese Methode der logischen Rekonstruktion, wie ich sie nennen möchte, im Detail durchführen läßt.

Die Meinungen über den Nutzen und den historischen Wert der Suppositionstheorie gehen weit auseinander.[3] Eine Reihe von Autoren, u.a. de Rijk,[4] die Kneales[5] und Geach,[6] versuchen, die Suppositionstheorie mit den Mitteln des modernen Prädikatenkalküls zu verstehen und sehen daher in der Suppositionstheorie den - allerdings unvollkommenen - Entwurf einer Quantifikationstheorie, wie sie in allgemeiner Form erst von der modernen Logik entwickelt worden ist. Hervorzuheben ist, daß diese Deutung der Suppositionstheorie freilich nur die suppositio personalis betrifft, die gedeutet wird "as a substitute for what modern logicians call quantification theory".[7] Die suppositio simplex wird dagegen hingestellt als das Ergebnis einer Sprachverführung durch das artikellose Latein.[8]

Diesem Ansatz ist jedoch entgegenzuhalten, daß die suppositio simplex in den realistisch geprägten Suppositionstheorien des Petrus Hispanus und Wilhelm von Shyreswood die primäre Bedeutung eines Wortes darstellt. Für eine adäquate moderne Deutung der Suppositionstheorie erscheint es daher unerläßlich, auch diese primäre Bedeutung der suppositio simplex zu rekonstruieren.

Da zwischen einem in der suppositio simplex und einem in der suppositio personalis bezeichneten Gegenstand ein kategorialer ontologischer Unterschied besteht, versuchen Bocheński,[9] Enders[10] und - mit gewissen Einschränkungen - auch Barth,[11] die Suppositionstheorie als einen historischen Vorläufer einer Typentheorie zu deuten.

Nun handelt es sich nach Auffassung der Realisten bei dem Denotat eines in der suppositio simplex stehenden Allgemeinbegriffes aber um ein Universale, um eine Zweite Substanz, also um eine Art oder Gattung. Diesem typentheoretischen

Deutungsversuch der Suppositionstheorie wäre deshalb entgegenzuhalten, daß eine Interpretation von Arten und Gattungen als Klassen höchst fragwürdig erscheint. Eine moderne Deutung der Suppositionstheorie darf das Festhalten der mittelalterlichen Logiker an der aristotelischen Metaphysik, das Pinborg mit Recht hervorhebt, keinesfalls übersehen:

> "Ein Terminus denotiert, supponiert nicht nur, sondern er konnotiert auch immer etwas. Es gibt in der Welt kein leeres hypokeimenon, es gibt kein reines esse, das nicht zur gleichen Zeit eine essentia hat. Oder aristotelisch gesprochen gibt es immer nur ousiai".[12)]

Wie läßt sich nun die Suppositionstheorie im Sinne einer logischen Rekonstruktion deuten? Stellt die suppositio personalis eine Bezugnahme auf einzelne Individuen, die suppositio simplex dagegen eine Bezugnahme auf ein Universale, bzw. eine Art oder Gattung dar, dann könnte man mit Moody die suppositio simplex als einen "generic type of supposition" bezeichnen.[13)] Die grundsätzliche Unterscheidung der mittelalterlichen Logiker zwischen der suppositio personalis und der suppositio simplex läßt sich damit allgemein als eine Unterscheidung zwischen einer Bezugnahme auf einzelne Objekte (als Vertreter einer Art) und einer Bezugnahme auf eine Art selber deuten.[14)]

Eine derartige logische Rekonstruktion der termlogischen Unterscheidung zwischen der suppositio personalis und der suppositio simplex, wie ich sie in meiner Dissertation "Generische Kennzeichnungen. Zur Geschichte und logischen Rekonstruktion generischer Bedeutung" durchgeführt habe, scheint nun, anders als die oben diskutierten Deutungsversuche, auch für die aktuelle logische Forschung von Interesse zu sein.

Betrachten wir z.B. das Problem einer logischen Analyse sog. definiter generischer Sätze, z.B.

1. Der Mensch ist ein vernunftbegabtes Lebewesen,
2. Der Mensch ist das würdigste der Geschöpfe.

Es ist bemerkenswert, daß durch den Einfluß Russells, - und nicht zuletzt auch Freges -, die generische Verwendung des bestimmten Artikels lange Zeit nicht als ein logisches Problem angesehen wurde, das zumindest ebenso interessant und weitreichend sein dürfte, wie die individuierende Verwendung des bestimmten Artikels als Kennzeichnungsoperator. Von wenigen Ausnahmen abgesehen, ist die Logik generischer Kennzeichnungen erst während des letzten Jahrzehnts zum Gegenstand zahlreicher Veröffentlichungen geworden.

Da es in diesem Rahmen zu weit führen würde, ausführlich darzulegen, auf welche Schwierigkeiten der Versuch stößt, für die definiten generischen Sätze eine wahrheitsfunktionale Semantik zu entwickeln, möchte ich lediglich einen Punkt herausgreifen, der für die logische Analyse definiter generischer Sätze besonders wichtig zu sein scheint.

Definite generische Sätze verhalten sich nämlich syntaktisch und semantisch keineswegs einheitlich, wie die folgende Ersetzung des bestimmten Artikels durch den unbestimmten Artikel zeigt:

1' Ein Mensch ist ein vernunftbegabtes Lebewesen,

? 2' Ein Mensch ist das würdigste der Geschöpfe.

Dieser "Ein"-Ersetzungstest verdeutlicht darüber hinaus einen oft übersehenen semantischen Unterschied zwischen beiden Typen definiter generischer Sätze. So scheint in dem Satz (1), in dem der bestimmte Artikel durch den unbestimmten Artikel ersetzt werden kann, auf einzelne <u>Objekte</u> bezug genommen zu werden, in dem Satz (2) dagegen, in dem eine derartige Ersetzung nicht möglich ist, auf eine <u>Gesamtheit</u>, auf ein generisches Individuum, wie ich es nennen möchte.

Wie sich zeigen läßt, ist es nun mit den Mitteln des Prädikatenkalküls, wo es nur eine Art von Individuenvariabler gibt, außerordentlich schwierig, diesen syntaktisch-semantischen Unterschied zwischen beiden Typen definiter generischer Sätze auszudrücken: weder handelt es sich dabei um einen Unterschied zwischen Extension und Intension, noch zwischen einer distributiven und kollektiven Lesart, noch zwischen einer spezifischen und nicht-spezifischen Bedeutung. Vielmehr scheint es sich dabei um einen Unterschied zwischen einer persönlichen und einfachen (oder absoluten) Wortbedeutung zu handeln, wie er von den realistischen Suppositionstheoretikern systematisch ausgearbeitet worden ist.

Ausgehend von aktuellen Problemen der logischen Forschung erhält die mittelalterliche Logik damit eine Relevanz, welche weit über ein bloßes historisches Interesse hinausgeht und es lohnenswert macht, sich ausführlich mit der Geschichte der Logik zu beschäftigen.

Anmerkungen:

1) E.M.Barth, The Logic of the Articles in Traditional Philosophy. A Contribution to the Study of Conceptual Structures, Dordrecht/Boston 1974, S.27;
2) W.Kneale und M.Kneale, The Development of Logic, Oxford ^{6}1978;
3) Vgl. zusammenfassend H.Enders, Sprachlogische Traktate des Mittelalters und der Semantikbegriff, Paderborn/München/Wien 1975, S.57 ff.;
4) L.M.de Rijk, Logica Modernorum. A Contribution to the history of early terminist logic, Assen 1962-67, S.598;
5) W.Kneale und M.Kneale, op.cit., S.272;
6) P.T.Geach, Reference and Generality, Cornell/London ^{2}1970;
7) W.Kneale und M.Kneale, op.cit., S.272;
8) W.Kneale und M.Kneale, op.cit., S.274;
9) I.M.Bocheński, Formale Logik, Freiburg/München ^{2}1960, S.195/6;
10) H.Enders, op.cit., S.69/70, 101 ff.;
11) E.M.Barth, op.cit., S.89;
12) J.Pinborg, Logik und Semantik im Mittelalter, Stuttgart 1972, S.63;
13) E.A.Moody, Truth and Consequence in Medieval Logic, Amsterdam 1953, S.24;
14) Vgl. zur ausführlichen Argumentation für diese Deutung meine Dissertation "Generische Kennzeichnungen. Zur Geschichte und logischen Rekonstruktion generischer Bedeutung", S. 67 ff..

Der überforderte Mensch und dessen Versuch einer Umkehr

Peter R. Hofstätter, Hamburg

Im achten Höllenkreis hat Dante die Betrüger versammelt. Unter ihnen befindet sich Odysseus, der als ein "schlechter Ratgeber" (malvagio consigliere) vorgestellt wird, weil er die Gefährten auf seinem Schiff dazu bereden konnte, über Gibraltar - die klassischen "Säulen des Herkules" - hinaus in den atlantischen Ozean zu segeln. Anders als in der uns aus Homer bekannten Version der Sage sollen er und seine Kameraden dabei in den Fluten umgekommen sein. Es ist aber wohl kaum dieses Mißgeschick, das dem Ratgeber angelastet wird, sondern die Verleitung zum Bruch eines Tabus, denn die Säulen des Herkules markierten eine von Gott gewollte und daher unüberschreitbare Grenze. Der dem Menschen zugängliche Kosmos reichte auch zu Dantes Zeiten bis dahin und nicht weiter.

Der XXVI. Gesang des "Inferno" beschreibt das Motiv, das einerseits Odysseus selbst leitete - den Wissensdurst, der sich als stärker erwies als alle familiären Bindungen des lange von der Heimat Abwesenden, - und das er andererseits bei seinen Kameraden zu erwecken verstand: Nicht wie das Vieh zu leben, sei ihnen bestimmt, sondern der Erwerb von Können und Kenntnissen. Die Frage, inwieweit ein solches Streben sündhaft sein kann, gehört zu den wesentlichen Themen meines Referates.

Zu vermuten ist allerdings, daß es nicht der Wissensdurst allein und um seiner selbst willen ist, den die Nachbarschaft des Unbekannten und Rätselhaften erregt; mindestens im gleichen Maße ist es die Bedrohlichkeit, die dem Fremden eindrucksmäßig anhaftet, welche uns nicht zur Ruhe kommen läßt. Der Kosmos kann Kosmos nur solange bleiben, als er feste, unüberschreitbare Grenzen hat. Unerschlossene Weiten stellen dagegen die Sicherheit unseres Nahbereichs in Frage, und damit erleidet das Gefühl unserer Überlegenheit - klassisch ausgedrückt: unsere "superbia" - eine schmerzliche Einbuße. Aus diesem Grunde sind wohl auch die Raumschiffe, die wir ins Weltall schicken, in erster Linie als Späher und Wachtposten zum Schutz von "superbia" bestimmt; es geht um Sicherheit - und dieses Streben scheint kein Ende zu kennen bzw. auch keine Begrenzung zu ertragen.

Zurück zu Dante: Die "Divina Commedia" steht ganz am Anfang des XIV. Jahrhunderts. Der Dichter ist wegen seiner Parteizugehörigkeit seit 1302 aus Florenz verbannt[1]. Sein Odysseus aber hat, wie neuere Kommentatoren zeigen konnten[2], "etwas merkwürdig Modernes in seinem ganzen Wesen"; er besitzt die "dämonische Größe .. des Prometheus, der dem Willen Gottes trotzt... Darum gehört (er) in die Hölle; ihm fehlt die heilige Scheu, die Ehrfurcht, die sich in die Weltordnung einfügt".

Nach dem Gefühl der Zeitgenossen enthielt diese Weltordnung auch das Gebot, daß der Mensch nicht über die Säulen des Herkules hinausgehen darf: "che l'uom più oltre non si metta" (Vs.109). Diese Formulierung läßt aufhorchen, weil die stolze Zurückweisung genau dieses Gebotes der Wahlspruch war, den sich - rund zweihundert Jahre später - Karl V., der 1530 zum deutschen Kaiser gekrönt wurde, aussuchte: "Plus ultra" lauten die Worte auf dem Spruchband, das zwischen den beiden Säulen des Herkules schwebt.

Dantes Odysseus, der vor Gibraltar sein Schiff schon wieder auf östlichen Kurs - zurück ins Mittelmeer - gedreht hatte, führte noch einmal ein nautisches Manöver durch, um gegen Westen, in den Atlantik zu steuern: "Plus ultra". Damit erscheint er wie "eine Vorwegnahme von Gestalten wie Bartholomeo Diaz, Vasco da Gama, Kolumbus und Magelhaes" - der großen spanischen und protugiesischen Entdecker also an der Wende vom XV. zum XVI. Jahrhundert. In den zwei Jahrhunderten, um die ihnen Dantes Odysseus vorausgeht, ist aus dem unerbittlichen Urteil, das den "Kosmos" eingrenzt und bewahrt, die Maxime eines Zeitalters geworden, das Grenzen nicht mehr akzeptiert. Was das bedeutet, glauben wir heute besser zu verstehen als noch vor dreizehn Jahren, als die ersten Astronauten den Mond betraten.

Ist Odysseus zu Recht bestraft worden? Oder ergibt sich zumindest für uns aus der Situation, wie wir sie heute überschauen, die Notwendigkeit einer Umkehr? Haben wir uns vom Wissensdurst - wie Adam und Eva durch die Versprechungen der Schlange - bzw. vom Streben nach absoluter Sicherheit aus dem vergleichsweise engen Gehäuse herauslocken und zur Mißachtung unserer mitmenschlichen Verpflichtungen anstiften lassen? War der Weg vom "più oltre non si metta" Dantes zum "plus ultra" Karls V. ein verhängnisvoller Irrweg? Und schließlich: Wenn dies alles zutreffen sollte, gibt es denn in der Geschichte eine reale Möglichkeit, den bisher beschrittenen Weg zurückzugehen?

Ich möchte diese Fragen noch nicht beantworten, auch wenn sie uns intensivst beschäftigen. Vielleicht ist es nützlich, einen historischen Abstand zu wahren und vorerst noch andere Verbotschilder zu betrachten, die an dem von uns zurückgelegten Weg standen. Da las man z.B. im Jahr 1636 bei Daniel Schwenter in dessen "Physikalisch-mathematischen-Unterhaltungen"[3)] über einen mißglückten Flugversuch: "Summa, die Luft gehört den Vögeln, die Erde aber den Menschen. Damit soll es jeder bewenden lassen."

Einer, der sich an diese Weisheit nicht halten wollte, war der Italiener Francesco Lana-Terzi, der ein Menschenalter später - 1670 - für das menschliche Fliegen dünnwandige Kupferballons vorschlug, die luftleer zu pumpen waren. Der exakte Nachweis, daß die Kupferwand entweder zu schwer sein würde oder zu schwach, um den Luftdruck auszuhalten, fiel Leibniz nicht schwer. Seine Abhandlung "De elevatione vaporum..." von 1710 schließt mit den Worten: "Da hat also Gott den Menschen sozusagen einen Riegel vorgeschoben. Könnten die Menschen auch noch durch die Luft fahren, so wäre ihre Schlechtigkeit gar nicht mehr zu zügeln." Wie das seine Bemühungen um die Bergwerksanlagen im Harz beweisen, war Leibniz gewiß kein Feind der Technik, aber aus dem Ansatz seiner "Theodizee" ergibt sich, daß in dieser, von Gott so vorzüglich eingerichteten Welt auch unübersteigbare Hindernisse ihren providentiellen Sinn haben. Ausschlagend für sein "più oltre non si metta" ist die Befürchtung, daß die Menschen sich gegebenenfalls gegenseitig ihre Sicherheit verringern würden.

Johann Daniel Major, der 1683 in Hamburg seine "Seefahrt nach der neuen Welt ohne Schiff und Segel" veröffentlichte, bekundete die gleiche Besorgnis. Indem er die Künste und Wissenschaften mit einem Schiff verglich, das den Hafen der Vollkommenheit ansteuert, um "gleichsam an ein neues Indien zu gelangen", warf er zugleich die Frage auf, was die Welt "für ein neues und gefährliches Aussehen, für eine abenteuerliche, ja abscheuliche Umgestaltung ihrer selbst... gewinnen" würde. "Was für Verräterei, Diebstahl, Meuchelmord, was für andere Sünden und Schanden würden umso viel mehr sich häufen ...?"[4]. Eine Umkehr im Sinne des Verzichts auf die Erfindung neuer Möglichkeiten zog Major trotzdem nicht in Betracht: Bei ihm folgen vielmehr Vorschläge für eine Luftabwehr mit Hilfe von Netzen, Kanonen und durch Rauchentwicklung. Mehr Sicherheit also - oder weniger? Die Frage ist nach den Erfahrungen, die wir selbst mit diesen Verteidigungseinrichtungen im II.Weltkrieg gemacht haben, schwer zu beantworten.

Abermals erhebt sich die Frage nach der Umkehr, d.h. ob diese wünschenswert oder auch möglich gewesen wäre und ist. Bejaht man sie, würde sich vielleicht das Gebet empfehlen, das Rousseau gegen Ende seiner Preisschrift von 1750, in der Abhandlung "Über die Wissenschaften und Künste", skizziert hat: "Allmächtiger Gott, der du die Geister lenkst, befreie uns von dem Wissen und den unheilvollen Künsten unserer Väter und gib uns die Einfalt, die Unschuld und die

Armut zurück, die einzigen Güter, die uns glücklich und Dir wohlgefällig machen können."

Das einfache Leben ohne das väterliche Erbe von Technik und Wissenschaft ist auch heute der Traum vieler, die sich vom Ur- oder Natur-Zustand nicht nur das Glück des echten Lebens sondern auch eine allen Gefährdungen entzogene Sicherheit versprechen. Es kann sein, daß ihre Vorstellungen der historischen Realität nicht wesentlich näher kommen als die Rousseaus, der als Vierzigjähriger seine Erfahrungen im Wald von Saint-Germain - heute eines eleganten Villenvororts von Paris - gelegentlich eines achttägigen Aufenthalts in Gesellschaft seiner Frau, der Hauswirtin und deren Freundin sammelte: "Ich fand dort das Bild der ersten Zeiten, deren Geschichte ich kraftvoll entwarf", berichtet er im VIII. Buch der "Bekenntnisse".

Die Szene muß reizvoll gewesen sein: Frau Therese amüsierte sich mit den beiden anderen Damen, welche die Besorgungen und die Kosten auf sich genommen hatten, und der Philosoph erfreute sich zu den Mahlzeiten aller Sorgen ledig und unbekümmert an ihrer Gesellschaft. Auf seinen einsamen Spaziergängen aber erhob sich seine von edlen Betrachtungen begeisterte Seele "an die Seite des Göttlichen" - auprès de la Divinité. Außerdem konnte er eine Besserung seines seit mehreren Jahren bestehenden Blasenleidens konstatieren, die ihn zu dem Entschluß veranlaßte, auf Künste und Techniken zu verzichten, d.h. fortan "ohne Ärzte und ohne Heilmittel zu genesen oder zu sterben." Schließlich irrte nach Rousseaus Meinung ja auch der Wilde "beinahe leidenschaftslos und sich selbst genügend" in den Wäldern umher[5]. Man hat später geglaubt, ihn in dem Papageno der "Zauberflöte" wiedererkennen zu können[6] - da allerdings wohl kaum mehr als Ideal.

Wen verwundert's, daß Voltaire das aus solchen Erkenntnissen entstandene Buch "Über Ursprung und Grundlagen der Ungleichheit unter den Menschen" (1755) als "ein Buch gegen das Menschengeschlecht" bezeichnete, bei dessen Lektüre "man Lust bekommt, auf allen Vieren zu gehen"[7].

Spaß beiseite, es empfiehlt sich bei Rousseaus Gebet, das vielen aus dem Herzen gesprochen zu sein scheint, genau hinzuhören: Dreierlei wird zurückerbeten: l'ignorance, l'innocence, et la pauvreté". Das geringe Wissen und das primitive Niveau seiner "Künste", darunter der Technik haben Kain nicht vor dem Brudermord bewahrt; sie gehören allerdings schon lange zu dem Bild, das sich die christliche Tradition von der ursprünglichen Natur des Menschen macht; Augustinus[8] spricht von "ignorantia et difficultas". Um Kain zu besänftigen, hätte es des Dritten bedurft, der Unschuld, d.h. einer Aufhebung der Erbschuld. Wäre diese aber möglich, müßten sich Leibniz und Major wegen der menschlichen Schlechtigkeit keine Hindernisse, "Riegel" und Verbote wünschen, und es gäbe keinen Grund, dem Wissens- und Entdecker-Drang bei den Säulen des Herkules Halt zu gebieten - oder in der Gegenwart eine Kontrolle der Forschung zu erwägen.

Rousseaus Gebet basiert auf der Annahme, daß die menschliche Natur im Urzustand wesenhaft frei, gut und nicht durch irgendwelche innere Schwächen gezeichnet ist. An ihr kann es daher nicht liegen, wenn man in der Welt so viel an Gehässigkeit, Leid und Ungerechtigkeit antrifft. Die Gründe für dieses Elend sind daher außerhalb des wahren menschlichen Selbsts zu suchen, und das heißt bei den gesellschaftlichen Institutionen, die Rousseau samt und sonders aus der Einführung des Eigentums ableitet. Daraus ergibt sich ein Freispruch des Menschen von der Erbschuld bzw. ein Wiederaufleben der Theologie des im Jahre 418 verstorbenen irischen Mönchs Pelagius, die das Konzil von Ephesus im Jahr 431 - dem Heiligen Augustinus folgend - als Häresie verurteilt hat.

Es gelte, so meinte Pelagius, "zuallererst die Kraft und Eigenart der menschlichen Natur herauszustellen und zu zeigen, wessen sie fähig ist"[9], um dann die Erreichung so großer Vollkommenheit auch vom Menschen zu fordern bzw. durch erzieherische Maßnahmen zu fördern - z.B. durch eine Neugestaltung der Umwelt und ihrer Institutionen.

Genau das ist die Ansicht Rousseaus. Im "Emile" (1761) stellt er an den Beginn der Erziehung die These: "Alles ist gut, wie es aus den Händen des Schöpfers der Dinge hervorgeht; alles entartet unter den Händen der Menschen." Das klingt einwandfrei; man bemerkt kaum, daß zwischen den Händen des nach deistischer Manier weltabgewandt gedachten Schöpfers und den Händen der Menschen der Sündenfall unerwähnt bleibt. Schuld an der Misere sind allein die überkommenen Institutionen der Gesellschaft; diese muß und kann man - notfalls: revolutionär - verändern. Das ist das sozialistische Credo in seiner pelagianischen Urform, aus dem sich allerdings die immer wieder enttäuschte Erwartung ergibt, daß nach der einmal erfolgten Revolution mit den Lastern und Verbrechen auch das Leiden des Menschen am Menschen aus der Welt verschwunden sein wird.

Dann - nach der großen "Umdrehung" oder Umkehr - gibt es weder die Sorge, daß draußen, im Unbekannten, das Unheil oder ein Feind lauern könnte, noch bedarf es eines Verbots, bei Entdeckungsfahrten oder mit der Forschung an irgend einer Grenze Halt zu machen. Natürlich kann man dann Flugzeuge und Kernkraftwerke bauen, denn in der nach-revolutionären Utopie besteht kein Anlaß mehr zu Verunsicherung; diese Welt ist makellos und der in ihr wiedererstandene Urmensch ist schlicht gut: "Es ist nämlich ... in den Seelen eine gewisse natürliche Heiligkeit", heißt es bei Pelagius, der für sich in Anspruch nahm, "auch Gott gegenüber als Mensch ganz frei" zu sein. Mit einem Widerspruch in sich selbst braucht der pelagianische Natur-Mensch ebensowenig zu rechnen wie mit dem Verzweiflungs-Erlebnis des Apostels Paulus: "denn ich weiß nicht, was ich tue, denn ich tue nicht, was ich will, sondern was ich hasse, das tue ich" (Röm.7,15).

Die wesenhafte Unvollkommenheit, die "discordia" des

Menschen, wie ihn Augustinus sieht[10], bedeutet den Pelagianern nichts. Bei ihnen regiert die platte Vernünftigkeit, dergemäß es brave und strebsame Schüler im Leben zu etwas bringen, während Unaufmerksame und Faule ins Elend bzw. ins Zwangsarbeitslager geraten. Da waltet - vom Anfang her gesehen - Chancengleichheit und nicht das Schicksal! Man muß sich darüber auch nicht den Kopf zerbrechen, denn "ein grübelnder Mensch ist ein entartetes Tier" - un animal dépravé.[11]

Pelagianer und mit ihnen radikale Behavioristen in der Gefolgschaft J.B.Watsons[12] versprechen sich alles von Lernprozessen, die man durch eine geschickte Manipulation der Umweltbedingungen beliebig steuern kann. Daraus wird im Entwurf die Ideal-Kommune nach dem Rezept von B.F.Skinners "Walden Two" (1947), in der man "Jenseits von Freiheit und Würde" ganz sicher vor Anwandlungen des menschlichen Eigenwillens sein kann.[13]

Daß es im Grunde nicht so sehr darum geht, "die menschliche Natur zu regeln, sondern sie zu heilen" - wie Augustinus meinte[14] - bleibt den Lern-Technikern völlig unverständlich. Damit verschreiben sie sich falschen Erwartungen, die sie früher oder später dazu veranlassen, den "Erfolg" ihrer erzieherischen Maßnahmen mit Gewalt herbeizwingen zu wollen. Aus der Erziehung wird eine Dressur, die ganz hemmungslos mit der Furcht vor Strafe und auf seiten der "Lehrer" wohl auch mit dem sadistischen Reiz des Strafens operiert. Man muß eben Menschen entsprechend "motivieren", wenn diese sich in ihrer Verstocktheit weigern, die ihnen gesetzten Lernziele zu erreichen. Der Amerikaner S.Milgram[15] hat 1963 in einem Experiment sehr anschaulich gezeigt, zu welcher Grausamkeit sich ganz harmlose Bürger steigern können, wenn man ihnen die Möglichkeit gibt, einen trägen Lerner durch elektrische Schläge anzutreiben. Dabei stand nichts wichtigeres auf dem Spiel als das Lernen sinnloser Wortpaare. Die Verunsicherung deutet sich damit als eine schreckliche Möglichkeit des Sicherheitsstrebens an.

Pelagianer verlegen die Problematik sowohl des menschlichen Wesens als auch die der individuellen Existenz in eine Umwelt hinaus, die fehlerhafte Lernprozesse in Gang gesetzt hat. Entscheidend für sie ist daher eine Veränderung der Umwelt, in der die Umkehr durch Umlernen stattfinden soll; schließlich ist falsches Wählen nur wie "Rost" am reinen Metall der menschlichen Natur - eine Äußerlichkeit.[16)]

Das - so scheint mir - ist der Punkt, wo Umkehr in der Tat geboten und auch möglich ist. So gesehen, bedeutet sie allerdings kein Zurückgehen in eine vortechnische Zivilisation, deren Hilfsmittel kaum ein Zehntel der heute lebenden Menschen zu ernähren und zu versorgen in der Lage wären. Die Umkehr besteht vielmehr als ein Umdenken - eine "Metanoia" - im Zur-Kenntnis-Nehmen der Grundtatsache, daß der Zwiespalt, die discordia, im Wesen des Menschen liegt, und daß der Mensch die concordia nur in seinem Verhältnis zu Gott finden kann - vom Menschen her gesehen durch den Glauben, oder - genauer - in der dem Wort "gratia" innewohnenden Verschränkung von "Gnade" und "Dank".

Selbstverständlich bleibt es ein Gebot der Nächstenliebe, die äußeren Umstände des menschlichen Lebens und die Gelegenheiten dazu, an ihnen etwas zu lernen, so günstig wie möglich zu gestalten, aber es ist nichts als törichte superbia, wenn man sich dabei - wie B.F.Skinner - einbildet, über "freedom and dignity" hinauszugelangen. Letztlich vergrößern Illusionen dieser Art nur die Unsicherheit des Menschen, weil sie sich in den entscheidenden Momenten des Lebens als schal und belanglos erweisen. Überdeutlich zeigt uns das die Gegenwart mit der großen Anzahl der depressiv Verstimmten, die aus dem irrigen Vollgefühl ihrer emanzipierten Großartigkeit ganz jäh in die Verzweiflung hinabstürzen und sich zur Selbstflucht getrieben sehen.

Pelagianer erziehen zum Narzißmus und sie verschulden damit eine endlose Kette von Enttäuschungen, denen die angemaßte Göttlichkeit überfordert den Menschen, auch wenn sie augenblicksweise seiner Eitelkeit schmeichelt: "Mon âme s'élevait auprès de la Divinité", berichtet Rousseau von seinem Spaziergang im Wäldchen von Saint-Germain, und von da ("de là"), d.h. aus der Nähe der Gottheit, zu der sich seine Seele erhoben hatte, konnte er "Seinesgleichen" bei deren Irrtümern, Unfällen und Verbrechen zusehen[17)] - wie Gott dies tut, hätte er eigentlich hinzusetzen können. "Comme Dieu" fühlte er sich auch in den abschließenden Meditationen seines Lebens - den "Träumen des einsamen Spaziergängers" (1776) - mehrfach: "In der Tiefe des Abgrundes", wo er sich am Ende seines irdischen Daseins glaubt, ist er "unempfindlich wie Gott selbst"; ein anderes Mal, in der fünften "Promenade" erinnert sich weniger Momente ruhigen Glücks, wo "man nichts außer sich selbst und dem eigenen Dasein genießt, und sich selbst genug ist (on se suffit à soi-même, comme Dieu) - wie Gott".

Bleibt allerdings zu ergänzen, daß Rousseau zeitlebens ein "eingebildeter Kranker" war[18)], der an nervösen Störungen, Depressionen, paranoiden Verfolgungsideen und wohl auch an psychosomatischen Symptomen in Gestalt seiner gestörten Blasenfunktion litt.[19)]

Das Einzelschicksal ist in unserem Zusammenhang nur deshalb von Bedeutung, weil Rousseau - und darin liegt seine historische Größe - mit äußerster Sensibilität Zeitströmungen erkannte, denen er als glänzender Stilist in faszinierender Weise Ausdruck verleihen konnte. Er hat dabei allerdings auf systematische Geschlossenheit so wenig Wert gelegt, daß seine Schriften zum Beleg sehr unterschiedlicher Positionen herangezogen werden konnten. Anregend war er immer, oberflächlich nicht selten. Der Pädagoge Eduard Spranger[20)] hat darauf hingewiesen, "daß der äußerliche Tumult der Französischen Revolution in dem innerlichen Chaos Rousseaus sein Vorspiel gehabt habe; ... die Französische Revolution, dann die religiöse Reaktion, die deutsche klassische Literatur, die vielfachen Systeme der Pädagogik (und) der moderne

Sozialismus ... haben aus ihm geschöpft. Der Rousseauismus ist keine einmalige Erscheinung: er ist ein Typus." Der Typus läßt sich identifizieren: so sieht die pelagianische Negation der Erbschuld in der Neuzeit aus.

Ort und Richtung der notwendigen Umkehr sind damit genau bezeichnet: die Emanzipation des Menschen aus der Gewalt Gottes, oder - das gleiche etwas anders ausgedrückt - die Vergottung des Menschen, die darin liegt, daß man von ihm aussagt, er genüge sich selbst. Verstohlen wird damit angedeutet, der Mensch bedürfe Gottes eigentlich gar nicht, da dessen Stimme ja in ihm selbst spreche.

Der Deismus der Aufklärung läßt sich unschwer auf diese ihrem Ursprung nach pelagianische Formel bringen. Sie läßt den Menschen umso größer erscheinen, je weiter sie Gott aus dem aktuellen Weltgeschehen entrückt. Von einer den Seelen innewohnenden "natürlichen Heiligkeit" hat Rousseau zwar nicht gesprochen, aber er wurde trotzdem gelegentlich so verstanden. Das zeigt der Irrtum eines der ersten Kritiker der Schrift von 1755: Der angesehene Genfer Naturforscher Charles Bonnet beanstandete eine Stelle,[21] derzufolge die Natur die Menschen dazu bestimmt habe, "heilig" (saints) zu sein. Dabei handelte es sich jedoch um einen Lesefehler - um die Einfügung eines t's - , denn im Originaltext war nur davon die Rede, daß die Menschen von Natur aus "sains", d.h. "gesund" sind.[22] Das Adjektivum bedeutet allerdings auch so viel wie "heil" oder "unbeschädigt", und genau das ist ja der Mensch - theologisch gesehen -, wenn man die Erbschuld außer Betracht läßt.

Das riesengroß geschriebene "Ich" ist unser Problem; es tendiert zur Anmaßung der Göttlichkeit und zur Unfähigkeit des Glaubens an Gott. Das Problem konzentriert sich in der Frage nach der "Würde " des Menschen. Wir befinden uns diesbezüglich in einer schwierigen Situation, weil es in unserer jüngeren Geschichte triftige Anlässe dafür gegeben hat, die Würde des Menschen mit Nachdruck zu betonen und alle staatliche Gewalt auf ihre Achtung und auf ihren Schutz zu verpflichten (Art. 1 GG). Bei diesem Gebot muß es bleiben; zu fragen ist jedoch, was es für das Weltbild einer Nation bedeutet, wenn daneben Gott allmählich außer Sich gerät. Beim Amtseid z.B. ist gemäß Artikel 56 GG die Berufung auf Gott eine Privatsache, die auch unterbleiben kann und bei Ministern neuerdings auch gerne unterlassen wird - , nicht mehr als eine "religiöse Beteuerung", die Wortwahl ist verräterisch.

Gewiß, Gott bedarf des Schutzes der Staatsanwaltschaft so wenig wie der Betreuung durch die Wach- und Schließgesellschaft, aber das Selbstbild des Menschen wird im buchstäblichen Sinn verrückt, wenn der Mensch sich in der staatlichen Wirklichkeit nicht mehr als Geschöpf Gottes betrachten kann, und wenn - um nur ein Beispiel zu nennen - "beschimpfender Unfug, (der) an einem Ort (verübt wird), der dem Gottesdienst gewidmet ist", trotz § 167 StGB in der Regel ungesühnt bleibt. Das klassische, mittlerweile aber aufgehobene Verbot der Gotteslästerung diente nicht dem Schutz Gottes, sondern dem des Menschen. Seinerzeit zu Rate gezogen fanden die Wissenschaftsexperten Gotteslästerungen einerseits "künstlerisch wertvoll" und andererseits äußerst humorvoll.

Es ist paradox: Die Würde des Menschen, die unantastbar sein soll, leitet sich zweifellos von Gott her - woher denn sonst? -, aber an Gottes Gnade, Güte und Macht zu glauben ist altmodisch. Damit aber genügt der Mensch sich selbst auf eine verhängnisvolle Weise: Er hält sich für frei und meint, daß er alles kann, während seine eigene Sicherheit in die größte Gefahr gerät, zu einem Privilegium zu werden, das irdische Mächte nach ihrem eigenen Gutdünken und Bedarf anzuerkennen und zu definieren - d.h. zu begrenzen! - in der Lage sind.

An dieser Stelle müssen wir innehalten und überlegen, was Umkehr bedeuten sollte: Der Versuch einer Rückkehr in die Wildnis Rousseaus wäre ebenso unsinnig wie unmöglich; auch ein Nullwachstum läßt sich Wissenschaft und Technik nicht verordnen. Natürlich kann man in einem begrenzten Territorium sämtliche Anlagen und Einrichtungen der Forschung zerstören - entweder durch kriegerische Einwirkung oder durch sog. "Reformen" - , aber dabei würden zweifellos Bereiche übrigbleiben, in denen die anderswo unterbrochene Entwicklung voranschreitet. Wir dürften auch kaum damit Erfolg haben, wenn wir dem Einzelindividuum empfehlen wollten, sich nur mehr auf sich selbst und nicht mehr auf "das soziale Netz", d.h. auf die Solidargemeinschaft, zu verlassen. Wir sind "versichert", auch wenn man sich namentlich im katholischen und im lutherischen Bereich gegen diesen Gedanken lange mit dem Argument gesträubt hat, der Wert eines Menschenlebens sei nicht zu beziffern,[23)] und es handle sich um Versuche, in Gottes Ratschluß einzugreifen.

In der Tat ist die Schnelligkeit der Entwicklung erstaunlich, die von Odysseus, den Dante in den "Inferno" verbannte, bis zu der Möglichkeit führte, beim Vorstoß über die Säulen des Herkules hinaus Schiff und Ladung zu versichern, seit 1588 z.B. in Hamburg bei einem von holländischen Flüchtlingen gegründeten Privatunternehmen. Das sind kaum 300 Jahre; 1699 folgten in London Lebensversicherungen, die sich auf statistische Sterbetafeln und auf die Wahrscheinlichkeitsrechnung stützen konnten. In Frankreich war man erst unter englischem Einfluß am Vorabend der Revolution (1787) so weit, nachdem eine Ordonnance Ludwigs XIV. (1681) solche Einrichtungen noch mit der Begründung verboten hatte, daß "der freie (lebendige) Körper keine Schätzung duldet".[24)] Noch länger dauerte es in Deutschland bis die Gothaer Lebensversicherungsbank 1827 ihre Schalter öffnen konnte.

Nichts gegen Versicherungen! Sie erweitern den Aktionsradius des Menschen, indem sie ihm manche Sorgen abnehmen. Den ideellen Preis dafür bezahlt er freilich damit, daß er selbst in den Plänen und Statistiken der Solidargemeinschaften gar nicht mehr als Individuum vorkommt, sondern bloß als eine größere oder geringere Abweichung von Durchschnittswerten. Einstweilen scheint das allerdings noch kaum jemand zu bemerken, und so bleibt denn auch die Entdeckung einem späteren Zeitpunkt vorbehalten, daß auf diese Weise die menschliche "Würde" allmählich trotz gegenteiliger Beteuerungen zur Leerformel wird.

Ich komme zum Schluß: Unser Problem liegt nicht draußen in der Welt der Dinge, sondern im Selbstbild von Menschen, die sich - wie viele von ihnen meinen - von Gott erfolgreich emanzipiert haben, und die seither seiner Welt nicht mehr froh werden. Die Schutzeinrichtungen, die sie für ihre Sicherheit geschaffen haben, muten sie inzwischen nämlich wie das alttestamentliche Seeungeheuer Leviathan an: "Wird es wohl einen Vertrag mit dir schließen, daß du es dauernd zum Sklaven nimmst? - heißt es, und die Antwort lautet: "Wahrlich, eines solchen Hoffnung ist gar trügerisch...Wer begegnete ihm und bliebe unversehrt? Unter dem ganzen Himmel gibt es den nicht!" (Hiob 40,28; 41, 1 u.3). Das ist für Thomas Hobbes (1651) der Staat, den er den "sterblichen Gott" nennt, "dem allein wir unter dem ewigen Gott Schutz und Frieden verdanken."[25)]

Auch das ist eine Form der Selbstüberhebung des Menschen und seiner Würde, die Schritt für Schritt zu einer Vernachlässigung der Beziehung des Menschen zu seinem Schöpfer führt. Wir haben - so kommunikationsgewandt wir auch sonst sein mögen - kaum mehr Worte, um sie zu beschreiben oder gar im Gebet zu erfassen. Im gleichen Maß werden wir uns selbst unverständlich. Das ist die entscheidende Verunsicherung, und das ist somit auch der Punkt der notwendigen Umkehr.

Anmerkungen:

1) D.Ricci (Hgb): Il processo di Dante; Firence 1967;
2) A.Rüegg: Die Jenseitsvorstellung vor Dante und die übrigen literarischen Voraussetzungen der "Divina Commedia"; 2 Bde.,Köln 1945;
3) M.Schwonke: Vom Staatsroman zur Science Fiction; Stuttgart 1957;
4) Zitat nach Schwonke;
5) Discours l'inégalité, I.; in: J.J.Rousseau: Schriften zur Kulturkritik; hgb.von K.Weigand,Hamburg 1971;
6) J.Starobinski: 1789, die Embleme der Vernunft; Paderborn 1981;
7) Voltaires Brief an Rousseau v.30.8.1755; in: K.Weigand (Hgb.), 1971;
8) Augustinus: Retraktationen I,9,6;
9) Pelagius:Ad Demetriadem 2; Patrologia Latina 30, 15-45;
10) Augustinus: Sermones 151,4; vgl. A.Maxsein: Philosophia Cordis, Salzburg 1966;
11) Discours sur l'inégalité I,S.99, hgb.v. K.Weigand 1971; so ähnlich sieht den "Kerl, der spekuliert," auch Mephistopheles.
12) J.B.Watson: Behaviorismus, New York 1924;
P.R.Hofstätter: Philosophische Probleme der Psychologie; Phil.Naturalis,18,1980;
P.R.Hofstätter: Behaviorismus als Anthropologie, Jb.f. Psych.u.Psychotherapie,4,1956;
13) B.F.Skinner: Walden Two,New York 1947 (dt.:Futurum Zwei; Hamburg 1970); Beyond Freedom and Dignity, New York 1972 (dt.:Jenseits von Freiheit und Würde; Reinbek 1973);
14) Augustinus: De natura et gratia, 11,12; De spiritu et litera, 30,52;
15) S.Milgram: Das Milgram-Experiment; Reinbek 1974;
16) Pelagius: Zit.nach P.Brown: Der Heilige Augustinus, München 1973;
17) Les Confessions, Livre VIII;
18) G.Holmsten: J.J.Rousseau in Selbstzeugnissen und Bilddokumenten; Reinbek 1972;
19) G.Vorberg: Der Fall J.J.Rousseau; Bonn 1921;
20) E.Spranger: Kultur und Erziehung; Halle 1928;
21) S.99 in der Ausgabe von K.Weigand;
22) Lettre de J.J.Rousseau à M.Philopolis; in: K.Weigand (Hgb), 1971;
23) So z.B. der Kameralist J.H.v.Justi (Polizeiwissenschaft, 1760), zit.nach A.Müller-Armack: Religion u.Wirtschaft; Stuttgart 1960;
24) "liberum corpus aestimationem non recipit."Das Argument findet sich in ähnlicher Form bis fast in die Gegenwart überall dort, wo quantitative Methoden in der Psychologie abgelehnt wurden;
25) Thomas Hobbes: Leviathan, II,17 (1651).

Ergänzungen zu Kolakowskis "Die Gegenwärtigkeit des Mythos"

Kurt Hübner, Kiel

Nach Kolakowski entspringt alles Mythische einem Bedürfnis nach absolutem Sinn, nach fraglosem Wert und nach einer "Kontinuität", die hinter der "Diskontinuität" der Erscheinung einen durchgehenden Zweckzusammenhang herstellt.[1] Dennoch dürfen wir darin nicht ein bloßes Wunschträumen sehen, sondern dieses Bedürfnis ist zugleich Ausdruck einer unvermeidlichen Haltung, als ob es derartiges gäbe. Sinn, Wert und Kontinuität in der bezeichneten Weise treten dabei nicht als "Hypothese" auf, die wahr oder falsch sein kann, zumindest aber etwas Vorläufiges, irgendwie Beweisfähiges wäre, sondern sind die absolute Grundlage, auf der sich Leben abspielt und ohne die es im Rahmen einer Kulturgemeinschaft gar nicht möglich wäre. Kognitiv - Theoretisches und Engagiert - Praktisches fallen daher hier zu einer unauflöslichen Einheit zusammen. Kolakowski sucht dies an einigen der wichtigsten Formen menschlichen Lebens nachzuweisen: So z.B. am Erkennen, am Werten, an der Liebe, sowie am Verhältnis zu Natur und Welt.

Die Erkenntnis beruht nach seiner Auffassung auf der Unterscheidung von "Bewußtsein und Ding".[2] Aber alle Bemühungen der Philosophen, den Zusammenhang dieser beiden auf eine eindeutige und befriedigende Weise zu klären, sind gescheitert. Das liegt, wie Kolakowski meint, daran, daß sie sich um etwas vor allem Erfahrbaren liegendes bemüht haben, das letztlich niemals Gegenstand des Argumentierens, Beweisens und Widerlegens sein kann. Ob Idealismus, Materialismus, Positivismus oder Phänomenologie, sie alle suchten auf verschiedene Art hier etwas zu begründen, was notwendig Ausgangspunkt allen Begründens ist. Das bedeutet keineswegs, daß im gegebenen Zusammenhang die Haltung des Idealisten, Materialisten usf. zu verwerfen wäre, im Gegenteil, als notwendig erkennende Wesen nehmen wir immer und unvermeidlich die eine oder die andere solcher Haltungen ein - aber es kann zwar auf ihrer Grundlage, nicht aber über sie selbst diskutiert werden. So bleibt uns nur "der philosophische Verzicht auf die klassische Erkenntnistheorie". Dieser Verzicht ist für Kolakowski zugleich "ein Verzicht zugunsten des Mythos",[3] nämlich zugunsten von etwas Absolutem, nicht mehr Befragbarem.

Werten ist für Menschen genauso unerläßlich wie Erkennen, weil es beständig ihr Verhalten und die notwendigen Entscheidungen regelt. Werten aber läßt sich am Ende genauso wenig begründen wie Erkennen. Ja, jede Begründung mündete in einer "kausalen" Erklärung, wie z.B.: " 'ich glaube', daß das gut ist, denn so wurde ich erzogen" und dergleichen. Jede Erklärung dieser Art bestünde jedoch darin, den fraglichen Wert auf etwas Wertneutrales, nämlich Faktisches zurückzuführen, womit er als Wert gerade wieder aufgehoben würde. Wer daher Werte begründet, kann sie nicht zugleich als Werte erfahren. Wieder ist diese Unbegründbarkeit von Werten für Kolakowski das Zeichen dafür, daß sie zum Mythos des Lebens gehören. "Die Mythen", sagt er, "die uns lehren, was ganz einfach einen Wert darstellt, sind unvermeidlich, wenn die menschliche Gesellschaft existieren soll."[4]

Auf die Prüfung des Erkenntnisproblems und der Wertfrage läßt Kolakowski eine Untersuchung der Logik folgen. Das überrascht zunächst, weil man die Logik als eine Form des Erkennens anzusehen gewohnt ist. Wie er aber zu zeigen sucht, spielt in ihr die Wertfrage eine Rolle und deswegen hat er diese vorgezogen.

Die logischen Regeln sind Normen. Diese Normen sind jedoch weder empirisch, wie es die Psychologisten versucht haben, noch aus den Konventionen der Sprache, wie es z.B. Ajdukiewicz glaubte, zu erweisen, weil etwas rein Faktisches, eine Tatsache, eine Konvention, nicht dazu "verpflichten" kann, ihnen zu folgen.[5] Aber auch der Transzendentalismus Husserls mußte scheitern, der die Logik aus den intentionalen Akten des Ego aufbauen wollte. Ein solches Ego ist für Kolakowski, nicht anders als Platos Ideen, selbst nur ein Mythos, und zwar offenbar deswegen, weil es der nicht mehr greifbare Grund alles Erfahrbaren ist. Plato wußte das noch, Husserl nicht mehr.[6] Die Logik "verrät die Gegenwärtigkeit des Mythos", sofern sie "in der vorhistorischen Rechtsprechung des Denkens als Denken verwurzelt" ist, also "in Realitäten, die unserer empirischen Existenz ... vorangegangen sind."[7]

So ist schließlich auch "die Wahrheit als Wert ... Teil des Mythos, der die bedingten Erfahrungsrealitäten auf eine unbedingte Welt bezieht."[8] Der Mythos der Wahrheit als Wert ist aber für Kolakowski zugleich der Mythos der Vernunft selbst. Als solcher kann er weder wahr noch falsch sein in dem Sinne, daß sich seine Wahrheit irgendwie erweisen ließe.[9] "Der Glaube an die Vernunft ist eine mythische Option, geht somit über die Befugnisse der Vernunft hinaus."[10]

Mythisch ist ferner die Liebe. In ihr liegt eine "Totalität des Verlangens", das eine alle Relativität des Erfahrens übersteigende Unbedingtheit enthält; sie ist das Erlebnis von etwas "Ursprünglichem", "Unfehlbarem", weil sie nicht nach Gründen und Rechtfertigungen verlangt; in ihr liegt der Versuch, die Zeit aufzuheben, da sie den Augenblick wie eine Ewigkeit erlebt, in der alles Vergangene und Kommende gleichgültig wird, ja, überhaupt verschwindet; sie ist die Erfahrung einer Ganzheit gegenüber den Teilen, nämlich eben nicht nur eine Summe, eine Art induktives Ergebnis einzelner Erscheinungen (wie es etwa der Fall wäre, wenn man seine Liebe mit den verschiedenen guten Eigenschaften des Geliebten begründen wollte).[11]

Unser Verhältnis zur Natur ist durch die beständige Anstrengung gekennzeichnet, ihre "Gleichgültigkeit" uns gegenüber zu überwinden.[12] Es nützt nichts, wenn wir sie technisch in eine berechenbar gewordene Maschine verwandeln, weil sie damit nur noch fremder wird. Der reißende Wildbach erscheint uns "menschlicher", als das "automatisierte Produktionsaggregat".[13] Der Grund dafür liegt darin, daß alles Menschliche gerade durch die Spontaneität des Unberechenbaren gekennzeichnet ist.[14] So betrachtet, war der Humanisierungsversuch der Natur durch ihre technische Bändigung letztlich ein Irrweg, der sich allmählich gegen uns zu wenden beginnt. Aber das Verlangen, die Gleichgültigkeit der Natur zu überwinden, ist für uns zugleich eine Frage auf Leben und Tod. Wir haben daher keine Wahl, als hier in irgendeiner Form auf den Mythos zurückzugreifen: "Die gleichgültige Welt, der wir einst fast völlig preisgegeben waren, die von Rätseln, Kapricen erfüllte unberechenbare Welt, eben diese Welt vermochten wir durch das mythische Verstehen zu bändigen, indem wir ihren Exzessen einen nicht unmittelbar sichtbaren Sinn zuschreiben, die Feindseligkeit oder Gnädigkeit des anderen Seins, das zu uns durch die Chiffre der Natur spricht. ... In dem Maße, in dem wir die Fähigkeit verlieren, zum mythischen Verständnis des physikalischen Seins zurückzukehren, verlieren wir die Hoffnung auf seine Domestizierung, seine Humanisierung, verbleiben wir in der Konfrontation mit den Dingen, die uns dank der Tatsache gehorchen, daß sie uns gegenüber grenzenlos gleichgültig sind."[15]

Nur erwähnt bleiben muß hier, daß Kolakowski den Zwang zum Mythischen noch in anderen Zusammenhängen hervorhebt, z.B. in der Erfahrung der Freiheit, der Zufälligkeit der Welt usf.

So leben wir, nach Kolakowski, einerseits immer schon aus einer mythischen Haltung heraus und befinden uns andererseits dennoch in einer wissenschaftlich - technischen Welt - wie aber, so fragt er, läßt sich dieser Widerspruch aufheben? Er ist seiner Meinung nach nicht aufhebbar, wenn man versucht, beides miteinander zu vermengen, nämlich Mythisches in irgendeiner Weise zum Gegenstand des Begründens und Argumentierens zu machen, wie es in der abendländischen Metaphysik geschehen ist. (Ein Beispiel liefern die vielen Versuche, die Freiheit des Menschen, die Unsterblichkeit der Seele oder Gott zu beweisen.) Derartiges endete schließlich stets mit der Zerstörung des Mythischen. Auch haben im Zeitalter wissenschaftlicher und technologischer Weltzugewandtheit jene Mythen keine Aussicht mehr, die eher der Flucht aus dieser Welt dienen (also jene im engeren Sinne religiösen Mythen, welche zur Askese aufrufen); zu verwerfen sind ferner diejenigen, die in irgendeiner Form zur Theokratie führen (also zu strengen hierarchisch - charismatischen Gesellschaftsstrukturen, sie seien theologischer oder sozialutopischer Natur), weil sie wegen ihres dogmatischen Gehaltes kaum einen Platz in von Dynamik und Beweglichkeit bestimmten Industriestaaten finden können. Dagegen glaubt Kolakowski an die Zukunft jener Mythologien, die "alle Realitäten der unmittelbaren Erfahrung infrage stellen, indem sie die Nichtselbstgenügsamkeit dieser Welt und ihre Unfähigkeit zur Herausbildung von Werten unter Beweis stellen, ... sowie ihre Unfähigkeit zur Selbstinterpretation oder auch dazu, aus eigener Kraft Grundsätze des Wertverständnisses zu schaffen."[16] Diese Mythologien müßten Grundsätze enthalten, geeignet, "die Dinge in deren vorempirischen Ordnung zu verstehen." Sie müßten "Sammelbecken fundamentaler Werte" sein, welche "die jeweilige Situation nicht präjudizieren, sondern sie situationsbezogen zu interpretieren gestatten, Werkzeuge der ... Relativierung der faktischen Ereignisse ..."[17] Keine rationale Argumentation vermöchte dann allerdings "zwingende Gründe aufzuführen, die uns die eine oder die andere Ordnung" - die mythische oder die wissenschaftliche - "eindeutig als einen Schatten bezeichnen hieße, der die andere, 'wahre' Wirklichkeit verdeckt; keine erlaubte es zu unterscheiden, welche dieser beiden Ordnungen ... die reale Welt bilde und welche hingegen eine Ausgeburt der Imagination sei ..." [18]

Diese kurze Zusammenfassung von Kolakowskis Grundgedanken zur Gegenwärtigkeit des Mythos muß hier genügen. Betrachten wir sie nun im einzelnen.

Wenn man, wie er, alles das als mythisch bezeichnet, was nicht empirisch ist, ja, nicht einmal beweisfähig, was als affirmatio einen absoluten Ursprung darstellt, dann hat das zur Folge, daß man es nicht mehr von demjenigen unterscheidet, was nach dem ursprünglichen Sinn dieses Wortes (womit nach Kolakowski etwas "Religiöses" gemeint ist[19]) entweder gar nichts mit Mythos zu tun hat (wie Wahrheit, Wert und dergl.) oder sich sogar entschieden gegen ihn wendet (wozu z.B. der "Mythos der Vernunft" gehört). Ausdrücklich sagt Kolakowski, daß die "nichtreligiösen" Mythen "vom funktionalen Standpunkt aus" dasselbe seien wie die "religiösen" und von"der Arbeit derselben Bewußtseinsschicht" "zeugen". "Sie sind Versuche, die Zufälligkeit der Erfahrung, die Zufälligkeit der Welt im Wort zu überschreiten."[20] - Nun sind zwar Worte und Definitionen wohlfeil, aber Kolakowski hat sich doch so von vornherein den Zugang zum Wesen des genuin Mythischen verbaut. Kein Zweifel nämlich, daß er, indem er alles Mythische für etwas rein "Affirmatives" hält[21], auch dieses genuin Mythische in die Zone des nicht Beweisfähigen und nicht Beweisbedürftigen verweist, wodurch sich jedoch folgende Asymmetrie abzeichnet: Auf der einen Seite steht der "Mythos der Vernunft", auf der anderen Seite stehen die Mythen religiösen Charakters. Beide entspringen zwar absoluten Werthaltungen, aber doch mit dem einen, von Kolakowski stets hervorgehobenen Unterschied: Der Mythos der Vernunft, wenn auch selbst nicht begründbar, bringt die kognitiv - beweisende und empirisch vorgehende, also nicht-mythische Wissenschaft hervor; Mythen religiöser Art dagegen verharren gewissermaßen in ihrem absoluten Ausgangspunkt, <u>alles</u> scheint in ihnen Wert- und Sinnbezogenheit im bloß affirmativen Sinn zu sein und zu bleiben. Dort ist die Dimension denkender Erfahrung, hier fraglosen Glaubens.[22] Beweiskompetenz ist ein Vermögen des technologisch orientierten analytischen Verstandes", bemerkt Kolakowski, nicht des religiösen Mythos.[23] Genau das ist aber, wie die neuere Mythosforschung gezeigt hat und neuere wissenschaftstheoretische Ergebnisse untermauert haben, unzutreffend.

Ohne hier näher auf Einzelheiten eingehen zu können, sei zusammenfassend Folgendes festgestellt: Die Welt des Mythos beruht, nicht anders als die Welt der Wissenschaft, auf einem System der Erfahrung, in das alles eingeordnet, in dem alles begriffen, verarbeitet und gedeutet wird. Auch der Mythos hat seine spezifische Synthesis der Gegenstandskonstitution, nur daß sie sich eben von derjenigen der Wissenschaft grundlegend inhaltlich unterscheidet. Im Rahmen dieses Systems, das man eine Ontologie nennen kann, vollzieht sich mythische Erfahrung und Erkenntnis und in diesem Rahmen wird klassifiziert, definiert, deduziert und logisch geschlossen.[24] Die Form der Rationalität, die sich darin ausdrückt, ist also, wie schon Lévi-Strauss richtig bemerkt hat, überall die gleiche. Sie richtet sich nur auf vollständig verschiedene Inhalte.

Der Mythos der Vernunft besteht daher nicht darin, daß er den Mythos der "Wahrheit" oder des argumentierenden Beweisens oder der hypothetischen Erkenntnis erfunden hat, sondern er besteht ausschließlich darin, daß er eine bestimmte, der heutigen Wissenschaft zugrunde liegende Ontologie, damit eine fundamentale sachhaltige Aussage über die Wirklichkeit, als Werk der Vernunft definiert hat (das z.B. einem homerischen Griechen höchst unvernünftig erschienen wäre). Die sich aus dem Ansatz von Kolakowski ergebende Asymmetrie gibt es somit gar nicht; Mythos und Wissenschaft sind formal nicht nur in jenem von Kolakowski genannten "funktionalen" Sinne gleichwertig, also darin, daß beide von einem absoluten, weil nicht weiter begründbaren Entscheidungsursprung ausgehen, sondern auch darin, daß sie beide die Wirklichkeit mit der gleichen Rationalität organisieren. Wenn ich vorhin sagte, dies zeige nicht nur die heutige Mythos Forschung, sondern dies werde auch durch die gegenwärtige Wissenschaftstheorie untermauert, so meine ich damit: Erst die Wissenschaftstheorie hat Klarheit über die verschiedenen ontologischen Entwürfe gebracht, welche der Wissenschaft und anderen Formen der Weltdeutung zugrunde liegen, erst sie hat gezeigt, daß es sich dabei nirgends um durch Erfahrung oder Vernunft notwendig begründbare Ausgangspunkte handeln kann, und erst sie vermittelte uns eine hinreichende Vorstellung davon, was wir eigentlich meinen, wenn wir von Rationalität sprechen.[25)]

Aber wie Kolakowskis Definition des Mythos die Frage nach dem Wesen des genuinen Mythos nicht aus der Welt schafft, so freilich auch nicht die Beschränkung des Ausdruckes "Mythos" auf den genuinen Mythos die Frage nach jenen absoluten Ausgangspunkten, die Kolakowski allein im Auge hat. Sie stellt sich sogar noch dringender, wenn die Gleichwertigkeit von Mythos und Wissenschaft nicht nur ihre "Funktion" im Sinne Kolakowskis betrifft, sondern darüber hinaus die alles umfassenden Systeme der Erfahrung und des Denkens, die beiden zugrunde liegen. Hier tritt das volle Gewicht einer weder durch Erfahrung noch durch Vernunft zwingend herbeizuführende Entscheidung, die zwischen ihnen getroffen wurde und stets wieder getroffen werden muß, nur umso deutlicher hervor.

Kolakowskis These, daß eine solche Entscheidung mythisch zu nennen ist, verliert nun genau dann ihre Willkürlichkeit, wenn man sich nicht, wie er begnügt, auf ihren vorempirischen und vorrationalen Ursprung hinzuweisen, sondern wenn man gerade auf die Strukturen des genuin Mythischen verweist. Während nämlich eine wissenschaftliche Erklärung nur dann vorliegt, wenn irgendein Ereignis auf ein Gesetz oder eine Regel zurückgeführt werden kann, macht der Mythos auch all das begreiflich, wo derartiges nicht möglich ist. Anders ausgedrückt: Die Wissenschaft erfaßt nur notwendige

Abläufe, der Zufall aber fällt durch die Maschen ihres Netzes; der Mythos dagegen erfaßt beides mit gleicher Gewichtigkeit. Denn wenn die Wirklichkeit das Wirken numinoser Wesen widerspiegelt, so zeigt sich diese Wirksamkeit ebenso dort, wo etwas die Regel ist, wie dort, wo dies nicht der Fall ist: Z.B. ist überall Poseidon im Spiel, wenn im Herbst die Meere "zürnen", aber er ist es auch, der das Schiff des Odysseus zerschellen läßt. Wo die Unberechenbarkeit der Natur, mit Kolakowski zu reden, als Zeichen der Gottheit verstanden wird, da auch ihre Berechenbarkeit. So haben wir nur die Wahl, etwas, was auf keine Regel, sie sei empirisch oder rational, zurückzuführen ist, entweder als "reinen Zufall" zu betrachten oder als Zeichen einer numinosen Gegenwart. Nun ist das erstere unmöglich, wenn es sich um die nur spontan mögliche Entscheidung, sei es zum Mythos, sei es zur Wissenschaft, handelt, weil es das bis in unsere Wurzeln treffende Engagement unberücksichtigt ließe, was damit verbunden ist. Wir fühlen uns bei einer solchen Entscheidung der "Wahrheit", der "Wirklichkeit", einem "Faszinosum" verpflichtet und nicht einem Würfelspiel oder einem beliebigen "so mach ich's halt, könnte es aber genau so gut anders tun". Wir können es auch nicht nur als unsere Entscheidung verstehen, weil sie, da mit einem absoluten "Sinn" verbunden, aus einer intelligiblen, unser empirisches Ego übersteigenden Sphäre stammt. Also ist die mythische Interpretation, daß es sich hier um die Wirksamkeit eines Numinosen in uns handelt, eine vollkommen exakte Beschreibung einer solchen Entscheidung. Es ist somit letztlich nur der genuine, von Kolakowski "religiös" genannte Mythos, der ihm das Recht dazu gibt, in solchen Fällen von der "Gegenwart des Mythos" zu sprechen und der eine solche Behauptung vom Geruche des Willkürlichen befreit.

Man muß also, was Kolakowski seines Ansatzes wegen entgeht, in einem doppelten Sinne von der Gegenwärtigkeit des

Mythos sprechen: Einmal in dem Sinne, daß man auf die genuin mythische Wurzel aller historischer Entscheidungen als Mutationen, also aller geschichtlicher Umbrüche zu neuen Ontologien hinweist, selbst wenn diese nichts mit Mythos zu tun haben oder sogar ausdrücklich anti - mythisch gedacht sind; zum anderen in dem Sinne, daß spezifische Strukturen des genuin Mythischen noch immer überall unter uns und in uns wirksam sind. Was das erste betrifft, so ergibt sich daraus, daß Kulturgeschichte, ganz im Gegensatz zur gängigen Auffassung, ohne Verweis auf Mythisches nicht auskommt, worauf Heidegger eindringlich hingewiesen hat, wenn er in diesem Zusammenhang von einem "Geschick" spricht und was Hölderlin meinte, wenn er den Untergang des genuinen Mythos als Abwendung der Götter von den Menschen verstanden hat.("Nur zu Zeiten erträgt göttliche Fülle der Mensch".[26]) Was aber das zweite betrifft, so hat Kolakowski unvermerkt dafür ein eindringliches Beispiel in seiner Analyse der Liebe geliefert. Hier ist nicht nur von einem absoluten Ursprung überhaupt die Rede, sondern hier trägt alles genuin mythische Züge. Was Kolakowski dazu sagt, liest sich beinahe wie eine Beschreibung von Wagners "Tristan". Wir erleben seit Urzeiten die Liebe mythisch, ohne uns dessen bewußt zu sein, ohne es beim Namen nennen zu können: Namenlos ist heute der Gott, sagt Hölderlin.[27]

Ich teile im übrigen Kolakowskis Meinung, daß ein Wiedererwachen des mythischen Bewußtseins, will es mit unserer wissenschaftlichen Welt zu einem harmonischen Ausgleich finden, weder weltabgewandt, noch theokratisch sein darf, aber ich frage mich, ob es gerade ein Mythos und nicht eher die Philosophie sein muß, welche die "unmittelbare Erfahrung infrage stellt", und die "Nichtgenügsamkeit dieser Welt", ihre Unfähigkeit, "aus eigener Kraft Grundsätze des Wertverständnisses zu schaffen", aufweist. Derartiges führt höchstens zum Mythos hin, hat aber seine Grenzen noch nicht überschritten. Mythen, sagt Kolakowski selbst, werden nicht durch Beweise und Argumente lebendig (obschon Beweise und Argumente, wie gesagt, innerhalb seiner wohl existieren), sondern durch eine "Erweckung des mythischen Bewußtseins".[28] Ob eine solche erfolgt oder nicht, kann aber selbst nur als ein genuin mythisches Ereignis verstanden werden.

Anmerkungen:

1) L.Kolakowski, Die Gegenwärtigkeit des Mythos, München 2.A.1974, S.14;
2) A.a.O., S.31;
3) A.a.O., S.32;
4) A.a.O., S.40;
5) A.a.O., S.56;
6) Ebenda;
7) A.a.O., S.57;
8) A.a.O., S.58;
9) Ebenda;
10) Ebenda;
11) A.a.O., S.64;
12) A.a.O., S.98;
13) A.a.O., S.96;
14) A.a.O., S.97;
15) A.a.O., S.98;
16) A.a.O., S.137;
17) Ebenda;
18) A.a.O., S.168;
19) A.a.O., S.164;
20) Ebenda;
21) A.a.O., S.18;
22) A.a.O., S.166;
23) A.a.O., S.14;
24) Ich verweise auf die einschlägigen Arbeiten hierzu von E.Cassirer, C.Lévi-Strauss, V.Grønbech, W.F.Otto, M.Eliade und vieler anderer;
25) Vgl.z.B. K.Hübner, Wie irrational sind Mythen und Götter, in: H.P.Duerr (Hrsg.): Der Wissenschaftler und das Irrationale, Frankfurt/M.1981; ders.:Kritik der wissenschaftlichen Vernunft, Freiburg 2.A.1979;
26) Brot und Wein;
27) Der Mutter Erde;
28) A.a.O., S.20.

Ein paar Bemerkungen über Zahlentheorie

Corinna Mette, Bochum

Die Zahlentheorie - nach Gauß die Königin der Wissenschaften - war ja mit ihrer Fülle von leicht faßlichen, sich schon bei erster Berührung aufdrängenden Problemen ein Bereich innerhalb der Mathematik, womit sich schon in der Antike die Griechen beschäftigten. Helmut Hasse[1)] weist sehr richtig auf die Relevanz der Zahlentheorie innerhalb der Mathematik hin, indem er in ihr einen "höchst ergiebigen Nährboden für die Entwicklung neuer mathematischer Theorien" sieht, nicht nur, wie er sagt, in ihrem eigenen Rahmen sondern auch, über diesen hinausgreifend, in anderen Disziplinen wie Algebra, Analysis und Geometrie, mittels derer sich dann, oft in ganz unerwarteter Weise, systematische Lösungsmethoden ergaben.

Fragt man, was ist Zahlentheorie, so läßt sich u.a. bei Indlekofer[2)] nachlesen: "Ganz allgemein gesprochen, untersucht die Zahlentheorie Eigenschaften ganzer Zahlen." Ein großer Problemkreis innerhalb der Zahlentheorie ist somit die Auffindung von ganzzahligen Lösungen einer beliebig vorgegebenen Gleichung. Diese Problematik fällt in den Bereich der sog. diophantischen Gleichungen.

Diophant war ein griechischer Mathematiker, der im dritten Jahrhundert vor Christus lebte und der als erster systematisch ganzzahlige Lösungen von Gleichungen untersucht hat.

In den komplexen Zahlen ist die Lösung von Gleichungen kein Problem, da $\mathbb{C}$ algebraisch abgeschlossen ist. In den reellen Zahlen dagegen bekommt man schon manchmal Probleme, etwa bei der Gleichung $x^2 + 1 = 0$. In $\mathbb{Z}$ ist das Dilemma groß! Man kann oft nicht einmal beantworten, ob eine Gleichung eine ganzzahlige Lösung besitzt.

Gerade dieses Problem will ich aufgreifen, um es weiter unten an einigen speziellen Beispielen darzulegen.

Das Faszinierende an der Zahlentheorie ist doch u.a.,

daß auch nur ein mathematisch Interessierter oder ein mathematischer Anfänger schon die Probleme (wie z.B. die Auffindung von ganzzahligen Lösungen einer vorgegebenen Gleichung) verstehen kann, ohne daß er eine jahrelange Vorbildung bzgl. mathematischer Sachverhalte benötigt. Zwar sind einige, so einleuchtend und trivial erscheinende Probleme auch genau so einfach zu lösen, doch die eigentlichen interessanten Probleme der Zahlentheorie haben doch eine gewisse Eigenheit, welche Problemen aus anderen Bereichen der Mathematik nicht zukommt.

Viele Probleme der Zahlentheorie erscheinen einfach verständlich - im Gegensatz z.B. zu Problemen der algebraischen Geometrie. Doch der erste Eindruck täuscht, denn was den Lösungsweg dieser Probleme angeht, so ist er in vielen Fällen äußerst schwierig, und ohne tiefes algebraisches Verständnis wird man der Lösung vieler zahlentheoretischer Probleme nicht näherkommen können. Bevor ich jedoch auf diesen Punkt noch einmal zurückkomme, möchte ich einige Beispiele aus dem Bereich der diophantischen Gleichungen behandeln.

Wir wollen zunächst die linearen diophantischen Gleichungen betrachten. Diese "bekommt man gut in den Griff", d.h. die Angabe aller ganzzahligen Lösungen einer Gleichung der Art (*) $h = ax + by$, wo h, a und b ganze Zahlen sind, bietet keine Schwierigkeit.

Diese Gleichung (*) ist genau dann lösbar, wenn der größte gemeinsame Teiler d von a und b auch ein Teiler von h ist. (Zum Beweis siehe Anmerkung 2), S.142-143).

Der Beweis des obigen Satzes, den ich hier nicht aufführe, benutzt nur elementare Teilbarkeitseigenschaften der ganzen Zahlen und ist daher sehr leicht verständlich.

Schwerer ist es bereits, quadratische diophantische Gleichungen zu lösen. Ein Spezialfall solcher Gleichungen ist die berühmte Pellsche Gleichung

$$x^2 - Dy^2 = 1,$$

wo D eine natürliche Zahl ist, die kein Quadrat ist.

Konnte man die Lösungen der linearen diophantischen Gleichung noch mit trivialen Hilfsmitteln der Teilbarkeitslehre ganzer Zahlen ermitteln, so muß man hier einen Lösungsweg einschlagen, der schon etwas tiefer in die Algebra führt.

Man betrachte den zur obigen Pellschen Gleichung gehörenden quadratischen Erweiterungskörper $\mathbb{Q}(\sqrt{D})$ bzw. den Ring der ganz-algebraischen Zahlen in $\mathbb{Q}(\sqrt{D})$, welcher $\mathbb{Z}[\sqrt{D}]$ bzw. $\mathbb{Z}[\frac{1+\sqrt{D}}{2}]$ ist, je nachdem, ob D kongruent 1 modulo 4 ist oder nicht (Zu $\mathbb{Z}[\sqrt{D}]$ gehören dann alle Zahlen der Form $a + b\sqrt{D}$, wobei a und b ganzrationale Zahlen sind).

Eine Einheit in $\mathbb{Z}[\sqrt{D}]$ bzw. $\mathbb{Z}[\frac{1+\sqrt{D}}{2}]$ ist nun diejenige Zahl, deren Norm ± 1 ist, d.h. für die gilt:
$(a+b\sqrt{D})(a-b\sqrt{D}) = \pm 1$ bzw. $(a+b\frac{1+\sqrt{D}}{2})(a-b\frac{1+\sqrt{D}}{2}) = \pm 1$.
Die Einheiten bilden eine Gruppe und man kann zeigen (siehe Dirichletscher Einheitensatz), daß es eine kleinste Einheit e_1 gibt, so daß sich alle übrigen Einheiten e darstellen lassen als $e = \pm e_1^n$, wo n eine natürliche Zahl ist. Diese kleinste Einheit e_1 löst dann die obige Pellsche Gleichung und mithin alle Potenzen von e_1.

Damit hat man das Problem gelöst, ganzzahlige Lösungen der diophantischen Gleichung $x^2 - Dy^2 = \pm 1$ zu finden, indem man das eigentliche Problem auf ein Problem aus einem anderen Bereich verschoben hat, welches jedoch "äquivalent" zum Ausgangsproblem ist.

Schon das Beispiel dieser zweiten diophantischen Gleichung zeigt, daß man bei der Lösung zahlentheoretischer Probleme auch Pfade beschreiten muß, die in andere Gebiete der Mathematik führen. Wir werden in späteren Beispielen noch sehen, daß die p-adische Bewertungsfortsetzung wie auch die Theorie ebener Kurven zur Lösung zahlentheoretischer Probleme beitragen kann.

Eine weitere interessante Gleichung ist $x^2 + y^2 = z^2$. Auch ihre Lösungen kann man genau angeben, und diese waren schon dem guten alten Diophant bekannt[3)]. Doch nun kommt die große Überraschung!

Betrachtet man die etwas verallgemeinerte Gleichung $x^n + y^n = z^n$ für n größer als 2 und $n \in \mathbb{N}$, so tut sich eines der größten Probleme der Zahlentheorie auf. Pierre de Fermat, Sohn eines Lederhändlers aus Beaumont de Lomagne, vermutete im 17.Jahrhundert, daß die obige Gleichung für $n > 2$ und $x, y, z \in \mathbb{Z} - \{0\}$ nicht lösbar sei. Bis heute ist diese Vermutung unbewiesen geblieben.

Fermat schrieb seine Behauptung - heute als Fermatsche Vermutung oder Fermats letztes Theorem bekannt - auf den Rand seines Exemplars der Werke des Diophant, wobei er bemerkte, daß der Rand zu schmal sei, um seinen "wohl wunderbaren" Beweis daraufzuschreiben. Ob er wirklich einen richtigen Beweis hatte, wissen wir nicht. Bisher schlug jeder Versuch fehl, diesen Beweis nachzutragen. Im Jahre 1908 vermachte Paul Wolfskehl aus Darmstadt 100 000 Mark der "Königlichen Gesellschaft der Wissenschaften zu Göttingen" für einen Beweis der Fermatschen Vermutung. Inzwischen ist das Geld der Inflation zum Opfer gefallen.

Es reicht schon die Fermatsche Vermutung für jede Primzahl $p > 2$ zu beweisen, denn ist $x^p + y^p = z^p$ für alle Primzahlen $p > 2$ nicht lösbar, so ist $x^n + y^n = z^n$ für $n > 2$ nicht lösbar, da sich $n \in \mathbb{N}$ wegen der Eindeutigkeit der Primfaktorzerlegung in $\mathbb{Z}$ stets schreiben läßt als $n = p \cdot s$ mit $s \in \mathbb{N}$ und daher $z^n = x^n + y^n = (x^s)^p + (y^s)^p = (z^s)^p$ ist.

Eine Ausnahme ist der Fall $n = 4$, doch hier zeigte Fermat explizit die Richtigkeit seiner Behauptung.

1753 bewies Euler teilweise die Richtigkeit der Fermatschen Vermutung für den Fall $p = 3$; nach 1800 lieferte Legendre dann einen vollständigen Beweis für $p = 3$.

Man suchte weiterhin nach Beweisen für den allgemeinen Fall. Große Mathematiker wie Euler, Legendre, Gauss und Dirichlet versuchten sich an diesem Problem.

Mit Ernst Eduard Kummer, kam dann der eigentliche Durchbruch. Kummer benutzte eine ganz andere Beweismethode als es vorher üblich war.

Den Spezialfall $p = 3$ der Fermatschen Vermutung bewies man, indem man Kongruenzbetrachtungen modulo 9 durchführte (analog kann man auch für $p = 5$ und 7 schließen).

Kummer nutzte den engen Zusammenhang, der zwischen der Gleichung $x^p + y^p = z^p$ und den Kreisteilungskörpern $\mathbb{Q}(\varepsilon_p)$ besteht, wobei ε_p eine p-te primitive Einheitswurzel bezeichnet, also $\varepsilon_p^k = \cos \frac{2\pi k}{p} + i \cdot \sin \frac{2\pi k}{p}$ mit $k \in \mathbb{N}$. Für $0 \leq k \leq p-1$ ist ε_p^k dann Lösung der Gleichung $x^p - 1 = 0$. $\{1, \varepsilon_p, \ldots, \varepsilon_p^{p-2}\}$ ist eine Basis von $\mathbb{Q}(\varepsilon_p)$ über $\mathbb{Q}$ und daher hat jedes Element $\alpha \in \mathbb{Q}(\varepsilon_p)$ die Darstellung:

$\alpha = a_o + a_1 \varepsilon_p + \ldots + a_{p-2}\, \varepsilon_p^{p-2}$ mit Koeffizienten $ai \in \mathbb{Q}$.

Nun ergibt sich:

$$z^p = x^p + y^p = (-y)^p \left(\frac{x^p}{(-y)^p} - 1\right), \text{ da } y \neq 0$$

$$= (-y)^p \prod_{k=0}^{p-1} \left(\frac{x}{-y} - \varepsilon_p^k\right)$$

$$= \prod_{k=0}^{p-1} (x + y\varepsilon_p^k).$$

Es ergibt sich des weiteren die Frage, ob es in $\mathbb{Q}(\varepsilon_p)$ überhaupt eine eindeutige Zerlegung in Primfaktoren gibt bzw. ob die Divisorenklassenzahl von $\mathbb{Q}(\varepsilon_p)$ für beliebiges p gleich 1 ist. Dies ist im allgemeinen Fall zu verneinen und man muß - was nicht weiter schlimm ist - Idealzerlegungen betrachten:

$$(z)^p = \prod_{k=0}^{p-1} (x + y\varepsilon_p^k).$$

Kummer zeigte nun: Ist p regulär, d.h. wird die Divisorenklassenzahl h von $\mathbb{Q}(\varepsilon_p)$ nicht von p geteilt, so ist die Fermatsche Vermutung richtig.

Seit Kummer hat sich zum allgemeinen Beweis der Fermatschen Vermutung nicht mehr viel getan. Nur für ganz spezielle p konnte die Richtigkeit dieser Vermutung bewiesen werden. Kennzeichnend für den heutigen Stand ist die folgende Zusammenfassung eines Artikels von C.F.Ridders mit dem Titel: "Fermat's last theorem" aus den "Mathematical Reviews" von August 1982: "By quite elementary methods the author attemps to give a proof of the nonexistence of solutions of the Fermat equation. The proof is not valid, however."

Um Kummers Leistung zu würdigen, vielleicht auch zu schmälern, sollte ich noch anmerken, daß man noch nicht einmal weiß, ob es unendlich viele reguläre Primzahlen gibt, obwohl kein Anlaß dazu besteht, das Gegenteil anzunehmen.

Ich selbst habe mich lange mit der diophantischen Gleichung $\frac{x^p + y^p}{x + y} = z^p$ auseinandergesetzt, welche in einem sehr engen Zusammenhang zur Fermat-Gleichung steht, und meine Betrachtungen, die ich hier nicht ausführen möchte, führten mich u.a. in die Theorie der p-adischen Bewertungsfortsetzungen und in die Theorie der algebraischen Geometrie.

Ich hoffe, daß meine kurzen Ausführungen zumindest gezeigt haben, daß man die Probleme der Zahlentheorie oft sehr einfach und verständlich darlegen kann (welcher mathematische Laie verstünde nicht das Fermatsche Problem?), ihre Lösung jedoch bedarf oft eines großen Aufwandes, d.h. tiefes mathematisches Verständnis ist für ihre Lösung notwendig. Doch gerade diese Eigenart der Zahlentheorie ermutigt nicht nur den Anfänger, sich mathematischen Problemen zu widmen, sondern fasziniert auch den mathematisch Fortgeschrittenen, der sich hier auf fruchtbarem Boden befindet.

Anmerkungen:

1) Borewics/Šafarevič: Zahlentheorie; Basel und Stuttgart 1966;
2) K.-H.Indlekofer: Zahlentheorie, Eine Einführung; Basel und Stuttgart 1978;
3) Helmut Hasse: Vorlesungen über Zahlentheorie; Berlin, Heidelberg, New York 1964.

Über einige Irrtumsquellen in der Curriculum-Theorie - oder - Logische Deduktion und der Schritt vom Allgemeinen zum Besonderen

U.Neemann, Bochum

Wissenschaften im strengen Sinne sind solche, welche es auf Grund eines axiomatischen Aufbaus gestatten, spezielle Sätze aus allgemeineren herzuleiten. Das macht verständlich, daß gerade für solche Wissenschaften, deren Wissenschaftscharakter noch nicht hinreichend gesichert ist, der Versuch einer Axiomatisierung unternommen wird; denn als nichts anderes als den Versuch, die gesamte Schulpädagogik zu axiomatisieren muß man den modernen, durch Saul Robinsohn begründeten curriculumtheoretischen Ansatz innerhalb der Erziehungswissenschaft verstehen.[1)]

Für Robinsohn ist Bildung eine Ausstattung mit Verhaltensweisen für das richtige Verhalten in einer zukünftigen Welt. Um dies zu erreichen, müßten seiner Auffassung nach die bisherigen Lehrziele korrigiert und müßte die gesamte erziehungswissenschaftliche Forschung auf neue wissenschaftliche Grundlagen gestellt werden. Über eine wissenschaftliche Analyse von gegenwärtigen, den in der Zukunft zu erwartenden Lebenssituationen und den daraus herzuleitenden Qualifikationen wären die Ziele des Unterrichts auf Grund eines rationalen Konsens' aller beteiligten gesellschaftlichen Gruppen im Sinne einer rationalen Setzung festzulegen, als Verhaltensdispositionen zu definieren und damit operationalisierbar, also experimentell überprüfbar zu machen, wobei mittels einer auf verhaltenspsychologischer Grundlage entwickelten wissenschaftlichen Psychologie eine eineindeutige Zuordnung von Methoden und Zielen festzulegen sei, so daß eine für alle Lehrer auf gleiche Weise benutzbare Unterrichtstechnologie und Unterrichtstechnik entstehe, welche es nicht nur erlaubt, für alle Schüler gleiche, am Erfolg überprüfbare Lernbedingungen zu schaffen, sondern auch alle erforderlichen Lernschritte an Hand von speziellen, aus allgemeinen Lernzielen hergeleiteten Lernzielen festzulegen.[2)]

Nun ergaben sich bei diesem anspruchsvollen Programm jedoch bereits nach kurzer Zeit Schwierigkeiten. Abgesehen vom blinden Glauben an die Wissenschaftlichkeit einer behavioristischen Psychologie, an die inzwischen in der Psychologie selbst nicht mehr geglaubt wird,[3)] wurde von führenden Pädagogen sehr bald erkannt, daß eine der wichtigsten Säulen des Systems gar nicht tragfähig war, und das war der vorausgesetzte Deduktionsbegriff; denn ist gar nicht möglich, aus Lebenssituationen Qualifikationen und aus allgemeinen abstrakten Lernzielen die speziellen der Unterrichtssituation inhaltlich auf logischem Wege herzuleiten.[4)]

Um das Programm als Ganzes nicht scheitern zu lassen, werden daher seit einigen Jahren andere Lösungsversuche vorgeschlagen und zahlreiche Theorienmodelle entwickelt, in denen Deduktionen durch Klassifikationen von Lernzielen ersetzt werden.

Wie schwer aber der Abschied von diesem Traum einer streng wissenschaftlichen Erziehungswissenschaft fällt, mag das folgende Zitat von Christine Möller verdeutlichen, die nach einer Charakterisierung des Deduktionsproblems feststellt:

> "Wäre es nämlich tatsächlich möglich, aus einigen wenigen allgemeinen Lernzielen Lernziele eines mittleren Abstraktionsniveaus und aus diesen wieder Teilziele 'abzuleiten', so wäre dies eine entscheidende methodische Hilfe - sozusagen ein Wunschtraum einer einheitlichen, klaren Lernzielstrategie. Leider ist eine solche Ableitung im strengen Sinne nicht möglich." 5)

Bei Hilbert Meyer, einem anderen Curriculumtheoretiker, wurde der Abschied von diesem Traum dann dadurch vollzogen, daß er das Ziel einer erziehungswissenschaftlich zu verantwortenden Kontrolle von Deduktionshypothesen die Umwandlung des Ableitungszusammenhangs in einen zwanglos hergestellten Konsens aller Beteiligten über die Aufgaben des Unterrichts forderte,[6)] womit er sich zu recht den Vorwurf einhandelte, an einer irrigen Bezeichnung festzuhalten;[7] denn wo gar kein Ableitbarkeitszusammenhang gegeben ist, kann man diesen auch nicht umwandeln, und Norbert Hilgenheger, der heftigste Kritiker lernzieltheoretischer Deduktionsversuche sprach in diesem Zusammenhang gar von einer formallogischen Hexenküche und davon, daß Hilbert Meyer im Begriff sei, die Methodologie in ein logisches Tollhaus zu verwandeln.[8]

Wenn aus dieser Diskussion auch hervorgeht, daß die Kenntnisse in formaler Logik innerhalb der Erziehungswissenschaft immer noch nicht ausreichen, so ist diese Auseinandersetzung dennoch zu begrüßen, zeigt sie doch, daß nach Jahren der völligen Abstinenz, ja sogar der Logikfeindlichkeit der Logik innerhalb der Erziehungswissenschaft wieder eine Bedeutung zuerkannt wird, auch wenn dabei über das Ziel hinausgeschossen und ins andere Extrem fallend die Logik überschätzt wird, wenn z.B. gefordert wird, die Rechtfertigung von Inhalten, Zielen und Methoden auf strenge Logik zu gründen.[9] Deshalb soll die folgende Darstellung sich nicht in einer Kritik am fehlerhaften Gebrauch logischer Mittel innerhalb der Erziehungswissenschaft erschöpfen, es soll vielmehr der Frage nachgegangen werden, wie die hier geschilderten Irrtümer überhaupt entstehen konnten.

Dabei ist zunächst festzustellen, daß die kritisierte falsche Vorstellung von Deduktion so abwegig gar nicht war; denn die Deduktion wird in zahlreichen Lexika, auch in philosophischen, in einen Gegensatz zur Induktion gestellt.[10] Induktion aber ist der Schluß vom Besonderen auf das Allgemeine, folglich muß die Deduktion dann der Schluß vom Allgemeinen auf das Besondere sein.

Diese allgemein verbreitete Auffassung ist so jedoch nicht richtig, zumindest nicht genau genug. Im allgemeinen bedeutet Deduktion nur den logisch korrekten Schluß von gegebenen Prämissen auf einen oder mehrere Folgesätze, und dabei sind Schlüsse möglich, die gar keinen Weg vom Allgemeinen zum Besonderen charakterisieren. Dieser ist nur ein Spezialfall der Deduktion. Dabei wird unter dem Besonderen aber nur das individuelle Einzelding verstanden und nicht etwa das Speziellere als eine Art Teilklasse des Allgemeinen. Der deduktive Schluß als Schluß vom Allgemeinen auf das Besondere ist daher immer nur der Schluß von "allen" auf "ein" oder "einige"; er ist also ein rein quantitativer Schluß. Wenn also alle Raben schwarz sind, dann ist auch der einzelne oder sind einige einzelne Raben schwarz. Dagegen ist es nicht möglich, aus allgemeineren Klassen Teilklassen im Sinne einer Spezifikation logisch zu deduzieren, weil sich das Besondere **nicht inhaltlich** aus den Allgemeinbegriffen herleiten läßt. Diese sind ihrerseits ja durch ein Abstraktionsverfahren entstanden, bei dem die unterschiedlichen speziellen Eigenschaften der Einzeldinge unberücksichtigt blieben. Nur so ist es überhaupt möglich, Einzeldinge zu einer allgemeineren Einheit zusammenzufassen. Bei einem Denkweg, der vom Allgemeinen zurück zu irgendeinem Spezielleren oder gar zu einem Besonderen als einem Einzelding führt, müssen die fehlenden Daten mit jedem Schritt der Spezifikation wieder neu gegeben und dem allgemeinen Begriff hinzugefügt werden, und es sind immer jeweils andere Daten, je nachdem, zu welchem Besonderen oder Spezielleren man gelangen will. Das ist dann aber kein logisches Deduzieren, sondern nur ein Definieren, in diesem Fall nichts anderes als die sog. klassische Form des Definierens überhaupt, bei dem eine allgemeine Gattung durch Hinzufügen eines Art bildenden Unterschieds auf eine ihrer Unterarten eingegrenzt wird.

Weil aber auch dieses klassische Definitionsverfahren nur über die Angabe von allgemeinen Eigenschaften eine Spezifizierung ermöglicht, kann es nur zum Spezielleren im Sinne einer Klasse, und zum Besonderen als einem einzelnen Individuum nur dann führen, wenn solch ein Individuum als Element einer Einerklasse verstanden werden kann. Nun sind Individuum und Einerklasse bzw. Individuum und Individualbegriff auch innerhalb der Logik und der Philosophie lange

Zeit nicht unterschieden worden,[11] und das dürfte wiederum ein Grund dafür sein, daß Definition und Deduktion im eben beschriebenen Sinne so oft miteinander verwechselt werden.

Hauptursache für solche Verwechslungen dürfte jedoch die bereits erwähnte Gegenüberstellung von Induktion und Deduktion sein. Sucht man jedoch nach den Ursachen für diese Gegenüberstellung, dann muß man zurückgehen bis zum Beginn der formalen Logik überhaupt, nämlich bis zu ihrer Begründung durch Aristoteles. Aristoteles ging bei seiner Konzeption der Syllogistik tatsächlich von der Vorstellung aus, daß diese in ihren vollkommensten Formen einen Weg von den allgemeinsten obersten Gattungen über mittlere zu spezielleren Arten beschreibt,[12] und um dies zu erreichen, bediente er sich eines Tricks. Statt die dem allgemeinen Sprachgebrauch entsprechende Form "alle A sind B" zu benutzen, drehte er Subjekt und Prädikat des Satzes um und formulierte "das B kommt allen A zu" oder "B wird von allen A ausgesagt", womit ausgedrückt werden sollte, daß die Eigenschaft B allen A als einmaligen Substanzen zukomme oder von ihnen ausgesagt werde.[13]

Nun ist solch eine Umformulierung jedoch nicht problemlos, weil Ausdrücke wie "kommt zu" oder "wird ausgesagt von" gar nicht allgemeingültig transitiv sind, wie das folgende Beispiel deutlich macht. "Wenn eine Tugend zu sein der Gerechtigkeit zukommt und die Gerechtigkeit kommt den Frommen zu, dann kommt den Frommen zu, eine Tugend zu sein", was offensichtlich Unsinn ist; denn selbst die frömmsten Menschen können nicht eine Tugend sein. Eigenschaften von Eigenschaften sind nicht notwendig auch die Eigenschaften der Individuen, auf welche die Eigenschaft zutrifft. Aber ohne Transitivität keine logische Deduktion! Doch Aristoteles wußte sich auch hier zu helfen, indem er mittels einer definitorischen Festsetzung das "...kommt zu..." oder "... wird ausgesagt von..." zur konversen Relation des "...ist enthalten in..." machte, das evident transitiv ist.[14] Das erklärt zugleich, weshalb Aristoteles bei der Festlegung des ersten Schlusses der ersten Figur - bei dem später als Syllogismus Barbara bezeichneten Schluß - das Ganze von hinten her aufzäumte und sagte: "wenn das Letzte im Mittleren als in einem Ganzen und das Mittlere im Ersten als in einem Ganzen ist oder nicht, so ergibt sich ein vollkommener Schluß mit Rücksicht auf die beiden Außenbegriffe",[15] was bedeuten soll, man könne dann auch schließen, daß auch das Letzte im Ersten enthalten sei. Da es aber kraft Festsetzung erlaubt ist, statt "B ist enthalten in A" zu sagen, "A kommt dem B zu", erhält der Syllogismus Barbara die Form "Wenn A von jedem B und B von jedem C ausgesagt wird, dann muß A von jedem C ausgesagt werden",[16] und das ist in der Tat eine Schlußform, die nicht nur auf Grund der Transitivität allgemeingültig ist, sondern zugleich auch einen Denkweg vom Allgemeinen zum Spezielleren einschließlich des Besonderen beschreibt; denn man braucht in die Variable C nur einen Individuennamen einzusetzen, um im Schlußsatz die Aussage zu erhalten, daß die allgemeine Eigenschaft A auch vom Individuum C ausgesagt wird.

Schlüsse der ersten Figur dürfte Aristoteles also deshalb vollkommene Schlüsse genannt haben, weil bei ihnen dieser Denkweg vom Allgemeinen zum Spezielleren unmittelbar sichtbar wird. Der entgegengesetzte Denkweg ist dann die Induktion, die bei Aristoteles jedoch Schlußverfahren mit umfaßt, die wir ihrer Allgemeingültigkeit wegen heute als Deduktion bezeichnen. Eine Induktion liegt nach Aristoteles auch dann vor, wenn mit Hilfe des Unterbegriffs der Oberbegriff für den Mittelbegriff nachgewiesen wird, während beim Syllogismus der Oberbegriff mit Hilfe des Mittelbegriffs dem Unterbegriff zu-oder abgesprochen wird.[17] Dieser Induktionsschluß setzt jedoch die vollständige Induktion voraus, weil er nur möglich ist, wenn die Gleichheit von Unter- und Mittelbegriff gesichert ist. Er hat in moderner Schreibweise die folgende Form:

$\vdash S = M \wedge P \supseteq S \rightarrow P \supseteq M$" oder "$S = M \wedge SaP \rightarrow MaP$[18]) und entspricht damit formal keiner der möglichen Schlußfiguren der aristotelischen Syllogistik. Nun nennt Aristoteles diesen Schluß aber auch einen induktiven Syllogismus,[19]) weil er unter "syllogismos" als einer Verknüpfung von Logoi zugleich so viel wie "Schluß überhaupt" versteht. Damit bezieht sich der von ihm herausgestellte Gegensatz von Induktion und Syllogismus nur auf den eigentlichen, auf den vom Allgemeinen zum Spezielleren führenden Syllogismus.

Als man dann später zu einem natürlicheren Sprachgebrauch überging und die einzelnen Sätze mit Hilfe der Kopula formulierte, veränderte man damit zugleich den strukturellen Zusammenhang der Schlüsse, und der Syllogismus Barbara erhielt seine traditionell überlieferte Form "$MaP \wedge SaM \rightarrow SaP$", wobei "S" das Subjekt und "P" das Prädikat des Untersatzes bezeichnen, so daß damit auch die Verdrehung der ursprünglichen Reihenfolge von A,B,C gemildert wird, die bei der Form "$BaA \wedge CaB \rightarrow CaA$" viel augenfälliger ist. Daß man aber überhaupt an der Stellung der Prämissen festhielt und nicht auf Vorschläge einging, diese aus Gründen der Evidenz umzustellen,[20]) ist ein Zeichen dafür, daß man sich immer noch der Absicht des Aristoteles bewußt war, den echten Syllogismus als einen Schluß zu verstehen, der einen Denkweg vom Allgemeinen zum Spezielleren beschreibt. Nicht umsonst hieß die Prämisse, welche das Prädikat des Schlußsatzes enthält, Obersatz und die, welche das Subjekt des Schlußsatzes enthält, Untersatz. Eine Umstellung der Prämissen hätte deutlich einen Schluß ergeben, der vom Spezielleren zum Allgemeineren führt, nämlich die Form "$SaM \wedge MaP \rightarrow SaP$". Wenn man dann nicht wie bei Aristoteles das Prädikat mit "A" sondern mit "C" und das Subjekt nicht mit "C" sondern mit "A" bezeichnet, dann erhält man den Schluß "wenn alle A B sind, und alle B C sind, dann sind alle A B", der logisch einwandfrei einen Weg vom Spezielleren zum Allgemeineren beschreibt, weil dem A über das B eine allgemeinere Eigenschaft zugewiesen wird, und spätestens hier wird deutlich, daß der Versuch von Aristoteles, das syllogistische Verfahren als ein Herabführen vom Allgemeinen zum Spezielleren oder einmalig Besonderen zu charakterisieren, tatsächlich nur ein Trick war; denn sieht man sich die Schlüsse, welche dies zu verwirklichen scheinen, genauer an, dann zeigt sich, daß der Weg, der zur Spezifizierung über ein immer stärkeres Einschränken der allgemeinen Gattung auf ihre Unterarten führt, selbst nicht Leistung der Deduktion ist, sondern bereits innerhalb der Prämissen vollzogen werden muß; d.h. wenn man einen Syllogismus der Form Barbara anwenden und dabei im Sinne einer Regellogik von wahren Sätzen ausgehen will, dann muß man Prämissen voraussetzen, die ihrerseits bereits das Ergebnis einer Spezifikation im Sinne des klassischen Definierens sind; denn "A kommt B zu" heißt so viel wie "A ist Gattung der Art B, die von A durch die Angabe einer zusätzlichen Eigenschaft unterschieden wird". Das gleiche gilt für die zweite Prämisse "B kommt dem C zu". Hier muß das B zum C spezifiziert werden. Im Schlußsatz dagegen wird nur ausgesagt, daß die der allgemeinen Gattung zukommende Eigenschaft auch den Arten ihrer Arten zukommt. Bezüglich einer Spezifizierung liefert er den Prämissen gegenüber keine neuen Informationen, sondern nur die Konsequenzen die sich aus den in den Prämissen vollzogenen Spezifizierungen ergeben. Dies und nur dies ist der infomative Gehalt und die Leistung dieses logischen Schlusses, der zugleich aber eine Kontrolle darüber ermöglicht, ob die Spezifizierungen innerhalb der Prämissen sachgemäß waren, und dabei ist es gleichgültig, ob diese Spezifizierungen so angeordnet wurden, daß damit zugleich ein Denkweg vom Allgemeinen zum Spezielleren bzw. zum Besonderen oder umgekehrt zum Ausdruck kam.

Mit der zweifachen Bedeutung von "Syllogismos" einmal im engeren und einmal im weiteren Sinne, hatte Aristoteles aber bereits die spätere irrtumsträchtige Gegenüberstellung von

Induktion und Deduktion vorprogrammiert; denn der Ausdruck "deductio" war ein zum Syllogismus in der weiteren Bedeutung analoger Begriff. Bei Thomas von Aquin z.B. stehen die Ausdrücke "syllogismus" und "inductio" einander gegenüber und dementsprechend die Verben "syllogicare" und "inducere", während "deductio" für Schließen überhaupt steht.[21)] In den Summulae Logicales, dem früheren Werk von Petrus Hispanus dagegen stehen zwar auch die Ausdrücke "sillogismus" und "inductio" in einem Gegensatz, wird für Schlußfolgern aber nur der Ausdruck "sillogicare" verwendet und darunter auch nur syllogistisches Schlußfolgern verstanden.[22)] Auch Francis Bacon, dem nachgesagt wird, er habe der Deduktion gegenüber die Induktion betont,[23)] stellt der Induktion die Syllogistik gegenüber,[24)] und erst bei Descartes findet sich die Gegenüberstellung von Deduktion und Induktion weil Descartes deduktive und syllogistische Verfahren nicht voneinander unterscheidet.[25)]

Eine andere Gegenüberstellung war der in der Neuzeit diskutierte Gegensatz von analytischer und synthetischer Methode, wobei anders als im heutigen Sprachgebrauch unter der synthetischen ein deduktiv axiomatisches Verfahren verstanden wurde, bei dem vorgegebene Axiome mit Hilfe von logischen Regeln zu einem Aussagensystem **erweitert** werden, mit analytischer Methode dagegen alle Formen regressiver Methoden gemeint waren. Dazu gehörten echt reduktive Methoden, die nicht allgemeingültig sind, da sie innerhalb eines Implikationszusammenhanges den Schluß vom Nachsatz auf den Vordersatz darstellen, aber auch allgemeingültige Schlußformen, die Bocheński regressive Deduktion genannt hat,[26)] weil hier zwar von den zu beweisenden Nachsätzen ausgegangen und nach Vordersätzen gesucht wird, dabei aber nur solche Vordersätze gewählt werden, die bereits als wahr gelten und eine logisch allgemeingültige Herleitung der Nachsätze erlauben.

Von den analytischen Methoden stellt aber nur die nicht

allgemeingültige Reduktion einen echten Gegensatz zur allgemeingültigen Deduktion dar, und nur wenn der Vordersatz eine Verallgemeinerung des Nachsatzes darstellt, handelt es sich dabei um eine Induktion, der ihrerseits nur der entsprechende Spezialfall der Deduktion gegenübersteht, der zugleich einen Schritt vom allgemeinen Vordersatz auf den partikulären Nachsatz darstellt. Dieser Unterschied wurde nach Aussagen von Bocheński aber erst von Lukasiewicz klar herausgestellt.[27] Davor wurde irgendwann nicht nur wie bei Descartes "deduktiv" mit "syllogistisch", sondern auch noch "reduktiv" mit "induktiv" gleichgesetzt, wahrscheinlich in jener Zeit, die allgemein als Zeit des Niedergangs innerhalb der Logik und Methodenlehre gilt, also im 17. oder 18. Jahrhundert, weil hier weder die verschiedenen Formen der deduktiven (synthetischen) noch die der reduktiven (analytischen) Methoden klar unterschieden wurden.[28]

In der Geschichte der Logik und Methodenlehre lassen sich also Phasen der Begriffsverwirrungen nachweisen, und es ist der aus solchen Zeiten stammende historische Ballast, der einem klaren Verständnis logischer Probleme heute noch im Wege steht. Das gilt insbesondere für Lösungsversuche logischer Probleme innerhalb der Erziehungswissenschaft. Was hier im allgemeinen unter Logik verstanden wird, entstammt traditionellen Auffassungen. So mag einem modernen Logiker die Vorstellung "ein Ableiten im strengen Sinne" sei "nicht mehr als das 'logische Ausmelken' irgendwelcher Prämissen",[29] sehr merkwürdig vorkommen. Es hat aber in der Vergangenheit einen berühmten Logiker gegeben, der die Logik als ein Mittel verstand, welches es erlaubt, aus bestimmten Begriffen deren Inhalte im Sinne eines "Ausmelkens" herauszulösen und ins Bewußtsein zu heben; nur war das bei Leibniz, von dem hier die Rede ist, eine Begriffsanalyse, die als solche nicht als ein deduktives, sondern als ein reduktives Verfahren verstanden wurde, dem als deduktives Verfahren die Begriffssynthese gegenübergestellt wurde.[30]

Inzwischen haben die Ausdrücke "analytisch" und "synthetisch" jedoch eine radikale Umdeutung erfahren. Ausgehend von Kants Unterscheidung zwischen analytischen und synthetischen Sätzen wird unter "analytisch" heute so viel wie "logisch allgemeingültig" und unter "synthetisch" so viel wie "nicht logisch allgemeingültig, sondern nur empirisch gültig" verstanden. Hinzu kommt, daß man die moderne Logik als einen Schritt von einer betont intensionalen zu einer mehr extensionalen Betrachtungsweise charakterisieren kann, so daß eine logische Begriffsanalyse - und um die ging es ursprünglich bei Kants analytischen Sätzen - nicht mehr wie bei Kant und Leibniz eine Inhalts-, sondern eine Umfangsanalyse darstellt, so daß ein Satz auch dann als analytisch anzusehen ist, wenn er sich so in zwei durch eine Implikation verbundene Aussageform umformen läßt, daß mit Einsetzen von Individuennamen in die Individuenvariablen die daraus entstehenden Sätze solch eine Beziehung aufweisen, daß immer dann wenn der erste Satz wahr wird, auch der zweite wahr wird, was zugleich bedeutet: ein analytischer Satz ist auch dann gegeben, wenn jedes Element, das in den Umfang des Subjektsbegriffs gehört, auch in den Umfang des Prädikatsbegriffs gehört. Damit beschreibt solch ein analytischer Satz eindeutig eine Umfangsanalyse.[31)] Vorstellungen, wonach Deduktionen zugleich eine inhaltliche Analyse vorgegebener Prämissen leisten, erweisen sich damit als eine Konfundierung logischer Theorien von Leibniz und moderner Auffassungen von Logik, die nicht miteinander verträglich sind.

Das Aufdecken solcher Irrtümer wird aber am besten gewährleistet durch eine gründliche historische Analyse. Die sich damit geradezu als ein Mittel zur Vermeidung von Irrtümern erweist, nicht nur im Hinblick auf allgemeine logische und methodologische Probleme, sondern auch im Hinblick auf Probleme der Einzelwissenschaften. Indem Lernzieltheoretiker nämlich eine Zeit lang glaubten, speziellere Lernziele ließen sich aus allgemeineren deduzieren, blieben sie in den Fußangeln eines Sprachgebrauchs hängen, der auf methodologische und philosophische Grundauffassungen des Begründers der formalen Logik vor über zweitausend Jahren zurückgeht.

Daß aber die Geschichte der Logik nicht nur für Curriculumtheoretiker, sondern für die Logiker selbst Irrtumsquellen bereithält, ließe sich an zahlreichen Beispielen zeigen. Man frage sich doch einmal, wie es denn kommen mag, daß solch ein berühmter und bedeutender Logiker wie Bertrand Russell bei der Konzeption seiner Symbolik Identität, Gleichheit und Äquivalenz miteinander vertauscht hat. Nur wenn Sätze keine unterschiedliche oder gar keine Intension haben und nur wenn das von beiden Sätzen bezeichnete der Wahrheitswert des Satzes ist, können alle Sätze mit gleichem Wahrheitswert als verschiedene sprachliche Zeichen verstanden werden, die in einer Identitätsbeziehung dasselbe bezeichnen. Allein schon dadurch, daß Russell nicht den Wahrheitswert, sondern den gemeinten Sachverhalt als das vom Satz bezeichnete bestimmt,[32] begibt er sich dieser Möglichkeit. Oder sollte Russell dabei an die in der Neuzeit so oft erwähnte Theorie der identischen Sätze gedacht haben, die vor allem für die Logik von Leibniz grundlegend ist? Leibniz bezog sich dabei jedoch nur auf identische Begriffe, weil er ganz anders als Frege und Russell die Grundstruktur aller **elementaren** wahren Sätze als Identitätsbeziehung verstand,[33] und nur weil Leibniz Sätze und Begriffe nicht unterschied, ist es dann auch möglich, innerhalb seiner Logik von identischen Sätzen zu sprechen. Ebenso gibt es bei Leibniz auf Grund seiner rein intensionalen Auffassung von Logik keinen Unterschied zwischen Identität und Gleichheit, weil Identität von Dingen nur über die Identität ihrer Begriffe erkannt wird, die dann besteht, wenn diese völlig gleiche Bestandteile haben. Mit dem sog. principium indiscernibilium führt Leibniz Identität auf Gleichheit zurück,[34] und dieser Identitätsbegriff ist in dem weder rein intensional noch rein extensional bestimmten Kalkül von Frege/ Russell nicht anwendbar, weil Identität hier **nicht** Identität **von Begriffen** bedeutet. Trotzdem verwendet Russell als Zeichen für Identität ein Zeichen, das er auch als Zeichen für Klassengleichheit verwendet, und es ist der Verdacht gerechtfertigt, daß Gedankengut, das von Leibniz stammt, hier von Einfluß war, zumal dies nicht die einzigen Anklänge an solch ein Gedankengut bei Russell sind.[35)] Jedenfalls hatte Russell, was die Erfindung neuer Zeichen für die neue Logik betraf, keine glückliche Hand, was sich noch an zahlreichen weiteren Beispielen verdeutlichen ließe. Dabei sollte die Wahl der logischen Zeichen nicht unterschätzt werden, denn diese kann den Zugang zur modernen Logik erleichtern oder erschweren. Leider ist diesbezüglich die Situation z.Zt. so, daß man eher von Erschwernissen, denn von Erleichterungen sprechen kann, weil es außer der nicht gerade gut konzipierten Russell'schen Symbolik noch eine Reihe anderer Schreibweisen gibt, die alle nebeneinander verwendet werden, innerhalb der Mathematik z.T. wieder andere als innerhalb der Logik, so daß die Didaktiker der Logik heute vor dem gleichen Problem wie ihre germanistischen Kollegen stehen, die sich mit dem "Schulkreuz" Rechtschreibunterricht plagen müssen; denn so wie es diesen bis heute nicht gelungen ist, die längst fällige Rechtschreibreform durchzuführen, weil eine radikale Änderung der Orthographie, vielen ein Erarbeiten der tradierten Literatur erschweren würde, so ist es bis heute den Logikern nicht gelungen, sich auf eine adäquate einheitliche Schreibweise für die moderne Logik zu einigen, weil sich hier nicht nur verschiedene Logikerschulen herausgebildet haben, die jeweils eine bestimmte Schreibweise bevorzugen, sondern auch, weil die bereits klassisch gewordenen Texte zur modernen Logik in der Russell-Symbolik geschrieben wurden.

Die Gründe für diese vor allem für den Didaktiker der Logik unbefriedigende Situation dürften darin liegen, daß die Begründer der modernen Logik sich in ihrem Kampf gegen die traditionelle Philosophie so wenig mit den historischen Bezügen ihrer Wissenschaft befaßt haben. Bei gründlichen historischen Kenntnissen hätte sich solch eine Ungereimtheit wie die Verwechslung von Äquivalenz mit Identität und Identität mit Gleichheit vermeiden lassen. Aber auch Logiker sind nur Menschen, auch die moderne Logik ist, zumindest was ihre Schreibweise betrifft, nicht vollkommen und wie alles, was von Menschen geschaffen wurde, historisch gewachsen und damit durch historische Einflüsse belastet. Daraus erwächst für den modernen Logiker zugleich die Pflicht, sich auch um die historischen Bezüge seines Faches zu kümmern, denn nur so ist es möglich, historisch bedingte Schwächen und Irrtumsquellen als solche zu erkennen und Mittel zu ihrer Beseitigung zu finden. Deshalb dankt die Verfasserin dieses Artikels dem Jubilar, dem diese Festschrift gewidmet ist, dafür, daß er ihr wie allen seinen Mitarbeitern die Mühen der historischen Untersuchung nicht erspart und damit zu einem unentbehrlichen wissenschaftlichen Rüstzeug verholfen hat,

quod erat demonstrandum.

Anmerkungen:

1) "Denn wenn der Terminus Erziehungswissenschaft zu Recht gebildet worden ist, so muß ein methodologisch kontrollierter Gebrauch des Deduktionsbegriffs möglich sein." Hilbert Meyer:Einführung in die Curriculum-Methodologie, München 1972, S.57;
2) Zum Vgl.Saul Robinsohn:Erziehung als Wissenschaft, Hrsg. F.Braun, D.Glowka u.H.Thomas, Einl.H.Becker, Stuttgart 1973, SS.100ff.112f.116, 123f.130ff.136,138,166ff.187f. 196,213;
3) Zum Vgl.Erwin Roth: Zur Lage der Psychologie,PSYCHOLOGISCHE RUNDSCHAU XXXII. Jg.1981,SS.11ff;
4) Zum Vgl.Herwig Blankertz:Theorien und Modelle der Didaktik, München 1969, SS.25f;
5) Christine Möller:Technik der Lernplanung,Weinheim,Basel 5.neugest.Aufl.1976 ([1]1969), S.81;
6) 1972, S.237;
7) Wulf Rehfus:Das sogenannte "Deduktionsproblem" in der Lernzieltheorie, ZTSCH.F.PÄDAGOGIK 26.Jg.1980,SS.615ff. 619;
8) Das Deduktionsproblem in der Curriculumtheorie,PÄDAGOGISCHE RUNDSCHAU 27.Jg.1973, SS.40,45;

9) Z.B. von W.Rehfus 1980, S.615;
10) Rudolf Eisler:Wörterbuch der philosophischen Begriffe, 4.Aufl.Berlin 1927, 1.Bd.unter "Deduktion" S.245; Philosophisches Wörterbuch, Hrsg.W.Brugger, unter "Deduktion" (von Santeler) und "Induktion" (von Fröbes/de Vries); ENCYCLOPEDIA AMERICANA, Volume 8, New York 1974, unter "deduction", S.611;
11) Die formalen Voraussetzungen für solch eine Unterscheidung wurden erst durch Freges Unterscheidung von Element- und Teilklassenbeziehung gegeben in "Kritische Beleuchtung einiger Punkte in E.Schröders Vorlesungen über die Algebra der Logik". LOGISCHE UNTERSUCHUNGEN, Hrsg.G. Patzig, Göttingen 1966, S.92 ff.;
12) Diese These wird von G.Patzig bestritten: Die aristotelische Syllogistik 3.Aufl.Göttingen 1969, S.84ff., 92ff. Eine gründliche Auseinandersetzung und eine Widerlegung der Auffassung Patzigs erfolgte in: Ursula Neemann "Die Wissenschaftstheorie Johann Heinrich Lamberts - eine Synthese im Wissenschaftlichen Methodenstreit",Habil.-Schrift Ruhr-Universität Bochum 1979, S.38 ff.;
13) Die Ausdrücke "zukommen" (ὑπάρχειν) und "ausgesagt werden von" (κατηγορεῖσθαι) werden von Aristoteles synonym verwendet. An.pr.A,IV 25b,40 bis 26a 2;
14) Z.Vgl. An.pr.A,I 24b, 26-28;
15) An.pr.A,IV 25b,32-35, deutsche Formulierungen sind der Übersetzung von Eugen Rolfes entnommen;
16) An.pr.A,IV 25b, 37-39;
17) ἡ ἐπαγωγῆ, An.pr.B,XXIII 68b, 15-35;
18) In der Symbolik von A.Menne:Einführung in die Logik, 2. Aufl.München 1966, §4;
19) ὁ ἐξ ἐπαγωγῆς συλλογισμός, An.pr.B,XXIII,68b, 15-16;
20) Eine Umstellung der Prämissen wurde von John Locke gefordert. An Essay Concerning Human Understanding,London 1823, printed for Th.Tegg o.a. reprinted Aalen (Germany) 1963, 4.Buch XVII § 8, 3.Bd.S.129;
21) Zum Vgl.Thomas-Lexikon von Ludwig Schütz,Nachdr.der 2. Aufl.von 1895 Stuttgart 1957, unter "deductio" c, S.203, "inducere" e, S.389, "inductio"d, S.390;
22) First Critical Edition from the Manuscripts with an Introduction by L.M.De Rijk, Assen 1972, Tr.V,3,S.56 (10-12), VII,3,5, S.90 (1-3);
23) Z.B. im Philosophischen Wörterbuch, Hrsg.W.Brugger,siehe Anm. 10;
24) Novum Organon, The Works of Francis Bacon, Neudr.der Ausgabe von Spedding, Ellis und Heath, 1.Bd.London 1857, Aphorism.13, 17, SS. 104-106;
25) Regulae ad directionem ingenii, Oeuvres de Descartes, publiées par Charles Adam et Paul Tannery, Paris 1897-1909, X.Bd.,VII, S.387ff.;
26) Die zeitgenössischen Denkmethoden, 3.Aufl.Bern,München 1965, S.82;
27) ebenda S.75;

28) Zum Vgl.Giorgio Tonelli: Analysis and Synthesis in XXVIIth Century prior to Kant, ARCHIV FÜR BEGRIFFSGESCHICHTE, XX.Bd.1976, S.178ff.;

29) Hilbert Meyer: Trainingsprogramm zur Lernzielanalyse, 5.Aufl.Kronberg 1976, S.68. Meyer will diese Formulierung von Hans Albert übernommen haben, 1972, S.58;

30) Opuscules et fragments inédits de Leibniz. Extraits des manuscripts par Louis Couturat, Paris 1903, SS.159,557;

31) Diese Bestimmung lehnt sich an Bolzanos Bestimmung von analytischen Sätzen in der weiteren Bedeutung an (z.Vgl. Wissenschaftslehre 2.Aufl.Hrsg.W.Schulz, 2.Bd.Leipzig 1929, § 148, S.83ff.) Sie ist jedoch wegen der damit gegebenen Möglichkeit empirischer analytischer Sätze und den entsprechenden ontologischen Voraussetzungen bei modernen Logikern umstritten. Zum Vgl.U.Neemann: Zur Unterscheidung von logischer und faktischer Wahrheit, ZTSCH. F.ALLGEMEINE WISSENSCHAFTSTHEORIE XX/1 (1981), S.84ff.;

32) Zum Vgl. seine Auseinandersetzung mit Frege: Principia Mathematica, 8.Aufl.London 1964, S.503f. außerdem Wolfgang Carl: Sinn und Bedeutung, Studien zu Frege und Wittgenstein, Meisenheim/Glan 1982, S.155ff.;

33) Weshalb in einem wahren Satz der Form "A ist B" das B zumindest mit einem Bestandteil des A identisch und folglich im A enthalten sein muß. Zum Vgl.Opuscules S.16.;

34) Zum Vergl. Nouveaux Essais sur l'entendement humain. Die philosophischen Schriften von Gottfried Wilhelm Leibniz, Hrsg.C.I.Gerhardt, V.Bd. Berlin 1882, 2.Buch,XXVII § 3, S.214f.;

35) Zum Vgl. Neemann 1981, S.81, Anm.24.

Die anthropozentrische Kunst Oskar Schlemmers

Delia Pauli, Bochum

"... Die Kunst nicht für eine Auswahl aus der Welt zu halten, sondern für deren restlose Verwandlung ins Herrliche hinein.." Oskar Schlemmers letzte Tagebucheintragung vom 1.April 1943[1)] ist dieses Rilke-Zitat, das zugleich den Leitgedanken seines vielfältigen Schaffens in der Malerei, Zeichnung, Wandgestaltung, Plastik, in Bühnenbild und Ballett ausdrückt. Auf der Suche nach dem Absoluten, Wesenhaften, Zeitlosen, Überindividuellen, kurz, nach dem Totalitären, entdeckt Schlemmer den Menschen als 'kosmisches Wesen', als Welt-Totalität, in dem sich Geist, Natur und Seele vereinen. Der Begriff Kosmos birgt den Gedanken einer universalen Ordnung in sich und da diese geistiger Art ist, wird sie Gegenstand des Künstlers.[2)]

Schlemmer sieht in einer formalen Analyse der leiblichen Gestalt und in der geometrischen Reduktion des körperlichen Aufbaus und Gestaltgefüges die Möglichkeit, einfache Ordnungsschemata zu erhalten. Sie sind die spezifische Grundlage für die (imaginäre) Konstruktion einer menschlichen Figur.[3)] Die Formel dient als Basis für den Schritt von der Naturdarstellung zur künstlerischen Objektivierung einer bildhaften Idee. Notwendige Grundlage für die Mitteilung seiner 'ethischen Idee' ist das konstruktive Ordnungsgerüst in seinen Kompositionen, das ebenfalls sein Streben nach Stabilisierung, nach Einordnung in eine höhere Gesetzmäßigkeit spiegelt. Die Form "bildet gewissermaßen Gerüst und Rüstzeug für die Idee, die aus der Tiefe des Ethischen quillt. Von der Idee der neuen Kunst wird jene Mission erwartet, die eine neue Anschauungswelt erschafft, die Religion unserer Zeit... Erneuerung der Form sowohl als der Idee vermag allein den neuen Geist zu schaffen."[4)]

Zeit seines Lebens versucht nun Schlemmer diesem, seinem hohen Anspruch gerecht zu werden. Den ständig wiederkehrenden Vorwürfen, seine Arbeiten seien zu verstandesmäßig, zu konstruiert, entgegnet er, daß es ihm um die "Sichtbarmachung von Ideen mit den Mitteln der Form und Farbe, angewandt an der menschlichen Gestalt"[5] gehe. So entwickelt er von der natürlichen menschlichen Gestalt ausgehend einen universalen Typus, ein zeitloses Menschenbild, seine 'Kunstfigur', die alles Individuelle und Zufällige abgestreift hat. Mit seiner elementaren, typisierten und zugleich metaphysischen Gestaltauffassung hebt sich Oskar Schlemmer von allen Kunstströmungen seiner Zeit ab.

In den Theorien von Wilhelm Worringer (Abstraktion und Einfühlung, 1908) und Konrad Fiedler findet Oskar Schlemmer in den Jahren 1913/14 eine Bestätigung seiner Malerei. Neben einer neuen Formgebung fordert Schlemmer in erster Linie eine ideelle Sinngebung der Malerei, einen ethischen Gehalt. Der Künstler "macht Unklares klar, Unbewußtes bewußt, Unmögliches möglich; stellt aus dem Chaos das Eine heraus, aus dem Vielfachen das Einfache",[6] er muß Zeitlos-Gültiges schaffen. Um das Wesentliche und Absolute aus der Vielfalt der Erscheinungen herauslösen zu können, werden Raum, Zeit und Individualität ignoriert. Abstrakt-geometrische Formen sollen das 'wahre Sein' der Dinge fixieren. Die Tendenz zur Entindividualisierung und Objektivierung ("Männlicher Kopf", Selbstbildnis 1912), d.h. der systematischen Eliminierung von persönlichen Attributen zur Schaffung eines überpersönlichen Typus ("Weiblicher Kopf in Grau" 1912), zeigt sich in seiner künstlerischen Auseinandersetzung mit Cézanne und den frühen Kubisten seit 1911. Bislang war der Mensch in der zeitgenössischen Kunst fast ausschließlich als Träger seelischer Stimmungen und Erregungen aufgefaßt worden. Bildnerisches Äquivalent der Schlemmerschen Idee kann aber nur der Idealtypus der menschlichen Figur sein, ein formelhaft vereinfachtes, planimetrisch gebundenes Kunstwesen.

Mit dem Ziel einer allgemeingültigen Gestaltprägung reduziert er die menschliche Gestalt auf eine überindividuelle, funktionale und proportionale Formelfigur, die er auf ihre lineare Kontur beschränkt. Wie für Heinrich von Kleist, so ist die Marionette auch für Schlemmer ein vollkommenes Vorbild für die erstrebte 'Kunstfigur', weil sie höchste Grazie und Perfektion der Bewegung bei äußerster Einfachheit und Rationalität ihres Körperbaus erreicht - ein "Gleichnis vollendeter Unnatur und künstlerischer Vollendung."[7)]

1920 wird Oskar Schlemmer an das 1919 gegründete 'Staatliche Bauhaus Weimar' berufen. In den Jahren 1923-1925 entstehen Galeriebilder ("Tischgesellschaft" 1923; "Vorübergehender" 1924, 1925; "Ruheraum" 1925; "Römisches" 1925 u.a.), in denen der Künstler seine nun körperhaft modellierten Figuren mit einer perspektivischen Raumgestaltung verbindet - einerseits aus Gründen einer bereicherten Körper- und Raumerfahrung, andererseits aus dem Streben nach Mitteilbarkeit und Sinnbildhaftigkeit. Auch weiterhin strebt er nach dem Elementaren, Typischen, Überzeitlichen, jedoch nun in dem Bewußtsein, das "'Metaphysische zu binden', um ihm Körper zu geben und es in verständliche Sprache zu kleiden...".[8)] So tritt als Gegensatz zu dem analytisch aufgegliederten 'Differenziermensch' der Frühzeit der 'Umrißmensch', eine körperhaft gebildete, ganzheitlich konzipierte Gestalt; statt der Reihung auf der Fläche die Gruppierung im Raum; statt des abstrahierenden Zeichnungscharakters die Einbettung der Figuren in Raum und Ton und damit verbunden eine neue Eigenständigkeit des Bildes als modellhafter Gegenwelt.

Neben der bildenden Kunst spielt das Ballett eine entscheidende Rolle im Wirken Oskar Schlemmers. 1923 übernimmt er die 1921 gegründete Bühnenwerkstatt des Bauhauses, 1925 erscheint seine Schrift "Mensch und Kunstfigur", in der er nach Walter Gropius die "Grundwerte der Bühnenkunst"[9)] darbietet. Als Antithese zum literarischen und politischen Theater will Schlemmer eine 'Typenbühne' schaffen, mit der Funktion, "Gesetze und Wesenszüge sichtbar zu machen, um von hier aus neue Wege und utopische Perspektiven zu erschließen."[10)] Ausgehend von den anatomischen und funktionellen Gesetzen des menschlichen Körpers im Wechselspiel mit den Gesetzen des kubischen Raumes, will Schlemmer im Tanz zu einer Sinnbildhaftigkeit gelangen, die sich in den Gestaltformen, den Gesten der Haltung und Bewegung und ihren vielfältigen Beziehungen untereinander sowie zum Umraum verkörpern lassen. Das Bestreben, den Menschen aus seiner Gebundenheit zu lösen und seine Bewegungsfreiheit über das natürliche Maß zu steigern, setzt an die Stelle des Organismus die mechanische Kunstfigur: Automat und Marionette.[11] Doch Kostüm und Maske, die den menschlichen Körper verwandeln und entpersonifizieren können, lassen ihn nur äußerlich zur Kunstfigur werden, denn sie vermögen nicht, die Bedingtheit der menschlichen Gestalt, das Gesetz der Schwere, dem sie unterworfen ist, aufzuheben. Die reine Kunstfigur erlaubt jegliche Bewegung, jegliche Lage in beliebiger Zeitdauer.

1928 unterrichtet Schlemmer in Dessau erstmals über das Thema "Der Mensch". In seiner Darstellung des Menschen als körperliches und geistiges Wesen nimmt Schlemmer die verschiedensten Analysen auf zeichnerisch-formaler, sowie biologischer und philosophischer Ebene vor. Der Einfluß des Unterrichtens macht sich in Schlemmers künstlerischem Schaffen bemerkbar, denn die Bilder dieses Jahres zeigen verschiedenartige Ansätze, die er in der Folgezeit weiterführt und zu vereinen sucht. Einerseits ist es der Anschluß an die festgefügte Raumtektonik seiner Bauhausbilder ("Gruppe mit Sitzender", "Innenraum mit fünf Figuren"), andererseits finden sich aber schon Anzeichen für deren Auflösung und Hinwendung zu einer gesteigerten Lichtmalerei ("Frauenfigur von rückwärts", "Idealistische Begegnung"); bei der figürlichen Konzeption manifestiert sich sowohl eine stärkere Tendenz zur Bewegung ("Gegeneinander im Raum", "Fünf Männer im Raum") und Körperhaftigkeit als auch ein Streben nach Entmaterialisierung.

1929 verläßt Oskar Schlemmer das Bauhaus und nimmt eine Professur an der Staatlichen Akademie in Breslau an. Seine

Malerei sowie Plastik dieser Zeit tendieren zunehmend zu einer Entkörperlichung, bei der das Licht eine entscheidende Rolle spielt. Die großformatigen Bilder sind von leuchtenderer Farbigkeit und zeigen vielfigurige Gruppenbildungen; die perspektivische Darstellung wird immer stärker reduziert. Linear-geometrische oder geschwungene Treppen- und Geländermotive ermöglichen eine, die ganze Fläche des Bildes erfüllende Figurenstaffelung. Neuartig verzahnt er Fläche und Raum, Figur und Architektur, wobei der Raum jetzt von den Figuren stärker erfüllt und oft sogar verdrängt wird ("Gruppe am Geländer" 1931; "Treppenszene" 1932; "Bauhaustreppe" 1932 u.a.).

Mit dem Vorwurf des 'Kunstbolschewismus' wird Schlemmer in den 30er Jahren aus dem offiziellen Kunstleben ausgeschlossen, 1933 aus dem Lehramt entlassen. In der Folgezeit entsteht eine Fülle von Bildern, die von einem klaren Figurenaufbau (z.B. "Dreiergruppe mit Sitzenden" 1935), über die schemenhafte, entmaterialisierte Figurengestaltung im 'Photographieton' (z.B. "Vier vor Schatten" 1936/37)[12] bis hin zur völligen Abstraktion ("Arabesken" 1936)[13] reicht. Eine Anstellung als Dekorationsmaler ab 1938 dient zwar der Existenzsicherung, blockiert aber völlig Schlemmers eigenes künstlerisches Arbeiten. Wie gefestigt jedoch seine Kunstvorstellungen sind, beweist ein Briefzitat vom 17.1.1940: "Ich werde immer eine Abstraktion erstreben und verteidigen, die nicht nur in indifferenten Formen und Farben sich erschöpft, sondern Symbolwerte zu schaffen sucht und dadurch von selbst sich über alles Formale, Formelhafte erhebt... Ich glaube dabei aber auch immer noch an die Notwendigkeit (oder zwangsläufige Verbundenheit mit) der Figur, der menschlichen, als dem Maß aller Dinge, als dem Bindeglied zu einer Verständigung überhaupt."[14]

Das Spätwerk Oskar Schlemmers ist von zwei polaren Ansätzen, die parallel verlaufen geprägt. Einerseits beeinflußt von der Arbeit in einer Wuppertaler Lackfabrik sind die von Schlemmer als 'Nebenprodukte' angesehenen Lacktäfelchen, Klecksographien oder Reliefs sicherlich Vorboten einer gestisch-tachistischen Malerei. Andererseits entstehen die aus der Welt des Sichtbaren destillierten "Fensterbilder", in denen ihm die ersehnten 'Ordnungsbilder' gelingen. Ausgehend von den verschiedenartigen 'Bildern', die ihm sein Fensterausblick bietet, entstehen die abstrahierten und flächenbezogenen "Fensterbilder", in denen die Dinge und Gestalten auf fragmentarische Zeichen reduziert sind("Bügelnde Frau" 1942; "Abendessen im Nachbarhaus" 1942 u.a.). Der Künstler entwirft dabei nicht eine imaginäre Bildwelt, sondern leitet sie aus der Realität ab und überführt so die "Naturwahrheit" in die "Kunstwahrheit".[15] Dem Betrachter erschließen sich Fragmente der Alltagswirklichkeit, "Wunder des Sichtbaren, Mystik des Optischen. Zumindest in seiner Unerfindlichkeit, das ist, man kann dergleichen nicht erfinden. Kraftquell zum freien Kompositorischen."[16] Schlemmers metaphysisches Streben, hinter die Dinge zu sehen, Unsichtbares sichtbar zu machen, ist hier zu seinem Ziel gelangt.

Anmerkungen:

1) O.Schlemmer, Briefe und Tagebücher. Hrsg. von Tut Schlemmer. München 1958, S.406: Tgb.v. 1.4.1943;
2) O.Schlemmer, Der Mensch. Unterricht am Bauhaus. Mainz 1969, S.25 f.;
3) Ebenda S.80;
4) O.Schlemmer, Briefe und Tagebücher. a.a.O. S.56: Tgb.v. August 1917. Vgl. ebenda S.62: Br.v. 9.6.1918;
5) Ebenda S.358: Br.v.17.2.1937;
6) Ebenda S.34: Tgb.v. 10.4.1915;
7) Ebenda S.134: Tgb.v. September 1922;
8) Ebenda S.164: Tgb.v. 12.11.1924;
9) O.Schlemmer, u.a.; Die Bühne im Bauhaus. Mainz 1965. Nachwort W.Gropius: Die Aufgaben der Bühne im Bauhaus. S.90;
10) K.v.Maur, O.Schlemmer, Band I: Monographie. München 1979, S.139;
11) O.Schlemmer, Die Bühne im Bauhaus. a.a.O. S.18;

12. O.Schlemmer, Briefe und Tagebücher. a.a.O. S.347: Tgb. v.18.1.1936;
13) Ebenda S.351: Tgb.v. 31.5.1936;
14) Ebenda S.376: Br.v. 17.1.1940;
15) Ebenda S.336: Tgb.v. 9.6.1935;
16) Ebenda S.396: Tgb.v. 12.5.1942.

***

Bolzano und die natürlichen Zahlen

M.Rehsöft, Bochum

"Bilden wir uns eine **Reihe**, deren erstes Glied eine Einheit beliebiger Art A, jedes andere Glied aber eine Summe ist, welche zum Vorschein kommt, indem wir einen Gegenstand, der dem nächstvorhergehenden Gliede gleich ist, mit einer neuen Einheit von der Art A verbinden: so heißt mir ein jedes Glied dieser Reihe insofern eine **Zahl**, als ich mir dieses Glied durch eine Vorstellung aufgefaßt denke, welche uns seine Entstehungsart angibt. Zur Unterscheidung von anderen Reihen, welche zum Vorschein kommen, wenn statt der Dinge von der Art A Dinge von einer anderen Art zur Einheit angenommen werden, nenne ich die Glieder der vorhin betrachteten Reihe **Zahlen von der Art A** oder Zahlen, denen **die Einheit A zu Grunde liegt**. Die Beschaffenheit, vermöge deren ein jedes dieser Glieder zu einer Zahl wird (die es somit behält, wie auch die Gegenstände selbst, die man zu Einheiten annimmt, gewechselt werden mögen) nenne ich eine **Zahl** in der **abstracten Bedeutung** des Wortes, oder eine **abstracte Zahl**; und im Gegensatze mit solchen abstracten Zahlen (d.h. den bloßen Beschaffenheiten) nenne ich die Glieder selbst **concrete** Zahlen oder Zahlen in der **concreten** Bedeutung des Wortes. Diese concreten Zahlen werden im Deutschen, besonders mit Ausnahme der ersten oder der Einheit, auch **Anzahlen** genannt. Endlich die ganze Reihe selbst nenne ich **Zahlenreihe**, oder zum Unterschiede von anderen Reihen, deren Glieder ebenfalls **Zahlen** sind, die **natürliche Reihe der Zahlen**, oder mit einigen auch **die Reihe der natürlichen Zahlen**."[1)]

Bevor diese Definition genauer untersucht wird, seien die vorausgesetzten Begriffe erläutert.[2)] Ein **Inbegriff** ist ein aus "gewissen Teilen bestehendes Ganzes"[3)]; dabei muß es sich um mindestens zwei voneinander verschiedene, ansonsten aber beliebige Gegenstände - als Teile - handeln. Unter einer **Einheit der Art A** versteht Bolzano einen Einzelgegenstand, der unter den Begriff A fällt. Eine **Reihe** ist ein Inbegriff, der einem Bildungsgesetz genügt, und zwar derart, daß es zu jedem Glied der Reihe genau einen unmittelbaren Vorgänger oder Nachfolger gibt. Das erste Glied einer Reihe, falls es ein solches gibt, ist dadurch bestimmt, daß es keinen Vorgänger in der Reihe hat. Auch unter **Summe** versteht Bolzano einen speziellen Inbegriff, nämlich einen solchen, bei dem außer einem Teil selbst auch die Teile des Teils zum Inbegriff gehören. Zur Verdeutlichung führt Bolzano als Charakteristikum der Summe an: A + (B + C) = A + B + C;[4] d.h.: Wenn A und B + C Teile eines Inbegriffs sind, dann auch A, B und C.

Zurück zur Definition. Zahlen, sagt Bolzano, sind Glieder einer Reihe, wobei das Wesentliche in deren Entstehungsart liegt. Diese wiederum wird als das Bilden einer Summe beschrieben, aber einer speziellen, die gleichzeitig die zwischen den Gliedern bestehende Beziehung deutlich macht: Ist a ein Glied der Reihe, so wähle man einen zu a gleichen Gegenstand a', bilde die Summe von a' mit einer neuen Einheit (der Art A) und man erhält das auf a folgende Glied der Reihe. Das Bildungsgesetz der Reihe ist also auch hier bei Bolzano die für die natürlichen Zahlen so wesentliche Relation **Nachfolger von**, wie sie später bei Frege, Dedekind, Peano und Russell zu finden ist.

Im zweiten Teil der Definition ist Bolzanos Unterscheidung von abstrakten und konkreten Zahlen zu beachten. Der Herausgeber der Reinen Zahlenlehre - Jan Berg - schreibt dazu in einer erläuternden Fußnote: "Die abstrakte Zahl bezüglich A, die einer konkreten Zahl N bezüglich A entspricht, ist somit eine Beschaffenheit, deren Extension die Menge aller mit N isomorphen konkreten Zahlen bezüglich A ist."[5] Lange bevor Frege und Russell ihre Definitionen der natürlichen Zahlen als Mengen äquivalenter Mengen erarbeiteten und publizierten,[6] hatte Bolzano also eine ganz ähnliche Erklärung. Was Bolzano mit der genannten Unterscheidung meint, wird erst deutlich, wenn eine zweite hinzugenommen wird: die in benannte und unbenannte Zahlen. "Wenn die Art der Dinge, welche als Einheiten betrachtet werden sollen, in einer Zahlenvorstellung gleichfalls mit angegeben ist, so wollen wir sie eine **benannte** Zahlenvorstellung oder ... auch eine **benannte Zahl selbst**; im widrigen Falle dagegen ...eine **unbenannte Zahl**, oder **Zahlenvorstellung** nennen."[7] Es ist Bolzano wichtig, daß diese Unterscheidungen nicht vermengt werden. So dürfen vor allem die unbenannten und die abstrakten Zahlen nicht verwechselt werden. Unbenannt sind dabei gerade die Zahlen, die der Mathematiker benutzt, wenn er z.B. 2 + 3 = 5 rechnet, denn eine zugrunde liegende Einheit wird dabei nicht genannt. Keineswegs handelt es sich hier aber um abstrakte Zahlen, die reine Beschaffenheiten sind und mit denen man nach Bolzano nicht rechnen kann. Bei aller Ähnlichkeit zu modernen Zahlendefinitionen wird an dieser Stelle nun doch deutlich, worin sich Bolzanos Definition von diesen unterscheidet: Für die Beschaffenheiten kann er keine Operationen einführen, die dann Definitionen für Rechnungen mit abstrakten Zahlen erlauben würden.[8] In diesem Zusammenhang muß allerdings auf eine viel zu selten beachtete Position Freges hingewiesen werden. Dieser betont nämlich in den "Grundgesetzen der Arithmetik", daß die von ihm als Begriffsumfänge gleichzahliger Begriffe definierten Anzahlen nicht die natürlichen Zahlen des Rechnens seien. Dabei finden sich bei Frege aber nicht die Unterscheidungen Bolzanos, vielmehr gewinnt er die natürlichen Zahlen des Rechnens erst als Teilmenge der nicht-negativen reellen Zahlen, die als ein Größengebiet eingeführt werden.[9]

Noch eine weitere Unterscheidung findet sich bei Bolzano, die allerdings den Gebrauch des Wortes Zahl betrifft: Er spricht von Zahl in der eigentlichen und in der uneigentlichen oder entlehnten Bedeutung des Wortes. Mit Zahl im eigentlichen Sinn bezeichnet Bolzano nur die ganzen Zahlen, während "die Vorstellungen, die durch die Zeichen $\frac{1}{2}$, $\sqrt{2}$, $\sqrt{-1}$,

∞, $\frac{1}{\infty}$, 0 usw. ausgedrückt werden, bloße **Vorstellungen** von Zahlen sind, denen kein Gegenstand entspricht."[10] Obwohl Bolzano oben nur die natürlichen Zahlen - mit Ausnahme der Null - definiert hat, erwähnt er die negativen ganzen Zahlen an dieser Stelle nicht. Diese nehmen nämlich eine Sonderstellung ein, die im zweiten Abschnitt der Reinen Zahlenlehre deutlich wird. Nach Einführung der Summe und der Differenz und einigen Lehrsätzen heißt es für zwei zur selben Einheit gehörende, konkrete Zahlen S und M, für die $S < M$ gilt, zunächst, daß "die Vorstellung von einer Zahl, welche zum Vorschein kommt, wenn man die M von der S abziehet, eine gegenstandslose Vorstellung"[11] sei. Nun wird aber festgesetzt, daß bei allen betrachteten Zahlen die zugrunde liegende Einheit eines **Gegensatzes** fähig sein soll, so daß es möglich ist, zur entgegengesetzten, d.h. negativen Einheit überzugehen. "Unter dieser Voraussetzung stellet der Ausdruck oder die Zahlenvorstellung $S - M$ auch in dem Falle, wenn $M > S$ ist, eine wirkliche Zahl vor."[12] Für andere Zahlbereiche, also für die rationalen, reellen und komplexen Zahlen, kennt Bolzano ähnliche Zusatzdefinitionen nicht. Diese sind allesamt Vorstellungen, denen kein Gegenstand entspricht, insbesondere trifft dies auch auf die Null zu.

In einigen Lehrsätzen und Anmerkungen des ersten Abschnittes der Reinen Zahlenlehre, wo die gerade erläuterte Zusatzdefinition noch nicht gemacht wurde, wird der ontologische Status, den Bolzano den natürlichen Zahlen zuschreibt, deutlich. Zunächst wird betont, daß konkrete und abstrakte Zahlen sowohl Wirkliches als auch Nicht-Wirkliches vorstellen können. Eine Position, die allen Zahlen Wirklichkeit abspricht, wird abgelehnt. Die unbenannten Zahlen jedoch - und um diese geht es in der Zahlenlehre - sind nie etwas Wirkliches.[13] Vielmehr sind "alle Zahlenvorstellungen, die in der Reinen Zahlenlehre mit Nutzen aufgestellt werden, ... reine Begriffe."[14] Jede Abhängigkeit der Zahlen und der "Wahrheiten der reinen Zahlenlehre"[15] vom menschlichen Erkenntnisvermögen lehnt Bolzano entschieden ab. Dies geschieht in der Auseinandersetzung mit der kantischen Lehre von der Verknüpfung der Anschauungsform Zeit mit den Zahlen. "Die Zahlen sind etwas von uns und unserm Erkenntnisvermögen ganz Unabhängiges. Nicht dadurch, daß wir uns eine Zahl **denken**, entstehet sie erst. Daher sind auch die Beschaffenheiten der Zahlen, und die Verhältnisse derselben unter einander von uns und unserem Erkenntnisvermögen ganz unabhängig."[16]

Ein genaueres Eingehen auf Bolzanos Einführung der Kleiner-Relation und der Rechenoperationen für die natürlichen Zahlen würde den Rahmen dieses Beitrags sprengen.[17] Hierzu nur zwei kurze Bemerkungen:
- Bei der Kleiner-Relation stellt Bolzano fest, daß für zwei (konkrete) Zahlen m und r stets genau eine der Beziehungen $m = r$, $m < r$ oder $r < m$ gilt.
- Bei der Einführung von Addition und Multiplikation wird betont, daß diese Operationen eindeutig sind und nicht aus dem Bereich der natürlichen Zahlen hinausführen.

In der heutigen Mathematik werden die natürlichen Zahlen am häufigsten wohl durch die Peano-Axiome charakterisiert. Wenn nun danach gefragt wird, inwieweit sich in der Reinen Zahlenlehre Sätze finden lassen, die den Peano-Axiomen entsprechen, so ist dreierlei zu berücksichtigen. Erstens liegt hier nur der **Ansatz** eines Vergleiches zwischen der modernen Mathematik und dem System Bolzanos vor, denn auf der einen Seite werden nur die Peano-Axiome, auf der anderen Seite wird nur die Reine Zahlenlehre berücksichtigt. Es soll zweitens nicht behauptet werden, daß Bolzano die anzuführenden Sätze als für die natürlichen Zahlen allein charakteristisch angesehen habe. Drittens ist bei einem solchen Vergleich stets zu beachten, daß hier ein historisches System an modernen Ergebnissen gemessen wird.

Das erste Peano-Axiom - "Eins ist eine natürliche Zahl" - ergibt sich sofort aus Bolzanos Zahldefinition. "Der Nachfolger einer natürlichen Zahl ist stets wieder eine natürliche Zahl", lautet das zweite Axiom. Bei Bolzano findet man: "Zu jeder unbenannten Zahl gibt es noch eine, die auf sie folgt, d.h. die ein späteres Glied der Zahlenreihe abgibt."[18] Da die Zahlenreihe nicht in sich selbst zurückläuft,[19] ist sie eine unendliche Menge.[20] Das dritte Peano-Axiom sagt die Eindeutigkeit der Nachfolger-Relation aus. Diese ist aber bereits in Bolzanos Definition der Reihe enthalten, wo gesagt wird, daß das Bildungsgesetz der Reihe eine eineindeutige Zuordnung benachbarter Glieder darstellt. Ebenfalls aus der Definition der Reihe folgt das vierte Axiom, daß Eins nicht Nachfolger einer natürlichen Zahl ist. Eins ist nämlich das erste Glied der Reihe,[21] also jenes das keinen Vorgänger hat.[22] Nicht direkt auffinden läßt sich der Satz von der vollständigen Induktion (fünftes Axiom). Zwar führt Bolzano Beweise durch vollständige Induktion, doch wird diese nicht als spezifische Eigenschaft der natürlichen Zahlen erkannt. Bei Frege und Russell finden wir allerdings Systeme, in denen der Satz von der vollständigen Induktion beweisbar ist. Somit kann man fragen, ob sich bereits bei Bolzano die Grundlagen für einen solchen Beweis ermitteln lassen - eine Frage, die an dieser Stelle allerdings offen bleiben muß.

Anmerkungen:

1) Bolzano, B., Reine Zahlenlehre, hrsg.v.J.Berg (Band II A 8 der Bolzano-Gesamtausgabe) Stuttgart-Bad Cannstatt 1976 (im folgenden als RZ bezeichnet), S.15; Bolzanos Lehre von den natürlichen Zahlen wird im vorliegenden Beitrag nur soweit dargestellt und untersucht, wie sie in der Reinen Zahlenlehre enthalten ist. Zu Vergleichsstellen in anderen Werken - besonders der Wissenschaftslehre - siehe: Berg, J., Bolzano's Logic, Stockholm, Göteborg, Uppsala 1962, S.165-169;

2) Die für diesen Beitrag wesentlichen Begriffe erläutert Bolzano kurz in seinen "Paradoxien des Unendlichen" (hrsg.von F.Přihonsky, Leipzig 1851, 2.Aufl.hrsg.von A.Höfler mit Anmerkungen von H.Hahn, Hamburg 1921, Nachdr.1955 - im folgenden als PU abgekürzt), S. 2-6; vgl. auch Berg, J., a.a.O. S.89-91;
3) PU, S.2;
4) PU, S.4;
5) RZ, S.15;
6) vgl.Frege, G., Die Grundlagen der Arithmetik, Breslau 1884, 2.Aufl. 1934, Nachdr.Hildesheim 1961; Russell, B., Introduction to Mathematical Philosophy, London 1919;
7) RZ, S.23 - Bergs Anmerkung zu dieser Stelle: "Die abstrakte unbenannte Zahl einer konkreten unbenannten Zahl N ist somit eine Beschaffenheit, deren Extension die Menge aller mit N isomorphen konkreten Zahlen ist.";
8) vgl. auch Gericke, H., Geschichte des Zahlbegriffs, Mannheim, Wien, Zürich 1970, S.92;
9) vgl. Frege, G., Die Grundgesetze der Arithmetik, 2 Bde., Jena 1893 und 1903, Nachdr. Darmstadt 1962;
10) RZ, S.17;
11) RZ, S.52;
12) RZ, S.53;
13) RZ, S.26;
14) RZ, S.29;
15) RZ, S.30;
16) RZ, S.30;
17) vgl. auch Gericke a.a.O. S.92-94;
18) RZ, S.34;
19) RZ, S.21;
20) RZ, S.36;
21) RZ, S.34;
22) s.o. (Definition der Reihe).

***

Zum methodischen Vorgehen in der empirischen Forschung

Horst Röpke, Berlin

1. Einleitung

Ziel der empirischen Forschung ist die Vermehrung des Wissens - insbesondere durch Gewinnung neuer Erkenntnisse. Zu ihnen gelangt man hauptsächlich durch geplante Experimente, mit denen gezielte Fragen beantwortet und Hypothesen kritisch überprüft werden.

Die Erkenntnisse der empirischen Forschung sind nach K.POPPER[1)] fehlbar, werden jedoch nach A.TARSKI[2)] durch ein System von kohärenten Aussagen anerkannter Sachverhalte gegenseitig gestützt und ermöglichen es, bestimmte Ereignisse relativ zuverlässig vorherzusagen. Indem also die Klasse der empirisch gesicherten Erkenntnisse vergrößert wird, werden einige Lebensbereiche bedingt berechenbar, was zum Abbau von allgemeiner Unsicherheit beiträgt. Dennoch besitzen wir kein sicheres Wissen. Genausowenig wie Existenzaussagen durch Theorien falsifizierbar sind, können Allaussagen durch Experimente verifiziert werden. Somit bleibt es in den empirischen Wissenschaften bei einer Pluralität verschiedener

Hypothesen, Theorien und Lehrmeinungen, die zumindest so lange nebeneinander bestehen bleiben, bis sie widerlegt worden sind. Dieses pluralistische Aussagensystem wird häufig als "heutiger Stand des Wissens" bezeichnet, ohne daß jemand genau angeben könnte, was zu einem bestimmten Zeitpunkt darunter zu verstehen ist. Schließlich gibt es in der Wissenschaft keine "letzte Instanz", welche nach wissenschaftlich anerkannten allgemeinen "Zunftregeln" eine für alle Wissenschaftler verbindliche Entscheidung über die Zuverlässigkeit von Hypothesen fällen könnte. Statt dessen sorgt gerade die empirische Forschung dafür, daß unser Wissen ständig einem Wandel unterworfen ist, indem durch experimentell gesicherte Protokollaussagen bislang bewährte Hypothesen falsifiziert und dafür neue generiert werden. Dieses Prinzip unterscheidet die empirischen Wissenschaften signifikant von allen Ideologien, die ja von "wahren" Grundaussagen ausgehen und hierin unkorrigierbar bleiben.

Allerdings trifft man aber auch in der empirischen Forschung auf Voreingenommenheiten und Modeströmungen, die der Erkenntnisgewinnung abträglich sind.

2. Erkenntnisgewinnung durch empirische Forschung

Der experimentelle Forscher ist normalerweise bemüht, die Hypothesen, die aufgrund von Vorversuchen, Vorinformationen oder abstrakten Überlegungen aufgestellt wurden, direkt oder indirekt experimentell zu überprüfen. Die Anlage des Experimentes muß der Fragestellung möglichst genau entsprechen, und die Konditionen, Prämissen und Randbedingungen müssen so gewählt werden, daß man eine eindeutige Beantwortung der Frage durch das Experiment erhält.

Grundlage der Experimente ist gewöhnlich eine der fünf Methoden J.St.MILL (1806-1873),[3] wobei die Differenzmethode meist bevorzugt wird. (Sie ist dadurch gekennzeichnet, daß sich Experiment und Kontrollexperiment nur in der zu untersuchenden Einflußgröße unterscheiden.) Die Auswertungen von Meßergebnissen werden meist nach statistischen Methoden unter Einsatz statistischer Tests zur Hypothesenprüfung durchgeführt.[4] Zu den Mindestforderungen ("minimal requirements") der empirischen Forschung gehören u.a. eine vollständige Beschreibung der Versuche und eine sorgfältige Protokollierung der Versuchsergenisse, die eine Überprüfung der gesamten Vorgehensweise gestatten. Nur auf diese Weise ist "Wissenschaftlichkeit" im Sinne von "strong inference" überprüfbar und überhaupt erreichbar.

Im Hinblick auf Planung, Durchführung und Auswertung von Experimenten kann man die meisten Fachdisziplinen der empirischen Forschung wie z.B.
(a) die klassischen Naturwissenschaften (Physik; Chemie etc.),
(b) die Bio-Wissenschaften (Biologie; Medizin etc.) und
(c) die Sozialwissenschaften (Soziologie; Psychologie etc.)
mindestens drei unterschiedlichen Schwierigkeitsgraden zuordnen.

Es ist evident, daß z.B.

- Experimente im Fall (a) - im Gegensatz zu (b) und (c) - meistens ohne nennenswerte Restriktionen durchgeführt und in der Regel wiederholt werden können.

- im Fall (a) immer homogene Grundgesamtheiten und relativ gleichartige Versuchseinheiten abgegrenzt werden können. Dagegen müssen in den Fällen (b) und (c) infolge der Variabilität und Komplexität der lebenden Natur starke Vereinfachungen der Wirklichkeit angenommen und experimentell ungünstigere Ausgangsbedingungen berücksichtigt werden.

- sehr selten im Fall (a), wohl aber meist bei (b) und (c) ethische Grenzen der experimentellen Manipulierbarkeit bestehen und außerdem die Erkenntnisgewinnung durch den Willen des Versuchsobjektes erschwert oder sogar verfälscht werden kann.

Hieraus folgt, daß die Stringenz der gewonnenen Erkenntnisse selbst bei bestmöglicher Sorgfalt im allgemeinen in der Reihenfolge von (a) nach (c) abnehmen werden und daß man bei (b) und (c) zu Häufigkeitsaussagen, nicht aber zu Allaussagen gelangt. Somit erstreckt sich der Gültigkeitsbereich von Hypothesen bei (b) und (c) nicht auch auf Individuen, sondern immer auf klar spezifizierte Kollektive von Individuen.

3. Kritische Anmerkungen zum methodischen Vorgehen

Die Zahl der publizierten Arbeiten aus der empirischen Forschung hat in den letzten Jahrzehnten rapide zugenommen, während sich der hierdurch dokumentierte Erkenntnisfortschritt m.E. nicht im gleichen Maße vergrößert hat. (Allerdings gibt es hierfür keinen objektiven quantifizierbaren Maßstab.) Feststellbar ist aber die mangelhafte Qualität vieler Arbeiten,[5] die teilweise nicht einmal die "minimal requirements" erfüllen.[6]

Einige gelegentlich oder häufig wiederkehrende Mängel in wissenschaftlichen Arbeiten sollen deshalb pauschal dargestellt werden:

a) Semantische Unschärfen: A.MENNE[7] nennt "Irrtum die unbeabsichtigte Verfehlung der Wahrheit" und führt fünf Hauptquellen von Irrtümern an. Eine davon ist die unscharfe Ausdrucksweise und z.T. leichtfertige Verwendung von Begriffen. Als zusätzliche Beispiele seien hier genannt:

- Chemiker behaupten, daß "die Substanzen A und B identisch sind", wenn sie sagen wollen, daß die beiden Substanzen A und B in einigen (nämlich in den untersuchten) Eigenschaften weitgehend gleich sind. (Gemeint ist also nicht die "Stoffidentität", sondern bestenfalls die "Gleichheit von einigen Stoffeigenschaften".)

- Pharmakologen sprechen über Arzneimittelwirkungen, als

handle es sich um Eigenschaften der betreffenden Substanzen, obwohl es sich hierbei um Relationen zwischen dem Pharmakon und dem Patienten handelt. (Wie wäre es sonst möglich, daß es große Unterschiede der Arzneimittelwirkungen bei verschiedenen Patienten gibt?).

- In Publikationen der Bio-Wissenschaften wird ausgesagt, daß "die mitgeteilten Versuchsergebnisse erst noch statistisch abgesichert werden müßten". Gemeint ist jedoch nicht die Absicherung der (höchstwahrscheinlich korrekten) Versuchsergebnisse, sondern die Stützung (oder Absicherung) der hieraus abgeleiteten Schlußfolgerungen.

- Biologen, Mathematiker, Biometriker und Informatiker verwenden bei fachübergreifenden Diskussionen Ausdrücke wie Variable, Faktor, Parameter usw., die in den jeweiligen Fachgebieten z.T. unterschiedliche Bedeutungen haben - ohne daß hierüber zuvor eine Verständigung erfolgt ist.

- Natur-, Bio- und Sozialwissenschaftler sprechen in ihren Publikationen von Schlußfolgerungen, die "mit an Sicherheit grenzender Wahrscheinlichkeit" wahr seien - ohne daß jemals jemand gesagt hätte, was darunter zu verstehen ist. (Wann grenzt z.B. die Wahrscheinlichkeit nahe genug an den Wert = 1? Bei 0,9 oder 0,999? Außerdem ist hierbei in der Regel nur die subjektive Wahrscheinlichkeit, d.h. der Grad des persönlichen Dafürhaltens gemeint!)

b) Überprüfbarkeit der Erkenntnisgewinnung: Bei fast allen wissenschaftlichen Publikationen findet man eine ausführliche Beschreibung der verwendeten Meßmethoden, doch fehlen oftmals Angaben über das methodische Konzept, über den Versuchsplan, die Problemanalyse, die Prämissen oder gar über das Forschungsziel. Durch diese Mängel werden derartige Arbeiten praktisch der kritischen Nachprüfung durch andere Wissenschaftler entzogen, da ja beim Reproduzierungsversuch nur selten die gleichen Ausgangs- und Durchführungsbedingungen "nachempfunden" werden können. In diesen Fällen fehlen also die Voraussetzungen für die Falsifizierbarkeit, die von K.POPPER[1] als Gütekriterium für eine wissenschaftliche Aussage angesehen wird. Unter anderem werden folgende Mängel angetroffen:

- Planloses Sammeln von Einzelinformationen oder Daten ohne Zielrelevanz. (Daten, die nicht im Hinblick auf ein bestimmtes Ziel planvoll und systematisch erarbeitet wurden, sondern nur "irgendwie" zustande gekommen sind, können höchstens für die Aufstellung, nicht aber zur Prüfung einer Hypothese oder als "beweiskräftige" Erklärung eines Sachverhaltes verwendet werden.)

- Messung von großen Mengen redundanter Daten (vielfach wegen leichter apparativer Zugänglichkeit) und anschließende, z.T. unkritische Datenverdichtung (≙Informationsvernichtung) zwecks Reduzierung der Datenfülle. Mitunter geschieht das noch durch Einsatz nicht zieladäquater Meß-, Verdichtungs- oder Auswertungsmethoden.

- Sorgfältige Beschreibung von Sachverhalten, Experimenten, umfangreichen Meßresultaten etc., ohne dadurch Schlußfolgerungen ziehen oder Fragen beantworten zu können. (Scheinbare objektive Wissenschaftlichkeit).

- Ignorieren statistischer Grundvoraussetzungen, die insbesondere bei biologischen oder klinischen Versuchen[8] und bei der empirischen Sozialforschung unumgänglich sind. Beispiele hierfür sind:
  * die Nennung der Grundgesamtheit
  * der Bezug, auf den sich die Untersuchung erstreckt, etwa auf eine spezielle Personengruppe, auf die gesamte Menschheit, auf eine einzige Stoffprobe, eine Produktionscharge oder auf einen kontinuierlichen Herstellungsprozeß

* die Beschreibung der Methoden für die Gruppenzuteilung und Stichprobenziehung
* Angaben zur Vermeidung von Störeinflüssen
* Hinweise auf die statistischen Auswertungsmethoden und auf die Behandlung der sog. "Ausreißer" usw.

c) Das Ursache-Wirkungsprinzip: Teilziel der empirischen Forschung ist die Aufklärung von Naturvorgängen, Mechanismen und Gesetzmäßigkeiten im Sinne von Kausalketten, also die eindeutige Ermittlung der Ursachen für bestimmte Wirkungen. Dabei wird jedoch oftmals der logische mit dem kausalen Zusammenhang verwechselt und die Möglichkeit mitunter schon für die Wirklichkeit gehalten. Oft begnügt man sich bereits mit der Plausibilität einer hypothetischen Erklärung, obwohl Plausibilität nur eine notwendige, nicht aber eine hinreichende Bedingung für das Vorliegen von Kausalbeziehungen ist. Da bei Naturvorgängen mehrere Regelkreise ineinandergreifen, ist selten eine einzige Ursache, sondern meist ein Ursachenkomplex der Auslöser für eine bestimmte Wirkung. Ebenso gibt es Fälle, in denen verschiedene Ursachen die gleiche Wirkung hervorrufen. Erst die Gesamtheit aller notwendigen Bedingungen ergibt eine hinreichende Bedingung, doch längst nicht alle hinreichenden Bedingungen sind notwendig. Auch beim "Feststellen" eines Ursache-Wirkungs-Zusammenhangs wird in der wissenschaftlichen Fachliteratur manchmal recht großzügig verfahren. Als Beispiele seien genannt:

- Die Beobachtung von mathematisch einwandfreien Korrelationsfunktionen verführt dazu, sie als "erwiesene" Kausalität zu deuten, obwohl ja ebensogut Schein- oder Gemeinsamkeitskorrelationen mit einem Drittfaktor vorliegen könnten.
- Bei Beziehungen zwischen dem chemisch-pharmakologischen Verhalten einer Substanz und ihrer chemischen Struktur (den sog. Struktur-Wirkungsbeziehungen) geht man eben-

falls von Kausalvorstellungen aus und macht einzelne Faktoren oder Parameter vorschnell für spezifische Wirkungen verantwortlich.[9)] Bei Nichteintreffen hieraus abgeleiteter Vorhersagen wird nicht etwa die Hypothese als falsifiziert angesehen, sondern es überwiegt das Bemühen, plausible Ausnahmeerklärungen für diesen "Spezialfall" zu postulieren.

- Bei der Beschreibung von Zusammenhängen werden Ursache und Wirkung willkürlich vertauscht, wenn wegen der besseren experimentellen Zugänglichkeit anstelle von A = f (B) von der Funktion B = f (A) ausgegangen wird.

- Bei Erhebungsstudien werden Unterschiede in den Merkmalsausprägungen der Zielgröße, die man für zwei unterschiedliche Personenkollektive erhalten hat, in der Regel schon als "sichere" Ursachen-Wirkungsbeziehungen gedeutet, obwohl Kausalhypothesen anhand von Erhebungsstudien (≙ epidemiologische Studien) nur generiert, nicht aber geprüft werden können.[10)]

d) <u>Ungerechtfertigtes Schlußfolgern</u>: Folgerichtigkeit besteht nach A.MENNE[11)] in der korrekten Verwendung der logischen Funktoren. Hiergegen wird häufig verstoßen, wenn in Überschätzung der eigenen Urteilsfähigkeit z.B. auf eine logische Analyse verzichtet wird, die Prämissen und Restriktionen bei Schlußfolgerungen nicht beachtet werden oder die Übersetzung der Fragestellung in das mathematische Modell nicht gemäß den Funktoreneigenschaften vorgenommen wird. Als Beispiele seien genannt:

- Pharmakologen sind aus ethischen Gründen fast immer gezwungen, ihre klärenden Experimente am entsprechenden Tiermodell durchzuführen. Dabei ist aber zu beachten, daß die Übertragung der Aussagen auf den Menschen nur nach dem "dialektischen ponendo ponens" erfolgen kann und damit fehlbar ist.[12)]

- Statistische Tests zur Prüfung der sog.Nullhypothese

sind kein "Beweisverfahren" für die Gültigkeit von Alternativen, denn selbst bei Ablehnung der Nullhypothese ist die Alternativhypothese noch nicht "gestützt", "bestätigt" oder "bewiesen"[13]- wie man es häufig lesen kann.

- Es wird nicht klar zwischen der Exploration (≙ Hypothesenfindung) und der kritischen Überprüfung einer Hypothese unterschieden; vielmehr wird dasselbe Datenmaterial auch zur "Beweisführung" (≙ Zirkelschluß) herangezogen.
- Aussagen, die aus der Untersuchung eines speziellen Kollektivs gewonnen worden sind, werden auf die Grundgesamtheit aller Menschen verallgemeinert.
- Bei Risikobetrachtungen trifft man auf mathematisch einwandfreie Berechnungen, bei denen aber nicht klar genug zwischen objektiver und subjektiver Wahrscheinlichkeit unterschieden worden ist. Unzulässig und geradezu gefährlich ist es aber, wenn aus den Kollektivaussagen auf die Wahrscheinlichkeit für das Eintreten eines bestimmten Einzelereignisses (eines Individuums) geschlossen wird.[14]

Diese hier skizzierten Schwachstellen in der empirischen Forschung sind leider weit verbreitet und könnten durch zahlreiche Beispiele aus der einschlägigen Fachliteratur belegt werden. Besonders stark zeigt sich die durchaus menschlich verständliche, aber eben unwissenschaftliche Schwäche darin, die eigenen Thesen und Theorien "stützen", "belegen" oder "eindeutig beweisen" zu wollen, anstatt im verstärkten Maße auch Möglichkeiten zu prüfen, die zur Falsifizierung der eigenen Schlußfolgerungen führen könnten.

4. Schlußbemerkungen

Die kritisierten Unzulänglichkeiten sind z.T. eine Folge von mangelndem Einfallsreichtum sowie Mangel an Sorgfalt und Geduld, die zur Erreichung der Forschungsziele aufgebracht werden müssen. Zuweilen wird aber auch nur der Weg des geringsten Widerstandes gegangen. Man folgt z.B. einer Fachautorität, d.h. man produziert immer wieder ähnliche Arbeiten oder bestätigt Theorien, anstatt sich zu bemühen, sie zu falsifizieren. Diese Arbeitsweise wird auch dadurch gefördert, daß die Bedeutung einer wissenschaftlichen Arbeit oftmals höher eingeschätzt wird, wenn sie mit großem apparativen Aufwand zustande gekommen ist, wenn eine große Menge Datenmaterial produziert wurde und wenn sie später von anderen häufig zitiert wird.[15)] Da die Bedeutung eines Forschers zunächst einmal an der Zahl seiner Publikationen gemessen wird, ist eine starke Motivation gegeben, möglichst schnell durch viele Publikationen bekannt zu werden.

Die praktischen Auswirkungen der geschilderten Mängel gehen größtenteils weit über den Rahmen der Wissenschaft hinaus, da die Resultate wissenschaftlicher Arbeiten häufig in der gehobenen Laien- und Tagespresse und in den Medien zitiert oder referiert werden. Dadurch gelangen auch solche Arbeitsergebnisse in die Öffentlichkeit, welche mehr verwirren als informieren. So wie die großen Erfolge bei der Umsetzung wissenschaftlicher Erkenntnisse in Technik und Produktherstellung einst zur Wissenschaftsgläubigkeit führten, tragen sicherlich auch unausgegorene und z.T. einander widersprechende Meldungen über Ergebnisse "wissenschaftlicher" Arbeiten zu der gegenwärtigen Wissenschaftsfeindlichkeit bei (obwohl der Hauptgrund für die Wissenschaftsfeindlichkeit die Angst vor dem Mißbrauch der Forschungsergebnisse sein dürfte). Besonders negative Auswirkungen haben stark über- oder untertriebene Meldungen von Risiken,[14)] welche ein Teil der Öffentlichkeit nicht freiwillig akzeptiert (Umweltprobleme; Industrieanlagen; Konsumgüter). Im gleichen Maße, wie das Gütesiegel "wissenschaftlich" teilweise leichtfertig überstrapaziert wird, tritt ein Vertrauensschwund und Unbehagen ihm gegenüber ein.

Wollte man diese Situation nachhaltig ändern, so müßte mehreres gleichzeitig geschehen. Vor allem müßte die Eigenverantwortung und Redlichkeit der Forscher gegenüber der Gesellschaft verbessert werden. Das läßt sich jedoch nicht allein durch Appelle an die Forscher und die Fachzeitschriften erreichen, sie sollten nur Arbeiten publizieren, die mindestens die "minimal requirements" der Wissenschaftlichkeit erfüllen. Es müßten vielmehr auch Angewandte Logik und Methodologie der Forschung stärkeren Eingang in die Ausbildung finden.[16)] Der Verantwortung gegenüber der Wissenschaft und Gesellschaft gerecht zu werden, sind wir alle aufgerufen - insbesondere aber die Vertreter der Forschung, der Lehre und der Wissenschaftspolitik.

5. Danksagung

Ich danke den Herren Dr.R.Gordon, Dr.E.Hartmann, Prof.Dr. A.Menne, Dr.J.Riemann, P.D.Dr.H.Spinner und Dr.J.Wendenburg für viele fruchtbare Diskussionen zu diesem Themenkreis.

Literaturhinweise

1) K.Popper: Logik der Forschung, Tübingen 1935;
2) A.Tarski: Einführung in die mathematische Logik, Göttingen 1977;
3) I.M.Bocheński: Die zeitgenössischen Denkmethoden, Bern 1954;
4) C.R.Rao: Linear Statistical Inference and its Applications, N.Y. 1965;
5) S.Schor, J.Karten: Statistical Evaluation of Medical Journal Manuscripts, J.Am.Med.Ass.195, 1123-1128 (1966);
6) A.R.Feinstein: Efficacy of Different Research Structures in Preventing Bias in the Analysis of Causation, Clin. Pharmacol.Ther. 26, 129-141 (1979);
7) A.Menne: Quellen des Irrtums, Med.-wiss.Buchreihe der Schering AG, Berlin/Bergkamen 1977;
8) E.Hartmann et al.: Entwicklung eines modular aufgebauten Programmsystems zur optimalen Erfassung, Speicherung

und Auswertung von Daten bei klinischen Arzneimittelprüfungen, EDV in Medizin und Biologie 5, 127-132 (1974);
9) C.Hansch: The Physicochemical Approach to Drug Design and Discovery (QSAR), Drug Dev.Res. 1, 267-309 (1981);
10) H.Röpke: Zur Erkenntnisgewinnung in der Medizin, Med.-wiss. Buchreihe der Schering AG, Berlin/Bergkamen 1978;
11) A.Menne: Einführung in die Logik, München 1966;
12) H.Röpke: Basic Problems of Logic in Drug Investigations, Meth.Inform.Med. 13, 248-252 (1974);
13) E.Hartmann, H.Röpke: Die Verkennung des kontrollierten klinischen Versuchs, Münch.med.Wschr. 123, 1087-1098 (1981);
14) H.Röpke: Zum Problem: Risiken durch Chemie, Chem.Ind. 33, 616-620 (1981);
15) E.Garfield: Citation Indexing for Studying Science, Nature 227, 669-671 (1970);
16) H.Röpke: Ausbildung und Berufwirklichkeit des Analytischen Chemikers, Fresenius Z.Anal.Chemie 291, 337-339 (1978).

***

Über die Bildung nicht-anschaulicher Begriffe
Überlegungen zur Logik des "dialektischen Schlusses"

Hans Sachsse, Wiesbaden

1. Problemstellung

Gibt es einen dialektischen Schluß? Auf das Gegenteil schlechthin kann man nicht schließen, da das Gegenteil alles Beliebige umfaßt. "Tische" ist ein klarer Begriff, "Nicht-Tische" bedeutet die Unendlichkeit, alles nur Denkbare, bloß mit Ausnahme der Tische. Wenn der Schluß einen Sinn haben soll, muß er zu einem abgegrenzten, eingeschränkten Bereich des Gegenteiligen führen. Man muß offenbar in einer bestimmten Weise oder Richtung negieren, damit die Negation zu einem Ergebnis führt. So sagt Engels: "Jede Art von Dingen hat also ihre eigentümliche Art, so negiert zu werden, daß eine Entwicklung dabei herauskommt." (Engels, Anti-Dühring, Dietz, Berlin, 1960, S.174). Aber wie findet man die richtige Art der Negation? Engels meint, richtig sei negiert, wenn die Negation der Negation die Negation wieder aufhebe. Aber damit mache ich den Negationsakt nur rückgängig, ohne das Negierte näher zu bestimmen. Negierte Nicht-Tische werden wieder zu Tischen, aber was Nicht-Tische sein sollen, bleibt offen.

Trotzdem gibt es aber Gegensätze, die in enger Beziehung zueinander stehen, so der Gegensatz von Jugend und Alter, der sehr verschiedene begriffliche Ausprägungen erhalten kann oder das Gegenüber von Meinungen und Überzeugungen, die sich gegenseitig hervorrufen und aneinander steigern, so daß man von Eskalation spricht. Auch wenn ich mich auf etwas besinne, springt die Überlegung häufig zwischen Gegensätzen, die aber in enger Beziehung zueinander stehen und sich oft auch provozieren. Unsere Frage lautet: Was ist das Gemeinsame solcher Gegensätze. Um schließen zu können, braucht man einen Leitfaden.

Zunächst läßt sich sofort sagen: Es ist nicht die Anschauung, die zum Gegenteil hinüber leitet. Unser logisches Denken ist weitgehend von der Anschauung geführt. Die abstrakten Begriffe entstammen der Anschauung. Die Abstraktion hebt gewisse Merkmale der Anschauung, auf die es im Zusammenhang besonders ankommt, hervor und vernachlässigt andere. So ergeben sich die idealisierten und extrapolierten Elemente der Anschauung, aus deren Kombinationen wir unsere Theorien aufbauen. In dem Sinn sind auch die abstraktesten physikalischen Begriffe noch Kinder der Anschauung. Man kann noch fragen, ob es nicht mathematische Begriffe gibt, die völlig von der Anschauung abgelöst sind. Nun kann man den Begriff der Anschauung enger und weiter fassen. Manche Menschen können noch mit Anschaulichkeit operieren, wo andere von ihrem Vorstellungsvermögen im Stich gelassen werden. Die Anschauung läßt sich schulen. Eine negative Größe läßt sich vorstellen als das Entfernen einer positiven, mit n-dimensionalen Räumen kann man hantieren in Analogie zu den dreidimensionalen, die imaginären Zahlen entstehen durch eine Rückwärtsoperation, durch ein Wurzelziehen aus reellen Zahlen. Selbst bei hochabstrakten mathematischen Konstruktionen sind es doch wohl immer aus der anschaulichen Wirklichkeit abgeleitete Elemente, die zur Konstruktion verwendet werden. Praktisch stammen all unsere Begriffe aus der Anschauung, die Anschauung ist der Stoff, und die Begriffe sind verarbeitete Anschauung.

Bei dem, was dialektischen Gegensätzen gemeinsam ist, ist das aber nicht der Fall. Der Gegensatz verneint gerade die anschauliche Kategorie. Ein einfaches Beispiel sind die komplementären Farben, rot ist gerade nicht grün. Es gibt auch keine rot-grüne Mischfarbe, kein Rot mit grünlichem Ton, sondern Rot und Grün zusammen geben überhaupt keine Farbe, sondern Weiß. Interessanterweise provozieren sich diese Gegensätze. Werden Zellen der Netzhaut im Auge von rotem Licht getroffen, so werden die Nachbarzellen mit umgekehrten Vorzeichen gereizt, so funktioniert die physiologische Schaltung, man nennt das laterale Inhibition. Der Erfolg ist, daß in einem Phantomeffekt ein rotes Feld eine grüne Kante bekommt. Rot und Grün bilden sozusagen eine Ganzheit, die aus Gegensätzen besteht. Das Auge hat aufgrund seiner physiologischen Steuerung eine Tendenz zu solcher Ganzheit und schafft sie mit dem Phantomeffekt, wo sie nicht vorhanden ist.

Wir wollen solche Gegensätze, die sich gegenseitig ausschließen, ergänzen, bedingen und steigern als komplementäre Gegensätze bezeichnen. Mit dem Begriff der Komplementarität haben wir jetzt auch eine einschränkende Bedingung erfaßt, die aus der großen Klasse aller Gegensätze diejenige Unterklasse herausgreift, die für das dialektische Denken maßgeblich ist. Vergegenwärtigen wir uns diese Verhältnisse noch einmal bei den Farben. Zu jedem Farbton gibt es nur einen komplementären. So ist z.B. Rot und Blau keineswegs komplementär. Die Mischung beider Farben gibt nicht Weiß, sondern Violett. Ob sich Farben in der Tat komplementär zu Weiß ergänzen, kann man sehr einfach prüfen, indem man sie in einem Farbkreis einander gegenüberstellt und diesen Farbkreis dreht. Sind die Farben komplementär, so verschwindet der Farbton, wenn die Farben durch die Rotation miteinander verschmelzen, und es bleibt nur das Grau des Untergrunds übrig.

Unsere Frage lautet nun: Wie findet man komplementäre Gegensätze, kann man von einem Sachverhalt auf sein komplementäres Gegenteil schließen, wie findet man Grün, wenn man Rot hat? Ein Rückgriff auf die Elemente der Anschauung, der im allgemeinen das kreative Denken leitet, hilft hier nicht weiter, da der Gegensatz gerade die Anschauung ausschließt. Wir könnten logisch vorgehen, wenn wir für das Gemeinsame, für die Beziehung der dialektischen Gegensätze untereinander Begriffe hätten. Aber gibt es überhaupt nicht-anschauliche Begriffe, Begriffe, die den Rückgriff auf die Anschauung ausdrücklich verneinen? Bei den Farben hilft uns die physiologische Schaltung des Auges, die den Gegensatz provoziert und sichtbar macht. Wir wollen daher zunächst die physiologischen Schaltungen und den Steuerungsmechanismus noch allgemeiner und genauer in bezug auf die Komplementarität befragen.

2. Die physiologischen Grundlagen der bipolaren Steuerung

Hier geht es um die naturwissenschaftlichen Grundlagen von Informationsempfang und Informationsverarbeitung. Beginnen wir mit einem einfachen Beispiel, mit der Empfindung der Wärme und der Kälte. An der Körperoberfläche sitzen Fühler, das sind Nervenzellen, Rezeptoren, die in Abhängigkeit von der Temperatur erregt werden und diese Erreger in Form von elektrischen Impulsen durch die Nervenfasern zu einem Zentrum in der Hypophyse leiten. Nun gibt es bemerkenswerterweise sowohl ein Zentrum für das Wärmegefühl wie eines für das Kältegefühl, und auch bei den Rezeptoren handelt es sich entweder um Wärme- oder Kälterezeptoren. Die beiden Gruppen arbeiten physiologisch verschieden: die Kälterezeptoren steigern mit fallender Temperatur ab 40° ihre Erregungsfrequenz, und die Wärmerezeptoren steigern umgekehrt ihre Frequenz mit steigender Temperatur. Wesentlich bei dieser Schaltung ist, daß zur Erhaltung des Gleichgewichts zwei Zentren, zwei Pole mit einem ganzen System von Fühlern und Informationsleitungen gegeneinander geschaltet sind, man spricht daher von bipolarer Schaltung. Die Kälte ist nicht nur ein Mangel an Wärme, sondern verfügt auch über eine eigene Qualität, der auch ein eigenes Organsystem zur Registrierung zugeordnet ist. (Sachsse, Einführung in die Kybernetik, Hamburg, 1974, S.217 ff.).

Diese Bipolarität ist nun nicht auf die Temperaturwahrnehmung beschränkt, sondern ist vielmehr ein allgemeines

Merkmal aller organismischen Steuerungen. Ein wichtiges Beispiel ist der Blutzuckerspiegel. Der Zucker im Blut ist der Nähr- und Brennstoff für den Umsatz im Gewebe und für die Leistung der Muskeln, dessen Verbrauch durch wechselnde interne und externe Prozesse wie Aufrechterhalten der Körpereigentemperatur, Verdauungstätigkeit und körperliche Arbeit bestimmt ist. Produziert wird er in der Leber, und um die Nachlieferung dem wechselnden Bedarf anzupassen, sind eine Reihe von gegeneinander geschalteten Hormonen tätig, darunter das bekannte Insulin, die von zwei gegengeschalteten Zentren gesteuert werden. Wie der Blutzucker wird auch der Blutdruck bipolar gesteuert, man spricht von Blutdruckzüglern, und letztlich hängen alle Regelgrößen im Organismus, die Spannung in den Gefäßen, die Durchblutung, der Herzschlag von zwei gegeneinander geschalteten Nervensystemen ab, die man als Antagonisten bezeichnet oder auch als das sympathische und das parasympathische System.

Man wird fragen, warum in der Natur ein derart kompliziertes Schaltsystem herausgezüchtet worden ist, bei dem die Fühler, die Informationsleitungen und Zentralen doppelt ausgelegt sind, bei unseren technischen Systemen haben wir nur ein Steuerungszentrum mit seinem Zubehör. Bei einer Gebäudeheizung stellt man den Sollwert ein, wird er unterschritten, wird mehr, wird er überschritten, wird weniger geheizt. Warum ein eigenes System auf jeder Seite des Gleichgewichtes? Eine solche Verkomplizierung muß bestimmte naturwissenschaftliche Gründe, muß bestimmte biologische Vorteile haben, sonst würde die Selektion sie nicht zulassen. Zwei Vorteile seien genannt.

1. Zwei Kräfte, die gegeneinander gespannt sind, halten das Gleichgewicht fester im Griff. Gibt es nur eine rücktreibende Kraft, so geht diese im Gleichgewicht asymptotisch gegen Null. Bei kleinen Abweichungen vom Gleichgewicht ist sie entsprechend klein wie bei einer Kugel, die sich am tiefsten Punkt in einer runden Schale befindet. Sind zwei

Kräfte gegeneinander gespannt, so steht wie zwischen straff gespannten Zügeln auch bei kleinen Abweichungen sofort eine große rücktreibende Kraft zur Verfügung.

2. Zum zweiten bietet die antagonistische, bipolare Steuerung den Vorteil, daß die Unterprogramme der beiden eigenständigen Steuersysteme verschieden ausgestaltet sein können. Daher können sie beim Pendeln um den Gleichgewichtszustand verschiedene Funktionen ausüben, können verschiedene Aufgaben erfüllen, und zwar Aufgaben, die sich in bezug auf den Gesamtorganismus ergänzen. Die biologische Steuerung macht von dieser Möglichkeit in weitem Umfang Gebrauch, die Antagonisten halten sich nicht nur das Gleichgewicht, sondern ergänzen sich auch im Sinne der Arbeitsteilung. Die Sympathikuserregung steigert die Bewußtseinshelligkeit, mobilisiert Herz, Kreislauf und sinnliche Wahrnehmung, Blutdruck und Blutzucker werden erhöht, die Depots in der Leber abgebaut, die Wärmeabgabe nach außen gedrosselt und der gesamte Organismus wird unter Inanspruchnahme der Reserven auf Leistung gebracht. Man nennt das die der Arbeit zugewendete, die ergotrope Phase. Was bei der Sympathikuserregung verbraucht wird, wird während der parasympathischen Phase herbeigeschafft und aufgebaut. Das Herz schlägt im Schongang, das aktivitätssteigernde Hormon Adrenalin wird abgebaut und der Organismus gleitet in einen Dämmerzustand der Restitution und des pflanzlichen Wachstums. Das ist die der Ernährung zugewendete trophotrope Phase. Da die Antagonisten sich in dieser Form ergänzen, nennt man sie auch Synergisten.

Diese Form der Ergänzung ist speziell auf die biologischen Verhältnisse zugeschnitten. Im Vergleich zu den technischen Systemen steht der Organismus in einer kaum übersehbaren Mannigfaltigkeit. Aber er braucht nicht alles gleichzeitig zu können, es geht nur darum, daß er überhaupt zu Höchstleistungen fähig ist. Die synergistische Ergänzung der Antagonisten gestattet nun die Arbeitsteiligkeit in der Zeit, gestattet im Pendelprozeß die Höchstleistung auf Kosten der Dauerleistung. Diesem Umstand verdankt der Rhythmus in den biologischen Systemen seine breite und außerordentliche Bedeutung, so beim Herzschlag, bei der Atmung, beim Wachen und Schlafen. Die Synergisten haben auch die Eigenschaft, sich gegenseitig zu provozieren und zu steigern, vom Schlafen wird man wach und vom Wachsein schläfrig. Bei der Gesamtsteuerung der Organismen handelt es sich um ein vielfältig kompliziertes Wirkungsgefüge, das in allen Einzelheiten gegeneinander und aufeinander abgestimmt ist, so daß in Ergänzung die eine Seite die andere hervorruft und steigert. Wir stellen fest, daß sich dieser physiologische Antagonismus naturgesetzlich im Gang der Evolution entwickelt hat, weil er biologische Überlegenheit liefert, daß er aber auch alle Merkmale der Komplementarität, des dialektischen Denkens trägt. Wir fragen nun: Wie weit kommen uns diese physiologischen Mechanismen zum Bewußtsein?

Hier ist zu bedenken, daß Informationsverarbeitung immer Bewertung ist. Verstanden haben wir eine Information, wenn wir ihre Bedeutung erfaßt haben, und was sie für uns bedeutet, ist ihr Wert für uns. Bipolarität bedeutet nun Bewertung nach entgegengesetzten Maßstäben. Wenn das Kältezentrum eine Information empfängt, ordnet es der gleichen Erregungsintensität die umgekehrte Bedeutung zu wie das Wärmezentrum. Mit der Erregung des Sättigungszentrums verliert die Nahrung ihren Wert, während das Appetitzentrum den Wert der Nahrung steigert. Nun ist es überraschend, wie wenig uns der Wechsel der Werte zum Bewußtsein kommt. An den alternativen Gang des alltäglichen Lebens haben wir uns gewöhnt. Aber auch unsere längerfristigen Wünsche, Interessen, Meinungen und Prinzipien stehen, obwohl das zumeist nicht bewußt ist, unter dem Einfluß der Hormone, die wörtlich die Antreiber heißen. Sie bestimmen die Affektivität und die Emotion, sie sind die Regulatoren der Triebe. Und nicht nur unsere materiellen Triebe, Nahrung, Sicherheit und Fortpflanzung hängen von ihnen ab, sondern auch die geistigen Triebe, das, was uns rührt, bewegt und ergreift, auch die Liebe, auch die Hingabe ist von ihnen mitbestimmt. Hier soll keineswegs das geistige Leben des Menschen auf seine körperlichen Kräfte reduziert werden, und wir wollen hier auch nicht in eine ausführliche Körper-Geist-Diskussion eintreten, hier geht es nur darum, den mitbestimmten Anteil des naturwissenschaftlich Faßbaren auf das Verhalten, der leicht verdrängt wird, gebührend zu berücksichtigen. Es ist keine Frage, daß ein Steuerungsprozeß, der unsere gesamte Physiologie beherrscht, unser geistiges Erleben mitbestimmt.

Trotzdem merken wir unmittelbar von den Gegensätzen der Schaltung ziemlich wenig. Der Grund ist, daß wir vornehmlich nur den Saldo der gegensätzlichen Tendenzen bewußt erleben und daß es der tieferen Reflexion bedarf, um zu erfahren, daß jede Liebe Haß und jeder Haß Liebe enthält. Wir erfahren nur den Saldo, da die ambivalenten Wurzeln des Verhaltens die Verhaltensstabilität erschüttern würden, da der Saldo das ist, was den Ausschlag gibt. Bei den meisten inneren Prozessen kommen uns nur die Resultate zum Bewußtsein. Wenn wir einen Apfel essen, erfahren wir auch nur, wie er schmeckt und wie er uns bekommen ist. Wir spüren nichts von seinem komplizierten Wege der Umsetzung im Körper. Und bei den Ideen und Einfällen, die wir haben, erleben wir auch nicht, wo sie herkommen, sondern letztlich "fallen sie uns eben ein". Indem wir primär nur den Saldo der unbewußten Gefühlsabwägung erfahren, wird dieser dominant und steht für das Ganze, so wie im demokratischen Wahlsystem auch der Saldo der Stimmzahlen über das Mandat entscheidet.

Allerdings fällt hier wie dort die Minderheit nicht ganz unter den Tisch, sie ist die Verhaltensreserve und kommt bei Stimmverschiebungen wieder ans Ruder. In der Geistesgeschichte können wir diesen Wandel der Werte regelmäßig verfolgen, sie stellt einen Pendelprozeß dar, gekennzeichnet von größeren und kleineren Umbrüchen. Bei der Wissenschaft ist der Wechsel des Paradigmas ein solcher Umbruch in der Verstehensweise, wie er sich letztlich jenseits einer logischen Brücke ereignet. Aber auch das Erleben des einzelnen ist reich an Beispielen für den Wechsel von Grundsätzen. Große geschichtsändernde Geistestaten gehören dazu. Die Bekehrung - man achte auf den ursprünglichen Sinn dieses Wortes - die Bekehrung der Heiligen berichtet darüber. Augustinus, Franziskus sind dabei zu anderen Menschen geworden, die Vision des Paulus auf dem Ritt nach Damaskus hat die Weltgeschichte verändert. Aber auch von den großen Ereignissen abgesehen weiß sich jeder daran zu erinnern, daß er in seinem Leben seine Verhaltensweisen geändert hat, daß er dazu gekommen ist, "die Dinge anders zu sehen", daß er stärkere oder schwächere innere Umbrüche erlebt hat, die sich jenseits der Logik vollzogen haben. Die indische Legende berichtet von einem Heiligen. Er stand in der Wüste, so tief in Meditation versunken, daß die Vögel in seiner Hand genistet haben. Dann kam er in eine Stadt und wurde zum Trinker.

Fassen wir zusammen: Mit der Entwicklung des Nervensystems hat die Evolution die bipolare Steuerung der Organismen aufgrund ihrer biologischen Vorteile herausgezüchtet. Die Bipolarität gestattet bessere Reservehaltung und eine Arbeitsteilung in der Zeit, die das Individuum gegenüber vielseitiger Beanspruchung resistenter macht und als Rhythmus im Bereich des Lebendigen vielfache Anwendung findet. Über die Affektivität kommt diese Steuerungsmethode als Ambivalenz zum Bewußtsein und zur Wirksamkeit. Das hat zur Folge, daß auch das menschliche Verhalten unter dem Begriff der Komplementarität zu verstehen ist und oftmals nicht den klassischen logischen Begriffen folgt. Kann es dann aber überhaupt Gegenstand wissenschaftlicher Untersuchung und Vorhersage sein?

3. Die Entitäten des polaren und dialektischen Denkens

Wir haben uns davon überzeugt, daß die dialektischen Gegensätze trotz anschaulicher Gegensätzlichkeit doch etwas Gemeinsames haben müssen, da sie zueinander passen. Die Gemeinsamkeit schränkt die Gegensätzlichkeit ein und trifft die Auswahl aus einer Unendlichkeit aller möglichen Gegensätze. Die Frage ist: Welche Entitäten sind das?

Daß es sie gibt, ist ältester Kulturbesitz. Mythen und Religionen zeugen davon. Apollon, der strahlende Gott mit den Pfeilen des Lichts sendet auch die Pest in das Lager der Griechen. Die Chinesen haben die Gegensätze, die sie überall wirken sahen, mit den Symbolen Yin und Yang bezeichnet, und in dem mythischen Orakel- und Andachtsbuch I Ging ist die Welt aufgebaut aus 64 Kombinationen von Yin und Yang. Die Gegenüberstellung von Gegensätzen, die Polarität ist das Thema vielfacher bildlicher Darstellungen in Asien. Aber wir brauchen nicht so weit zu suchen, unsere gesamte Romanliteratur schildert die gegensätzlichen Seiten von Gesinnungen, die in Umbrüchen alternativ hervortreten. Was hier in sorgfältigen Analysen des Denkens und Erlebens beschrieben wird, widerspricht der Arbeit der Philosophen, die das Universum als logisch geschlossenes System darstellen. Bei der Romanlektüre empfinden wir die Figuren, die sich eindeutig und logisch verhalten, die entweder nur gut oder nur böse sind, als konstruiert, als unnatürlich, als falsch. Der logische Bruch im Verhalten wird geradezu als Zeichen der Lebenswahrheit verstanden. Der Begriff des Tragischen, dem gegenüber die Philosophie fast hilflos ist, beherrscht die schöne Literatur, er bezeichnet geradezu den Bruch mit der Logik, die Tatsache, daß der Held scheitern muß, eben weil er gut ist. Der englische Physiker John Ziman schreibt in seinem Buch "Wie verläßlich ist wissenschaftliche Erkenntnis?" (Vieweg, Wiesbaden-Braunschweig, 1982): "Der Dichter artikuliert die universellen Elemente in unserem Gefühlsleben und lehrt uns über die Menschheit mehr als jede formale

Theorie." (S.151). Auf der Suche nach verläßlicher Erkenntnis über die Psychologie der Beziehungen zwischen den Geschlechtern empfiehlt er statt des Psychologiebuches die Lektüre von Anna Karenina oder Madame Bovary. Beruht nicht auch die vielbeklagte Differenz zwischen Theorie und Praxis darauf, daß Theorien logisch geschlossen sein müssen, daß die Praxis sich aber nicht an diese Regel hält?

Aber liegen hier wirklich Widersprüche vor oder werden sie nur vorgetäuscht? Die Logik ist die Lehre vom folgerichtigen Schließen, sie unterrichtet uns über die formalen Zusammenhänge, über die logischen Partikeln "und, oder, wenn-dann, nicht" und über andere Formalitäten mehr. Sie handelt von den Beziehungen der Begriffe, aber sie sagt nichts über den Inhalt der Begriffe aus. Daher ist sie auch formalisierbar. Eine Aussage $a \wedge b > a \rightarrow b$ gilt für alle Bedeutungen von a und b. Die Frage ist, ob nicht beim dialektischen Gegensatz der logische Widerspruch nur vorgetäuscht wird, weil wir dabei an hier nicht verwendbare Begriffe denken, nämlich an unsere gewohnten Begriffe, die von der Anschauung abstammen, die für den dialektischen Schluß aber gerade nicht entscheidend sind, weil sie im Übergang auf das Gegenteil der Anschauung nicht invariant bleiben. Müssen wir beim dialektischen Schließen nicht von diesen Begriffen gerade absehen, müssen wir nicht die Invarianten der komplementären Ergänzung finden, brauchen wir nicht neue, nicht-anschauliche Begriffe? Wir haben sie noch nicht, diese Begriffe, die angeben, was bei der komplementären Ergänzung konstant bleibt, wir kennen noch nicht die Gesetzmäßigkeit, nach der sich Komplementarität vollzieht.

Wie kann man solche Begriffe finden? Die Begriffe bedürfen der Erfahrung. Wir geben Erlebnissen, Sachverhalten, die für uns von Interesse sind, einen Namen. Unsere vertrauten Begriffe stammen in dieser Weise aus der Erfahrung der äußeren Sinne. Wenn wir uns unterhalten, weisen wir sozusagen auf die Gegenstände unserer Umgebung hin. Grün ist, wie das Gras aussieht, Hunger hat man, wenn man Nahrung will. Die abstrakten Begriffe sind ja Kinder der Anschauung, nur daß gewisse Merkmale vernachlässigt werden. So schreitet die Abstraktion zur Allgemeinheit fort: diese Katze, Katze überhaupt, Säugetier, Tier, Lebewesen, Sein. Das Zugrundeliegende ist immer das sinnlich Wahrnehmbare, das Materielle.

Die Komplementarität lernen wir ebenfalls an der Erfahrung kennen, der intuitive Umgang mit der Polarität beweist das. Aber wir können nicht in der gleichen Weise davon Begriffe bilden wie vom sinnlich Wahrnehmbaren, weil es uns nicht so vor Augen steht. Da sich die Elemente in der Anschauung ausschließen, können wir sie nicht gleichzeitig, nicht nebeneinander sehen, sondern nur hintereinander ermitteln, und auch sehen wir sie nicht als Eigenschaften von Gegenständen, sondern erfahren sie als Verhalten. Das macht diese Betrachtungsweise schwierig und ungenau, und obwohl sie altes Erkenntnisgut ist, ist sie doch vom wissenschaftlichen Denken, das mit den aus der Anschauung stammenden Begriffen hantiert, in den religiösen Bereich abgedrängt worden. Auf der anderen Seite muß man doch annehmen, daß es Gesetze gibt, die das Verhältnis der Gegensätze zueinander regeln, schon die Physiologie zeigt, daß die Gegensätze haargenau zueinander passen, indem sie als Synergisten wirksam sind. Und hier zeigt sich, daß die Dialektik ein Korrelat in den Körperfunktionen hat.

Auch müssen es scharfe Gesetze sein, die nur eine enge Auswahl zulassen. Schon bei den Farben hatte sich gezeigt, daß es zu jedem Farbton aus dem großen Reich der Farben nur einen einzigen komplementären Ton gibt. Ebenso gibt es zu jeder Thesis nur eine einzige Antithesis. Aus der Unendlichkeit der Gegensätze ist nur ein ganz bestimmter Gegensatz der dialektisch passende, der Ergänzung und Steigerung bringt. Zu jedem Verhalten gibt es viele Alternativen, aber nur eine ist die richtige Alternative, die wirklich ergänzt. Mit dem Begriff der Dialektik ist viel Mißbrauch getrieben worden, indem man die strenge Auswahl unter den Gegenständen nicht beachtet hat und jeden Gegensatz schlechthin als weiterführende Wahrheit verstanden hat. Solches Vorgehen ist unsinnig, da sich damit Beliebiges beweisen läßt, weil es zu jeder Aussage beliebig viele Gegensätze gibt.

Aber wie den richtigen Gegensatz finden? Eine abschließende Antwort ist zur Zeit unmöglich. Wir haben noch nicht den richtigen Namen gefunden für das, was wir suchen. Wir müssen uns wohl darauf beschränken, die Richtungen anzugeben, in denen zu suchen ist. Wir müssen jenseits unserer wissenschaftlichen Begriffe suchen, die von der sinnlich wahrnehmbaren Gegenstandswelt abgeleitet sind. Wir müssen nach Begriffen suchen, die zu dem Jeweiligen die Ergänzung, die Kompensation darstellen. Und wir können versuchen, gerade durch intensive einseitige Bemühung den Umschlag ins Gegenteil zu erreichen, da sich die Gegensätze provozieren. Allerdings muß man, um nicht in einer Sackgasse zu landen, bei der Einseitigkeit für den Umschlag offen bleiben. Aber je intensiver man die rote Farbe betrachtet, um so leichter sieht man den grünen Saum an der Grenze der Farbfläche, und es ist auch eine alte Erfahrung, daß die richtige intensive Arbeit die beste Gewähr für den gesunden Schlaf ist. Hätten wir die gemeinsamen Merkmale, die dem Schluß auf das jeweilige spezielle Gegenteil zugrunde liegen, so würde mit diesen Begriffen wohl auch der dialektische Schluß auf das anschauliche Gegenteil als logische Operation durchführbar sein. Derart übergeordnete logische Begriffe zu finden ist erwünscht, da eine große Spannung zwischen dem Umbruch der Wertmaßstäbe und der Forderung nach logischer Einheitlichkeit des Verhaltens besteht.

Daß diese Spannung uns nicht noch viel brutaler zum Bewußtsein kommt, liegt zum Teil auch wohl daran, daß das Problem im Rahmen der Naturwissenschaften nicht existiert, es tritt erst bei Systemen auf, die so hoch organisiert sind, daß sie über eine bipolare Steuerung verfügen. Die Naturwissenschaft hat es zu außerordentlichen Erfolgen gebracht und ist daher zu einem allgemeinen Vorbild geworden. Jedoch ist auch die Naturwissenschaft in der Mikrophysik sehr charakteristisch auf den Begriff der Komplementarität gestoßen. Bei der Beobachtung der Elementarprozesse sieht der Mensch nicht mehr von oben in die Dinge hinein, sozusagen mit dem Auge Gottes, sondern wird bei der Beobachtung zum Mitspieler der Prozesse, er tritt in Wechselwirkung, wobei das Ergebnis, ob Welle oder Korpuskel, von seiner Beobachtungsmethode abhängt. Die Antwort der Natur hängt von der Fragemethode ab und führt, je wie gefragt wird, zu entgegengesetzten Vorstellungen. Das bedeutet, daß die gewonnenen Antworten nicht mehr wie in früherem Sinne Aussagen über die Natur an sich sind, sondern Aussagen über die Wechselwirkung von Natur und Mensch, so daß wir in diesem Bereich der kleinen Dimensionen auch in der Naturwissenschaft auf das Phänomen der Komplementarität stoßen. Niels Bohr hat daher hier den Begriff der Komplementarität in die Physik eingeführt und darauf Wert gelegt, daß die beiden Bilder, Welle und Korpuskel, sich gegenseitig ausschließen, sich aber zur Gesamtheit unserer Erfahrung von dem Objekt ergänzen.

In der weiteren Entwicklung der Quantenmechanik hat man die Schwierigkeit, die sich aus der Unbestimmtheit der Komplementarität ergibt, eliminiert, indem man eine mathematische Darstellung geschaffen hat, bei der statistisch gemittelt ist, so daß sich die Eigenheiten des Einzelfalles herausheben. Die Naturwissenschaft ist in der günstigen Lage, daß ihre Gesetze sich auf das Verhalten großer Mengen von gleichartigen Teilen, von Atomen, Molekülen und Elementarteilchen beziehen, so daß man durch Mittelwertbildung und Statistik zu exakten Gesetzen kommt. Das Privatverhalten der Einzelprozesse wird damit ausgegliedert.

Daß die Wissenschaften vom Menschen und von der Gesellschaft nicht zu so exakten Resultaten führen, ist eine alte Erfahrung, und man hat sich daher bemüht, gemäß dem Vorbild der Naturwissenschaften durch experimentelle Methoden und statistische Behandlung der Resultate die Exaktheit der Aussagen zu verbessern. Es ist nicht einfach mit psychologischen Prüfungen und Testen und mit sozialen Statistiken auf eine ähnliche Exaktheit zu kommen wie mit naturwissenschaftlichen Messungen, da niemals ähnlich große homologe Mengen, frei von systematischen Einflüssen für die Statistik zur Verfügung stehen. Trotzdem haben die Forschungen zu bemerkenswerten Strukturen menschlichen Verhaltens geführt. Aber ihnen ist ein grundsätzlicher Mangel eigen: Sie liefern nur Durchschnittswerte von Gruppen, aber keine Aussagen über den Einzelfall. Doch anders als bei den Naturwissenschaften sind im menschlichen Leben die Einzelentscheidungen oft von größtem Einfluß. Die statistische Methode gliedert gerade das aus, was von existentiellem Interesse ist.

Das Fehlen von Oberbegriffen, die über den durch die Anschauung bedingten Gegensätzen stehen, ist das große Problem der Ethik. Einerseits suchen wir kodifizierbare Vorschriften für das menschliche Verhalten, andererseits ist der Kampf gegen die Worte - und das sind die der Anschauung entstammenden Begriffe - uralt. Die Vorschrift "Du sollst Dir kein geschnitztes Bild machen" bezieht sich nicht nur auf die anschaulichen Darstellungen, sondern auch auf die Vorstellungen davon. Das Problem des Bilderstreites gibt es nicht nur im Christentum. Jesus spricht zum Teil in paradoxen Gleichnissen, "Du gebrauchst harte Worte", sagen seine Jünger. Auch Buddhas Anweisungen sind gleichnishaft und paradox. Der Kampf gegen das Wort spielt in der gesamten religiösen Tradition eine bedeutende Rolle. Offenbar ist unsere gewohnte Sprache, die für die naturwissenschaftliche Erkenntnis so gut brauchbar ist, gar nicht in der Lage, ethische Regeln adäquat auszudrücken. Die Ethik verlangt nach Begriffen, die einerseits über den gegensätzlichen Bewertungen der Komplementarität stehen, andererseits den Gegensatz durch das Gesetz von der Ergänzung derart einschränken, daß nicht Beliebiges erlaubt ist, sie verlangt nach einem Maßstab für die Toleranz, der ebenso die Toleranz fordert als auch die Tolerierbarkeit begrenzt.

In China ist das Gefühl für die Polarität des menschlichen Charakters lebendiger. Begonnen mit dem I Ging hat die religiöse und philosophische Literatur viele Bilder solcher Gegensätzlichkeiten entworfen. Auch das Come back mancher Politiker läßt sich verstehen, wenn man sich vergegenwärtigt, daß Chinesen und Japaner nicht mit der gleichen Strenge wie wir auf die logische Geschlossenheit des Verhaltens achten, aber doch den inneren Umschlag einer Meinung sehr wohl vom Opportunismus zu unterscheiden wissen. Sie haben offenbar in einer sehr langen geschichtlichen Übung einen Sinn für die zulässigen Grenzen gegensätzlichen Verhaltens erworben, eben für Verhaltenseigenschaften, die gewisse, aber doch nicht beliebige Widerspruche zulassen. Während unsere gewohnten klassischen Begriffe aus der äußeren Erfahrung der Umwelt abgeleitet sind, liegt dem chinesischen Denken mehr das innere Erleben von Gefühlsambivalenzen zugrunde. Daher ist die Polarität für sie eine geläufige Erfahrung. Sie haben einen intuitiven Sinn für die Einheit und den Zusammenhang von Gegensätzen entwickelt, haben allerdings auch nicht das Gemeinsame der Gegensätze auf den Begriff gebracht. Doch daß es das Gemeinsame gibt, daß es Gesetze gibt, die die Gegensätze verbinden, ist eine sehr naheliegende Hypothese, wenn man bedenkt, in welcher Feineinstellung die physiologischen Antagonismen und Synergismen aufeinander eingepaßt sind und wie sie bis in die bewußte Affektivität wirksam sind. Auch wenn wir vom Begriff einer freien Willensentscheidung ausgehen, müssen wir doch annehmen, daß es für die Freiheit allgemeine naturhafte Grenzbedingungen und Regeln gibt.

Seit der Renaissance hat sich das abendländische Denken mit großem Erfolg mit den Phänomenen der äußeren Erfahrung befaßt und die hierbei gewonnenen Methoden und Begriffe auch auf die Geistesgeschichte angewendet. So ist es zu dem cultural lag gekommen, zu dem Rückstand des Wissens vom Menschen im Vergleich zu naturwissenschaftlichen Erkenntnissen. Die Wissenschaft von den Werten, die ja für das menschliche Verhalten maßgebend sind, ist dabei in arge Unordnung geraten. Inzwischen ist nun der wissenschaftlich-technische Fortschritt so weit gediehen, daß die Grundlagen unserer Lebensverhältnisse neben der Naturerkenntnis immer stärker von menschlichen Entscheidungen abhängen. Das bedeutet, daß der Mensch sich selbst begegnet, daß der Fortgang des Lebens von menschlichem Wollen und Handeln bestimmt wird. Es ist daher hohe Zeit, alles zu tun, um den Rückstand in der Erkenntnis des Menschen aufzuholen. Das Problem der Bewältigung der Technik, das heute alle Gemüter bewegt, wird der Mensch nur in den Griff bekommen, wenn es ihm gelingt, das Gleichgewicht zwischen Sachwissen und Wertewissen wiederherzustellen, wenn er sich selbst besser kennen lernt. Die hier vorgelegten Betrachtungen mögen Anregungen sein, um zu einer vertieften Selbsterkenntnis der menschlichen Natur zu kommen.

***

Erkenntnisstruktur und Bewußtsein[1)]

W.Seelig, München

Über die "Kritik der Urteilskraft"[2)] (Kant) und
"Die Dynamik des Unbewußten"[3)] (C.G.Jung)

Jede Kenntnis der Wirklichkeit beruht auf Erfahrung. Nur was wir erfahren, bildet die Erkenntnis der Wirklichkeit unserer Welt. Deshalb beginnt Kant die Einleitung seiner Kritik der reinen Vernunft mit dem Satz: "Daß alle unsere Erkenntnis mit der Erfahrung anfange, daran ist gar kein Zweifel."[4)] Es ist also nicht möglich, "...die menschliche Erkenntnis über alle Grenzen möglicher Erfahrung hinaus zu erweitern, ..."[5)] Wobei eben diese Erfahrung den Erkenntnis-Prinzipien unseres Verstandes als Bedingung der Möglichkeit der Erfahrung überhaupt folgen muß. Kant basiert deshalb seine Kritik der Urteilskraft auf dem Ergebnis der Kritik der reinen Vernunft, "...daß die gesamte Natur, als der Inbegriff aller Gegenstände der Erfahrung, ein System nach ... Gesetzen ... die der Verstand selbst a priori gibt ... ausmache. Eben darum muß auch die Erfahrung ... ein System ... empirischer Erkenntnisse ..."[6)] bilden.

Die erfahrenen Gesetze der Natur ergeben sich also aus dem a priori des Verstandes, als Erkenntnis-Struktur der Vernunft, die gegeben sein muß, um Erfahrung überhaupt machen zu können, denn das Machen der Erfahrung erfordert bereits eine a priorischen Formen folgende Verarbeitung. Wir erkennen die Dinge, weil sie der Form und der Art und Weise nach erst in ihrer Erfahrung im erkennenden Menschen entstehen.

Als "Prinzipien der Erkenntnis a priori"[7)] nennt Kant Raum und Zeit. Raum und Zeit bilden also das Schema, mit dem wir unsere Erfahrungen ordnen. Kant definiert dies so: "Der Raum ist nichts anderes, als nur die <u>Form aller Erscheinungen...</u>, d.i. die subjektive Bedingung der Sinnlichkeit, unter der allein uns äußere Anschauung möglich ist."[8] Und: "Die Zeit ist die formale Bedingung a priori aller Erscheinungen überhaupt."[9] Raum und Zeit sind also die Form und die formale Bedingung aller Erscheinungen, aber gehören nicht dem "Ding an sich" an. Wie Kant mit seinen vier kosmologischen Antinomien der reinen Vernunft[10] darlegt, können Raum und Zeit nicht Formen des Dings an sich sein, da sie jeweils in sich zu unauflöslichen gegensätzlichen Thesen führen. Darüberhinaus zeigen aber auch die genannten Definitionen von Raum und Zeit, daß sie als Form und als formale Bedingung in der Beschreibung der Erscheinungen als entweder räumlich oder zeitlich auch jeweils wechselseitig in Antinomie zueinander stehen, was die durchgehende Polarität in allen Beschreibungen der Wirklichkeit ergibt, wie ich in "Wille und Polarität"[11] herausgearbeitet habe. In der vollständigen Beschreibung der Natur stehen also die räumliche Anschauungsform und die zeitliche Denkart im sich wechselseitig ausschließendem Gegensatz zueinander, sind aber auch dadurch in dieser Beschreibung miteinander verbunden.

Kant sieht die Verbindung von Raum und Zeit in dem Begriff "... der Bewegung, welcher beide Stücke vereiniget ..."[12] Dabei sind also Raum und Zeit ins Verhältnis gesetzt. Dieses Raum/Zeit-Verhältnis ergibt die Geschwindigkeit einer Bewegung, also Raum pro Zeit; z.B. Kilometer pro Stunde. Mit diesem Verhältnis vom Raum zur Zeit beschreibt Kant jede Erkenntnis als Anschauung, also räumlich, denn jede Anschauung erscheint räumlich. Diese Beschreibungsweise des Angeschauten durch die Verhältnis-(Relations-) Setzung von Raum pro Zeit, entspricht auch derjenigen der Relativitätstheorie, die ja auch von einem Raum pro Zeit-Verhältnis ausgeht, also von Geschwindigkeitsmessungen von Bewegungen. Die Relativitätstheorie ist ja nicht eigentlich eine Beschreibung in Raum und Zeit, sondern beschreibt die Zeit als "vierte Dimension" mit Hilfe einer Geschwindigkeit, - der Lichtgeschwindigkeit, - also räumlich,[13] (was irrtümlicherweise auch allgemein geschieht;

eine Dimension ist eben ein Parameter des Raumes!) und Zeit ist doch eben gerade nicht Raum. Die Zeit wird also in der Relativitätstheorie und in der Beschreibung des Angeschauten nicht originär beschrieben, sondern nur durch ihre räumliche Entsprechung ausgedrückt. Da aber das Raum-Zeit-a priori weder Raum noch Zeit voreinander bevorzugt, so muß auch das umgekehrte Verhältnis in der Beschreibung der Natur, also Zeit pro Raum, zulässig bzw. gegeben sein. So unterscheidet Kant in der Beschreibung der Natur, als "... Inbegriff aller Dinge, sofern sie Gegenstand unserer Sinne, mithin auch der Erfahrung sein können, ..."[14] nach zwei Hauptteilen. Danach hat die Natur "... nach der Hauptverschiedenheit unserer Sinne, zwei Hauptteile, deren der eine die Gegenstände äußerer, der andere den Gegenstand des inneren Sinnes enthält, mithin ist von ihr eine zwiefache Naturlehre, die Körperlehre und Seelenlehre möglich, wovon die erste die ausgedehnte, die zweite die denkende Natur in Erwägung zieht."[14] Kant bezeichnet also bereits die ausgedehnte äußere Natur, die res extensa, als Körperlehre, was wir heute, meine ich, mit der Physik erfassen, und unterscheidet diese damit von der denkenden, inneren Natur, der res cogitans, welche auch bereits Kant mit der Seelenlehre identifiziert, also mit dem was wir heute Wissenschaft von der Psyche nennen.

Diese klare Zuordnung und Unterscheidung ist m.E. bis heute nicht voll verstanden worden. Ich meine, daß die "ausgedehnte Natur" Kants dasjenige der äußeren Wirkungen ist, mit der wir die materielle Welt erfahren und wie wir sie heute entsprechend dem Raum-Zeit-a priori unserer Erkenntnisstruktur in den Modellen der Physik in Ausbreitung (räumlich), Ablauf (zeitlich), Verhältnis (relativ) und als Widerspruch (komplementär) beschreiben, und daß die "denkende Natur" aber diejenige der inneren Wirkungen ist, mit der wir die Inhalte der Psyche erfahren, wie wir sie ebenfalls entsprechend dem Raum-Zeit-a priori als ins Bewußtsein tretende Vorstellungen der Psyche in der Tiefenpsychologie darstellen, nämlich als Bilder (räumlich), Entwicklung (zeitlich),Bezug (relativ) und in ihrem Gegensatz (polar).

Für die "äussere" Natur bedient sich Kant nur der Raum/Zeit-Beschreibung, und zwar auch als Verhältnis von Raum und Zeit wie sie sich als Bewegung darstellt: "Die Grundbestimmung eines Etwas, das ein Gegenstand äußerer Sinne sein soll, mußte Bewegung sein; denn dadurch allein können diese Sinne affiziert werden. Auf diese führt auch der Verstand alle übrigen Prädikate der Materie, die zu ihrer Natur gehören, zurück, und so ist die Naturwissenschaft durchgängig eine entweder reine oder angewandte Bewegungslehre."[15] Damit ist auch ausdrücklich, - wenn auch indirekt, - gesagt, daß die äussere Natur durch die a priori Raum und Zeit beschrieben wird, aber eben nur durch das Verhältnis von Raum zu Zeit und nicht umgekehrt, Zeit zu Raum! Das Wesen der äusseren Natur ist so nach Kant das, was ich Ausbreitung (Bewegung) nenne. (Ausdehnung des Raumes im Ablauf der Zeit.)[16]

Und was ist dann das Wesen der inneren Natur, also des "anderen" Natur-Teiles? Hierfür zieht Kant die zeitliche Beschreibungsweise heran: "... die reine innere Anschauung, in welcher die Seelen-Erscheinungen konstruiert werden..., ist die Zeit, die nur eine Dimension hat."[17] Kant bezeichnet in diesem Zitat zwar die Zeit auch als "Dimension", er hat aber ansonsten die Zeit durchaus originär beschrieben, eigenständig neben dem Raum definiert, und die Zeit der "inneren" Natur zugewiesen, der Seelenlehre, so wie der Raum zur "äußeren" Natur gehört. So wie sich die beiden auf dem Boden des Raum-Zeit-a priori stehenden möglichen Beschreibungsweisen der Natur gegenüberstehen, also Raum/Zeit und Zeit/Raum bzw. räumlich und zeitlich, so beschreiben analog auch die Körperlehre und die Seelenlehre, - also Physik und Tiefenpsychologie, - gegensätzlich, aber sich wechselseitig bedingend zur Gänze die Natur. Wenn dies so ist, ergibt sich, daß so wie das "Ding an sich" der äußeren Natur erst durch die Raum-Zeit-Struktur unserer Erkenntnisfähigkeit sich als Materie manifestiert, sich dann die "Psyche an sich" auch erst durch die Raum-Zeit-Struktur bewußt macht, und zwar in den bildhaften Vorstellungen unseres Innern. Dies sagt, daß dann also die Psyche "an sich" raumzeitlos ist, so wie auch das "Ding an sich", und daß es sich eben sowohl beim "Ding an sich", als auch bei der jetzt von mir so bezeichneten "Psyche an sich" um die beiden antinomisch möglichen Bezeichnungsweisen des einen einheitlichen und unstrukturierten "Seins an und für sich" handelt, das sich für unser Bewußtsein einerseits in Bildern der Psyche darstellt und andererseits in Modellen der Physik beschrieben wird.

Zur Erkenntnis der Welt fragen wir also einerseits wie sie raum/zeitlich, - also in der räumlichen Beschreibungsweise, - geformt bzw. gestaltet ist, wie sie "angeschaut" wird, wie Kant sagt, wie die Bewegungen ablaufen, wobei dieses eine kausalistische Betrachtungsweise von Ursache und Wirkung einer Bewegung, aus der Vergangenheit heraus ergibt, und wir fragen andererseits, was denn zeitlich, - also in der zeit/räumlichen Beschreibungsweise, - sich verändert und entwickelt, was denn "verstanden" werden kann unter dem Zweck (Kant) der ständigen Änderungen des in der Gegenwart gegebenen, was so die Frage nach dem Sinn (C.G. Jung) und dem in der Zukunft liegenden Ziel dieser Entwicklung aufwirft. Wir erfassen und beschreiben also die Vergangenheit kausal, Naturgesetzen folgend, - und Vergangenheit ist immer logisch-kausal, - und wir ahnen-wünschenwollen die Entwicklung in der Zukunft nach unseren Zielen ausgerichtet. So ist das Verursachende der Vergangenheit die bewegende Kraft, und die in der Zukunft liegenden Ziele ziehen uns als Motive des Innern auf das Ziel zu.

In der Erforschung der Natur erfassen wir jeweils nur das hinc et nunc, das hier und jetzt, also das Geschehen im Gegenwartsfeld der Raum-Zeit. Das Sein unserer Erfahrung ist dem a priori unserer Erfahrungsmöglichkeit folgend immer nur in der Gegenwart voll gegeben. Von der gegenwärtigen Beschreibung der materiellen Welt (Physis) her, also von der existenten Wirklichkeit her, mit aller allein schon durch die Unbestimmtheitsrelation (Heisenberg)[18)] gegebenen Unschärfe innerhalb des Raum/Zeit-Feldes ausgehend, interpretieren wir dann das Vergangene nachträglich und der Logik der von uns gedachten Naturgesetze folgend "kausalistisch" im Modell. Für die zukünftige Entwicklung aber haben wir kein Modell, da wir nicht auf Fakten, - Fakten sind immer vergangen! - zurückgreifen können. Die in der Gegenwart erfaßten Wirkungen sind immer schon vergangen; sind Auswirkungen vergangener Wirkungen. Für die erwartete zukünftige Entwicklung prolongieren wir also, extrapolieren wir lediglich Gegenwarts-Vergangenheits-Modelle und dies reicht nur für eine kurze Zeit mit ausreichender Genauigkeit aus, schon auch wegen der grundsätzlichen Unbestimmtheit.

In der jeweiligen Gegenwart sind also unsere Möglichkeiten für die weitere Entwicklung durch das aus der Vergangenheit gegebene begrenzt, ob wir uns nun dieser Gegebenheit bewußt sind oder auch nicht. Diese Gegebenheiten bestehen aus der äußeren Natur und aus unserer inneren Veranlagung mit ihren Motivationen und Denkmöglichkeiten. Dabei sind die Motivationen und die Denkmöglichkeiten zum einen aus dem Ererbten gegeben und zum anderen sind sie aus der persönlichen Erfahrung geprägt.

Nun setzt aber Erfahrung ein diese Erfahrung machendes Subjekt voraus. "Es gibt ... keine menschliche Erfahrung, (-wie C.G.Jung in der Schrift "über die Beziehungen zwischen dem Ich und dem Unbewußten schreibt,-) und es ist auch gar keine Erfahrung möglich, ohne das Dazutreten einer subjektiven Bereitschaft." Und diese besteht, wie Jung weiterhin feststellt, "... in einer angeborenen psychischen Struktur, die es dem Menschen erlaubt, überhaupt eine solche Erfahrung zu machen." ... "Die Form der Welt ... ist ... als virtuelles Bild eingeboren und diese Bilder sind"

"... die Niederschläge aller Erfahrungen der Ahnenreihe, aber nicht diese Erfahrungen selbst." ... "Sie erreichen erst Inhalt, Einfluß und schließlich Bewußtheit dadurch, daß sie auf empirische Tatsachen treffen, welche die unbewußte Bereitschaft berühren und zum Leben erwecken."[19] Im Prozeß der Bewußtwerdung entsteht durch die Unterscheidung einzelner Objekte und einzelner Geschehnisse die Erkenntnis der Welt im sinnvollen Ablauf der Bilder der als einzeln für sich zunehmend unterschiedenen Objekte unserer Anschauung und im logischen Zusammenhang der zunehmend jeweils als einzeln für sich separat erfaßten (analysierten) Ereignisse. Die äußere Welt prägt den lebenden Organismus, der in der Erfahrung dieser Umwelt-Einwirkungen in Wechselwirkung zu dieser steht. Der individuelle Organismus mußte von Anfang an, (-wir können auch die Entstehung des Individuellen nur aus heutiger Sicht durch eine modellhaft zurückgedachte Entwicklung aus der Vergangenheit heraus beschreiben, also in Raum und Zeit,-) zur Reaktion auf die Umwelt, zur Erhaltung und zur Förderung seines individuellen Lebens, (dem Lebenstrieb also folgend) die Umwelt-Eindrücke nach einzelnen, also von den anderen verschiedenen Verursachern, - Objekte -, unterscheiden und das Gesamtgeschehen analysieren, um jeweils entsprechend individuell reagieren zu können.

Diese Unterscheidung nach Objekten und Ereignissen in der Erfahrung der Individuen durch ihre Sinne ergab sich durch den räumlichen Eindruck und durch die zeitliche Verknüpfung, nämlich dem principium individuationis[20] folgend. Damit wurde die jeweilige Verarbeitung der Umwelt immer und ausschließlich diesen Prinzipien folgend eingeordnet und dann in der Wiederholung als einem vorhergegangenem Ereignis oder Objekteindruck ähnlich empfunden und somit erkannt.

Die große Anzahl dieses Wieder-Erkennens führte im Laufe der Evolution des Lebendigen auf der Erde zu so oftmalig wiederholten Eindrücken der gleichen Art und Weise, daß sie als Grundmuster der individuellen Erfahrungen auch in die Vererbung evolutiv eingingen und somit für die jeweilige Art der Lebewesen kollektive Vorprägungen ergaben, die dann beim Eintreten der jeweiligen individuellen Erlebnisse diese "wiedererkennen" durch die eingeprägten Bilder und Abläufe der kollektiv-ererbten Vor-Erfahrung. Über dieser kollektiven Erfahrung auf Grund der kollektiv geprägten Psyche der Lebewesen, also z.B. der Menschen, hinaus, ergeben sich dann Gruppen- (kollektiv-) Erfahrungen und die einzelnen Erfahrungen der jeweiligen Individuen. Die Umwelt der einzelnen Menschen wird also immer und nur erfahren, im Rahmen der Grundprinzipien des räumlichen und des zeitlichen und auf Grund der ererbten Gesamtmenschlich-kollektiven und der Gruppen-kollektiven Vorprägungen, also in den Vorstellungen des jeweiligen Individuums von seiner Umwelt und in der Gegenüberstellung dieser Vorstellungen in der jeweiligen Erfahrungssituation der individuellen Lebenserfahrung mit der Umwelt, die dann im Vergleich mit dem Vorgeprägten "erkannt" wird und die jeweiligen Reaktionen auslöst. C.G. Jung nannte diese vorgeprägten Vorstellungen der Psyche "Archetypen".[21)]

Allen Umwelt-Eindrücken ist gemeinsam, daß sie sich auf das Individuum beziehen, und ein Teil dieser Eindrücke ist jeweils für das Leben selbst, die Existenz des Individuums, von Bedeutung. Die sich in der Psyche aus diesen "individuellen" (Bezug auf das Individuum als solches habenden) Eindrücken bildende Vorstellungsgruppe ergibt den Komplex[22)] der Individualvorstellung, also des "Ich". Mit diesem Ich-Komplex ergibt sich also "ein Sich-selbst-Wahrnehmen des Subjekts in seiner Beziehung zur Umwelt und Innenwelt (= Objekt)"[23)] was wir als Bewußtsein bezeichnen. In der Entstehung des Bewußtseins hebt sich der Mensch von der Natur ab und so ist die Entwicklung des Bewußtseins auch die Geschichte der Menschwerdung. Das Bewußtsein begründet das

Ich und das dann entstandene Ich schafft den Gegensatz zur Welt, als dem Außerhalb des Ich. So ergibt sich das (Selbst-)Bewußtsein als Widerspruch im Unterschied zur unbewußten Natur. Wie C.G.Jung ausführt, "... ist das Bewußtsein der Unterschiedlichkeit eine relativ späte Erwerbung der Menschheit und vermutlich ein relativ kleiner Ausschnitt aus dem unbestimmbar großen Feld von ursprünglicher Identität. Unterscheidung ist das Wesen und die conditio sine qua non des Bewußtseins. Alles Unbewußte daher ist ununterschieden, und alles, was unbewußt geschieht, geht von der Basis der Ununterschiedenheit aus, ist also zunächst in seiner Zugehörigkeit oder Nichtzugehörigkeit zum Selbst ganz unentschieden."[24)]

Die zunehmende Bewußtwerdung des Menschen, von C.G.Jung Individuation genannt, ist das einzig erkennbare Ziel des Lebens. Diesem zunehmenden Bewußtsein des eigenen Selbst, also des Seins der subjektiven Existenz, als demjenigen, welchem alle objektiven Umwelt- und Innenwelt-Eindrücke gegenüberstehen, entspricht, wie ausgeführt, die zunehmende Vorstellungsprägung im Unbewußten mit zunehmender Differenzierung nach den Einzelheiten der Objekte und Analysierung der Ereignisse, die dann als solche differenziert und analysiert erkannt werden. So stehen dann immer die jeweiligen Bewußtseins-Inhalte den unbewußten Grundprinzipien, kollektiven Archetypen und Komplexen komplementär gegenüber. So gebiert das Mutter-Prinzip der Gesamt-Psyche das Vater-Prinzip des Logos (Verstand) aus sich heraus, den begrifflich erfassenden Verstand im Gegensatz zum empfindungserfahrenen Unbewußten. Das bewußte Verstehen durch das Ich begreift nun, was das unbewußte Subjekt bisher nur empfunden, also angeschaut und angegriffen bzw. gegriffen hat. Das Subjekt hat nach der Umwelt gegriffen und des Ich begreift nun. Dies ist der Moment der "Erkenntnis". (Adam)

In unserer Selbsterkenntnis, bzw. in unserer beschreibenden Darstellung von uns selbst, steht somit das Bewußtsein als der Träger des Individuellen, das "Ich" also, kompensatorisch dem Unbewußten gegenüber.

Unser Selbst umfaßt also sowohl das Bewußtsein als auch das Unbewußte, und obwohl beide sich wechselseitig ausschließen, bedingen sie sich doch auch gegenseitig, um das Ganze zu ergeben. Damit besteht also meiner Ansicht nach in der Darstellung der Psyche die analoge Situation, wie sie in der Beschreibung der Materie gegeben ist. In der physikalischen Beschreibung der Natur war nämlich auch ein sich gegenseitig ausschließender, aber auch wechselseitig bedingender, Gegensatz in der Beschreibung von Phänomenen aufgetreten, den William James (1842-1910) komplementär nannte, was dann von Niels Bohr übernommen wurde, um den Dualismus zu bezeichnen zwischen dem Partikelmodell und dem Wellenfeldbild bei der Beschreibung von Elementargebilden. Mit dem Partikelmodell wird in räumlicher Beschreibungsweise die Ausbreitung einer Wirkung über den Raum als Impuls über Weg veranschaulicht, wobei aber dieselbe Wirkung auch in zeitlicher Beschreibungsweise als Änderung einer Wirkung über die Zeit, als Energie über Dauer gedacht werden kann, also als Wellenfeld. Hamilton hat nun diese beiden Beschreibungsweisen der Wirkung gleichgesetzt und daraus die kanonischen Bewegungsgleichungen gewonnen, also den Ausdruck der Materie, welcher dem Raum/Zeit-Verhältnis entspricht:

Physikalische Bewegung: Impuls über Weg = Energie über Dauer

ergibt

Geschwindigkeit: $\frac{\text{Weg}}{\text{Dauer}} = \frac{\text{Energie}}{\text{Impuls}}$

In der menschlichen Psyche stehen sich nun, wie dargelegt, Bewußtsein und das Unbewußte ähnlich komplementär gegenüber, wie Impuls und Energie über Raum und Zeit in der Materie. So wirkt also, - wie ich meine, - im Bewußtsein ein ziel<u>gerichteter</u> (da <u>ziel</u>bewußter) Impuls, dem in der Wirklichkeit des handelnden Tuns, die während der Tätigkeit eingesetzte psychische Lebensenergie (Libido) des Unbewußten entspricht. Damit ist der psychische Impuls, über die Distanz des Raumes hinweg führend, in seiner Auswirkung gleich der über die Eigenzeit der Entwicklung eingesetzten psychischen Energie.

Psychische Dynamik: Bewußtsein = Das Unbewußte
Tun über Distanz = Libido über Eigenzeit

In dieser 'Psychodynamischen Gleichung' entspricht dann das Verhältnis des zielgerichteten Tuns zur dafür eingesetzten bzw. benötigten Lebensenergie, dem zeitlichen Aufwand pro räumlicher Distanz zwischen ursprünglichem "Standort" und "Zielort".

Entwicklung: $\frac{\text{Eigenzeit}}{\text{Distanz}} = \frac{\text{Tätigkeit}}{\text{Libido}}$

Mit der physikalischen Geschwindigkeit wird also die physikalische Natur in der räumlichen Beschreibungsweise beschrieben, während sich die Beschreibung der zur Natur komplementären Psyche durch die zur räumlichen antinomischen zeitlichen Beschreibungsweise ergibt.

Das Unbewußte verhält sich also kompensatorisch zum Bewußten, und stellt dadurch "... dem Bewußtsein, das ja ... die individuelle und dem Außen angepaßte Reaktion auf die jeweilige Situation abgibt, eine aus der Menschheitserfahrung stammende, typische, den regelmäßigen Verhaltensweisen und Notwendigkeiten des Innen entsprechende Reaktion gegenüber..." und ermöglicht damit eine dem Total-Psychischen gemäße Haltung des Menschen.[25] (Jacobi)

Jolande Jacobi versucht in ihrem Buche über "Die Psychologie von C.G.Jung"[26] ein archetypisches Bild für das Selbst als Gemeinsamkeit von Bewußtsein und dem Unbewußten zu finden, wobei sie das "Selbst" als den "gemeinsamen Mittelpunkt" von Bewußtsein und Unbewußtem darstellt, und "erst wenn dieser Mittelpunkt gefunden und integriert ist," hat der Mensch "das Problem der Beziehung zu den zwei uns auferlegten Wirklichkeiten gelöst, der inneren und der äußeren ..."[27]

Die sich im Bewußtsein ergebende Entzweiung der ursprünglichen Einheit der Phänomene wird durch die formative Prägung von Raum und Zeit bedingt, so daß jede Erkenntnis dieser unserer Welt einschließlich von uns selbst, dadurch antinomisch-polar erscheint, und damit nur komplementär und ambivalent verstanden wird. Die Wirklichkeit und Wahrheit der Welt ergibt sich aus dem Bewußtmachen der Gegensätze, in der Auseinandersetzung mit ihnen und aus der dann Wiedervereinigung und Erlösung vom Widerspruch auf der höheren Ebene des Verständnisses des "entweder-oder" als "sowohl als auch" und in der Versöhnung im "Selbst" des Menschen, also im voll verstandenen "Selbst"-Bewußtsein.

Die Einbeziehung der psychischen Struktur in die Naturwissenschaft setzt sich in der erkenntnistheoretischen Auffassung mehr und mehr durch. "Man weiß," - sagt deshalb Aniela Jaffé in ihrem Buche über den Mythos vom Sinn im Werk von C.G.Jung, - "daß der Mensch mittels seiner Psyche auf die Beobachtung des Objekts einwirkt; er ist mitgestaltender Faktor der erscheinenden Welt. In allem Erkannten begegnet er sich selbst (W.Heisenberg), sogar physikalische Theorien und Erkenntnisse sind von archetypischen Bildern als "Operatoren" im Unbewußten angeordnet (W.Pauli)."[28)]

Die archetypische Grundlage ist Grundlage des Erkennens überhaupt. Damit bildet sie die Voraussetzung für ein <u>einheitliches Weltbild</u>, in welchem die Unvereinbarkeit von Natur- und Geisteswissenschaft wie von Psychologie und Theologie dahinfallen würde. "Den Fortschritt ... sah Jung vor allem in einer antinomischen oder paradoxalen Auffassung physischer sowie seelischer Wirklichkeiten ..."[29)] Eine Überbrückung der Gegensätze bahnt sich heute auch in den Wissenschaften an. Vordem unvereinbar scheinende Fakten erwiesen sich als komplementäre Aspekte einer und derselben Ganzheit. Gegensätze sind keine Widersprüche, sondern Ergänzungen "Contraria non contradictoria sed complementa sunt",[30)] soll Niehls Bohr gern zitiert haben. Wolfgang Pauli hob hervor, daß "uns heute nur ein solcher Standpunkt annehmbar (erscheint), der beide Seiten der Wirklichkeit - das Quantitative und das Qualitative, das Physische und das Psychische - als vereinbar anerkennt und einheitlich umfassen kann".[31]) Damit entspricht Pauli voll der Philosophie Kants, denn, - wie ja eingangs zitiert (Anm.6) fordert dies"die Natureinheit, nach einem Prinzip der durchgängigen Verbindung alles dessen, was in diesem Inbegriffe aller Erscheinungen enthalten ist."[32])

Wie Albert Menne über philosophische Probleme der Mathematik ausführt, erfolgt die Erkenntnis der physischen Wirklichkeit im subjektiven Bewußtsein ... dadurch, daß mit Hilfe der vorher erfaßten objektiven Strukturen die Strukturiertheit der physischen Wirklichkeit im Bewußtsein nachgebildet wird. So ist zugleich die Anwendbarkeit von Logik und Mathematik auf die physische Wirklichkeit erklärbar. Damit ist nicht gesagt, daß die Wirklichkeit die objektiven Strukturen als solche direkt enthält, sondern nur, diese Strukturen als mehr oder weniger grobe Konstitutionsprinzipien der Wirklichkeit zugrunde liegen. Das Buch der Natur ist - wie Galilei (1564-1642) bereits sagte - in mathematischen Lettern geschrieben."[33]) Somit tastet sich dann auch, - wie C.G.Jung zusammenfaßt, - die Mikrophysik so "in das Unbekannte der Materie vor, wie die komplexe Psychologie in das Unbekannte der Psyche. Beide Forschungsrichtungen gelangen zu Befunden, die sich nur durch Antinomien veranschaulichen lassen, und entwickeln Begriffe, die in mehr als einer Hinsicht merkwürdig analog sind. Sollte sich diese Entwicklung in der Zukunft noch stärker ausprägen, so würde die Hypothese einer Einheit des Gegenstandes beider Forschungsrichtungen an Wahrscheinlichkeit gewinnen. Freilich besteht wenig oder gar keine Hoffnung, daß das einheitliche Sein je veranschaulicht werden kann, weil Vorstellung und Sprache in diesem Fall nur die Möglichkeit antinomer Sätze gestattet."[34]) Aber die Tatsache kausaler Beziehungen zwischen Seele und Körper weisen eben "auf deren, im Grunde genommen, einheitliche Beschaffenheit hin..."[35])

Anmerkungen:

1) Gekürzte und leicht veränderte Fassung des Vortrages gleichen Titels im Seminar "Philosophische Probleme der Medizin" des Instituts für Philosophie der Ruhr-Universität Bochum am 17.12.1981;
2) Kant, Immanuel: "Kritik der Urteilskraft". Bd.X der Theorie-Werkausgabe Immanuel Kant, Werke in 12 Bänden, Frankfurt 1968; herausgegeben v.Wilhelm Weischedel;
3) Jung, C.G.: "Die Dynamik des Unbewußten". 8.Bd.der gesammelten Werke. 18 Bde. Olten u.Freiburg/Breisgau 1979;
4) Kant: Bd.III der o.g.Ausgabe, S.45. (Im Folgenden abgekürzt mit Nummer des Bandes u.Seitenzahl bezeichnet);
5) Kant: III, S.14;
6) Kant: X, S.185;
7) Kant: III, S.71;
8) Kant: III, S.75;
9) Kant: III, S.81;
10) Kant: IV, S.412-440;
11) Vortrag am 16.2.1980 vor der Schopenhauer-Gesellschaft in Frankfurt. Siehe 4.Kap. des Buches "Wille, Vorstellung und Wirklichkeit". Bonn 1980;
12) Kant: III, S.86;
13) Siehe Seelig: Wille, Vorstellung und Wirklichkeit, Seiten 56-60;
14) Kant: IX, S.11. "Vorrede zu metaphysische Anfangsgründe der Naturwissenschaft.";
15) Kant: IX, S.22. "Metaphysische Anfangsgründe der Naturwissenschaft";
16) Seelig: Kap.3 "Das begreifende Erkennen der Wirklichkeit" aus: "Wille, Vorstellung und Wirklichkeit", S.90: "Raum und Zeit stehen in einem <u>bestimmten Verhältnis</u> zueinander, wodurch sich eine Grenzgeschwindigkeit der Ausbreitung jeder raumzeitlichen Existenz ergibt, was die in der "Lichtgeschwindigkeit" gegebene Grenzgeschwindigkeit jeder Informationsübertragung begründet.";
17) Kant: IV, S.16;
18) Die Heisenbergschen Unschärferelationen besagen, daß Ort und Impuls, Zeit und Energie sowie Drehimpuls und Winkel jeweils nicht gleich scharf bestimmt werden können;
19) Jung: VII, S.209;
20) Schopenhauer nennt Raum und Zeit in der Hinsicht, daß sie die Vielheit möglich machen, das principium individuationis; diesen Begriff von den Scholastikern entlehnend;
21) Jung: IX/1, S.14: "Die Inhalte des kollektiven Unbewußten ... sind die sogenannten Archetypen." "Die Inhalte des persönlichen Unbewußten sind in der Hauptsache die sogenannten gefühlsbetonten Komplexe.";
Jung: VIII, S.476: "Die Archetypen sind formale Faktoren, welche unbewußte seelische Vorgänge anordnen: sie sind 'pattern of behaviour'.";

22) Siehe Anm.21 und Jolande Jacobi: "Komplex, Archetypen, Symbol". Zürich 1957, S.7;
23) Meier, C.A. "Bewußtsein". Olten u.Freiburg/Breisgau 1975, S.36;
24) Jung: VII, S.226 u.227;
25) Jacobi: Die Psychologie von C.G.Jung, Olten u.Freiburg/Breisgau 1971, S.12 u.13;
26) Siehe Anm. 25;
27) Jacobi: S.197;
28) Jaffé, Aniela: Der Mythos vom Sinn im Werk C.G.Jung. Olten u.Freiburg/Breisgau 1978, S.143;
29) Jaffé: S.146;
30) Gegensätze sind keine Widersprüche, sondern Ergänzungen;
31) Jaffé: S.149;
32) Kant: IX, S.185;
33) Menne, A. "Philosophische Probleme der Mathematik" in: Philosophia Naturalis, Bd.18, Heft 1, Verlag Anton Hain, Meisenheim/Glan 1980, S.115;
34) Jung: XIV/2, S.317, "Mysterium Coniunctionis";
35) Jung: XIV/2, S.317.

***

Über Wahrheit und Wissen bei Locke

R.Specht, Mannheim

Lockes Theorie der Wahrheit und des Wissens wird in der Literatur verschieden ausgelegt. Der Aufwand an Begriffsgeschichte ist bislang nicht groß. Aber Begriffe können für Leser unterschiedlicher Epochen in unterschiedlichen theoretischen Netzwerken stehen, und wenn spätere Leser dem Text ein ihnen vertrautes unterlegen, das sich von dem des Autors unterscheidet, und wenn der Autor sein eigenes, das er für selbstverständlich hält, nicht explizit macht, dann kann es zu Inkonsistenzen kommen, die nicht der Autor, sondern der Leser verursacht hat. Deshalb empfehlen sich beim Anschein von Inkonsistenzen Versuche zur Rekonstruktion des Autornetzwerks. Mit einem solchen Versuch beschäftige ich mich auf den folgenden Seiten. Er betrifft die Begriffe "Wissen" ("knowledge") und "Wahrheit" ("truth") im "Essay concerning Human Understanding".[1)] Ich beschränke mich auf elementare Klärungen[2)] und verzichte auf die Lösung der meisten Einzelschwierigkeiten - manchmal aus Raumgründen und manchmal, weil ich die Lösung nicht kenne.

Frühere Proben haben gezeigt, daß einige Begriffsverwendungen des späteren Locke plausibler werden, wenn man sie mit der Begrifflichkeit einer an Ockham orientierten konzeptualistischen Schulphilosophie und/oder mit der Begrifflichkeit des Gassendismus in Verbindung setzt. Ich möchte überprüfen, ob so etwas auch bei diesem Lehrstück der Fall ist. Ein positives Ergebnis wäre kein Herkunftsnachweis, aber eine Anregung zu weiteren Untersuchungen. Es handelt sich lediglich um eine punktuelle Klärung (denn niemand wird hoffen, einem so komplexen Autor wie Locke mit einer unkomplizierten Genealogie gerecht zu werden). Aber punktuelle Klärungen sind der Mühe wert, weil man ohne sie nicht zur Globalklärung kommt. Über Lockes schulphilosophischen Hintergrund weiß ich fast nichts, und ich beziehe mich mehr aus

Verlegenheit auf Äußerungen Ockhams, um in einer sehr allgemeinen Weise anzudeuten, welche Art zu reden hier mit im Spiel sein könnte. Über Lockes gassendistische Bezugsautoren ist mehr bekannt; ich beziehe mich auf beide Logiken Pierre Gassendis[3] sowie auf François Berniers "Logique",[4] die (wie es im späten 17.Jahrhundert üblich ist) auch gnoseologische Erörterungen enthalten. Walter Charleton ist in diesem Fall nicht hilfreich, weil seine "Physiologia Epicuro-Gassendo-Charltoniana"[5] keine Logik-Abhandlung enthält.

1. Wissen im "Essay"

Lockes "Essay"-Explikation für "Wissen" lautet: "the perception of the connexion and agreement, or disagreement and repugnancy of any of our Ideas" (4.1.2). Wissen ist eine Perzeption, und das Vermögen zu perzipieren ist die erste Fähigkeit, die unser Geist bezüglich seiner Ideen ausübt (2.9.1, auch 15). Einige Autoren, deren Ausdrucksweise Locke nicht billigt (obgleich er selbst in 2.6.2 "Perception, or Thinking" sagt), bezeichnen Perzipieren als "Thinking in general" (2.9.1); hier erwähnt Locke vermutlich Cartesianer, für die "Denken" so viel bedeutet wie "Ideenhaben". Nach "Essay" 2.1.9 ist jedenfalls Perzipieren dasselbe wie Ideenhaben, und nach 2.9.4 wird immer da, wo eine Perzeption ist, eine Idee aktuell hervorgebracht und im Verstand präsent. Wenn Wissen Perzipieren ist, dann wird es eine bestimmte Art des Ideenhabens oder Ideenhervorbringens sein. Ideenhaben ist nicht Urteilen und folgt auch nicht grundsätzlich auf Urteile, sondern gehört zu den Voraussetzungen für sie (die vier perzipierten Ideenrelationen sind nach 4.1.7 "grounds" von Bejahung und Verneinung). Daß das Wissen dem Urteil grundsätzlich vorausgeht, deuten schon Lockes Hinweise auf die Ursprünglichkeit des Perzipierens an (2.9.1 und 15). Deshalb verdienen charakteristische Äußerungen der Sekundärliteratur eine Überprüfung. Ich nenne einige statt vieler: "Perzeption" bedeute im Vierten Buch "mental assertion or denial of what is seen to be unconditionally certain (rather than simple apprehension of an idea, or of the meaning of a name";[6] "the simplest element of knowledge is for Locke a judgement, or an act of thought by which an affirmation or denial is made";[7] "Our knowledge follows from putting our ideas together", und zwar "into statements".[8] Ich nehme an, daß solche Äußerungen mißverständlich oder falsch sind.

Wenn Wissen, wie ich in (3) noch ausführlicher zeige, kein Urteilen, sondern eine Voraussetzung von Urteilen ist, dann kann es weder wahr noch falsch sein (damit hängt Lockes Gewohnheit zusammen, nicht "true knowledge", sondern "real knowledge" zu sagen). Der Passus 2.21.5 hat schon im voraus klar gemacht, wie die Perzeption, die nunmehr "Wissen" heißt, in das System der Perzeptionen einzuordnen ist. "Perception, which we make the act of the Understanding, is of three sorts: 1. The Perception of **Ideas** in our Minds. 2. The Perception of the Signification of Signs. 3. The Perception of the Connexion or Repugnancy, Agreement or Disagreement, that there is between any of our **Ideas**." Die Idee, die bei der Perzeption, die Wissen heißt, präsent oder hervorgebracht wird, ist also die Idee der genannten Übereinstimmung oder Nichtübereinstimmung. Während sich Perzipieren in den beiden ersten Bedeutungen nach 2.21.5 auf etwas Unverbundenes bezieht, bezieht es sich in der dritten Bedeutung auf etwas Komplexes, und zwar auf mehrere Ideen, die in Relationen der Übereinstimmung oder Nichtübereinstimmung stehen; von diesen Relationen nennt Locke die berühmten vier Arten (4.1.3). Ich denke nicht, daß es erforderlich ist, diese vier Relationen als etwas anzusehen, das nicht unter Lockes allgemeine Relationenlehre (2.25.1) paßt. Den Gegenstand des Wissens kann man so darstellen: Idee A <un>angemessen Idee B. Daraus, daß dieser Gegenstand komplex ist, folgt nicht, daß Wissen bejahend oder verneinend ist; darüber spreche ich ausführlich in (3) im Anschluß an die Wahrheitslehre. Die "Essay"-Stellen zeigen schließlich, daß Locke einen strikten Wissensbegriff vertritt, denn sie erklären, daß jede Perzeption von Übereinstimmung oder Nichtübereinstimmung gewisses Wissen vermittelt (4.4.18), und zwar im Rahmen der drei Grade von Gewißheit (4.2); und daß Einbildung, Raten und Glauben kein Wissen sind (4.1.2) - wobei zu beachten ist, daß dies nicht pejorativ gemeint sein kann, denn zu Lockes philosophischen Leistungen gehört die Wiedereinsetzung der induktiven Wahrscheinlichkeit in ihr vom Cartesianismus bestrittenes Recht.

2. Wahrheit im "Essay"

Lockes "Essay"-Explikation von "Wahrheit" lautet: "the joining or separating of Signs, as the Things signified by them, do agree or disagree one with another" (4.5.2). Nach dieser Formulierung ist Wahrheit, streng genommen, eine Handlung. Sie erklärt sich vermutlich dadurch, daß erstens für Locke, wie u.a. seine Erinnerungslehre zeigt, zwischen Denkakt und Denkinhalt kein realer Unterschied besteht; und daß zweitens für ihn die mentale Proposition, der innere Satz, der aus Ideenzeichen besteht, der entscheidende ist, denn die verbale Proposition, die aus sprachlichen Zeichen besteht, richtet sich nach jener. Deswegen sind Verbinden und Trennen in diesem Fall primär Denkakte. Locke selbst behauptet, daß "Verbinden und Trennen von Zeichen" hier gleichbedeutend mit "Proposition" sei (4.5.2); das wird plausibler durch gassendistische Äußerungen über das vinculum propositionis.[9] Die Zeichen, um die es sich handelt, sind Zeichen für die Terme des Wissensgegenstandes, die als Subjekt ("S") und Prädikat ("P") in der Proposition ("S ist <nicht> P") fungieren. Mit Rücksicht darauf kann man den Wissensgegenstand nun so darstellen: S <un>angemessen P. Bei mentalen Propositionen[10] werden nur gedachte Zeichen für S und P ("S", "P") in unserem Verstand ohne Verwendung von Wörtern zusammengesetzt oder getrennt, und zwar entsprechend der vorhergehenden Perzeption (bzw.: Vermutung - so "judging", vgl.4.5.6) der Übereinstimmung oder Nichtübereinstimmung des von ihnen Bezeichneten. Bei verbalen Propositionen werden dagegen gesprochene oder geschriebene "S" und "P" zu gesprochenen oder geschriebenen bejahenden oder verneinenden Propositionen zusammengesetzt (4.5.5).

Wenn das Verbinden und Trennen von Zeichen dasselbe ist wie eine Proposition (4.5.2), dann kann hier "truth", dessen Korrelat in 4.5.2 gleichermaßen als Verbinden und Trennen von Zeichen charakterisiert ist, nicht als Abstraktum einer Eigenschaft von Propositionen stehen. Der Ausdruck wird vielmehr in dieser Definition und ihrer Erläuterung (anders als beispielsweise in 4.5.8) so, wie es im 17. und 18.Jahrhundert üblich war, dasselbe wie "wahre Proposition" bedeuten und für eine Teilmenge der Propositionen stehen. Eine "truth of words" ist dann eine wahre Proposition, die aus Wörtern besteht, oder eine wahre verbale Proposition. Eine "truth of thought" ist eine wahre Proposition, die aus Ideen besteht, oder eine wahre mentale Proposition (4.5.3). Der Grund des Wahrseins ist bei beiden Satzklassen unterschiedlich. Bei mentalen Propositionen besteht er in der Korrespondenz ("as", "according to", "according as") der Verbindung oder Trennung von Subjekt- und Prädikatidee ("S ist <nicht> P") mit der Übereinstimmung oder Nichtübereinstimmung der von "S" und "P" bezeichneten Ideen (S <un>angemessen P). Diese Art von Wahrheit heißt bei Locke "mental truth" (4.5.6). Bei verbalen Propositionen dagegen besteht der Grund der Wahrheit in der Korrespondenz der verbalen Bejahung oder Verneinung mit der Übereinstimmung oder Nichtübereinstimmung der von den verbalen Zeichen "S" und "P" bezeichneten Ideen. Diese Art von Wahrheit nennt Locke "verbal truth" (4.5.6). Die Unterscheidung ist im Gassendismus vorgezeichnet.[11] Verbales Wahrsein ist entweder rein verbal, und zwar im Fall von tautologischen oder "analytischen" Urteilen, die uninformativ sind (4.8); oder es ist real und informativ, und zwar immer dann, wenn einer wahren verbalen Proposition reales Wissen (4.4) zugrunde liegt bzw. wenn die durch ihre Wörter bezeichneten Ideen (wie Locke in 4.5.9 sagt) den Archetypen dieser Ideen entsprechen (4.5.8 und 9).

Locke spricht häufig von "to know a truth" und "knowledge of a truth" und macht am Fall real-verbaler Propositionen ausdrücklich klar, was das bedeutet. Das Vorhandensein einer real-wahren Proposition kann (wie das jeder anderen Proposition) zum Gegenstand eines höherstufigen Wissensaktes werden, der seinerseits kein Urteil ist. Denn er ist lediglich die Perzeption einer Übereinstimmung, und zwar der Korrespondenz der Übereinstimmung oder Nichtübereinstimmung von Ideen (S <un>angemessen P) mit ihrer Wiedergabe durch Wörter ("S ist <nicht> P"); im Text: "the perception of the agreement or disagreement of those **Ideas**, according as it is marked by those Words" (4.5.9). Der Gegenstand des Wahrheitswissens ist also eine verhältnismäßig komplexe Relation. Daß es sich jedoch der Struktur nach um einen normalen Wissensakt handelt, zeigt die Kurzfassung: Perzeption {Übereinstimmung [Proposition, Relation]}. Voraussetzung für die Perzeption einer solchen Korrespondenz ist die Kenntnis der beteiligten Wortbedeutungen (4.5.9, auch 4.2.5, letzter Satz). Nicht Wissen überhaupt, sondern lediglich knowledge of truth ist Wissen, **das auf ein Urteil folgt**. Dieses Wissen setzt aber seinerseits ein früheres, nicht so komplexes und im knowledge of truth als Element enthaltenes Wissen voraus, das zum Gegenstand hat: S <un>angemessen P. Das dem wahren informativen Urteil nachfolgende knowledge of truth spielt im Denken Lockes eine große Rolle. Es beginnt mit der "discovery of Truth" (z.B. 1.2.27, 2.20.17, 4.17.4, 4.21.5), und seine Gewißheit ist die "Certainty of Knowledge": "to perceive the agreement or disagreement of **Ideas**, as expressed in any proposition" (4.6.3). Es kann aber seinerseits (wie jedes Wissen) auch selbst zur Grundlage einer Proposition werden. Deren Wortlaut wäre: "'p' ist wahr", wobei "p" für eine wahre informative Aussage stände.

3. Status des Wissensgegenstandes

Soweit ich sehen kann, sagt Locke sehr deutlich, daß der Ideenkomplex: "agreement or disagreement of any of our Ideas" (S <un>angemessen P), den man beim Wissen perzipiert, etwas anderes ist als der durch Urteilssynthesis("put together") entstandene Ideenverbund, aus dem die wahre oder falsche mentale Proposition besteht.[12] Denn wenn die Wahrheit oder Falschheit einer mentalen Proposition von der Korrespondenz zwischen ihrer Zeichen-Verbindung|-Trennung und der Übereinstimmung|Nichtübereinstimmung der bezeichneten Ideen abhängt, dann muß diese Übereinstimmung|Nichtübereinstimmung, die der Gegenstand des Wissens ist, bereits vor Bildung der Proposition und unabhängig von ihr perzipierbar sein. Diese Deutung wird durch Lockes Schilderung der Bildung von Propositionen in 4.5.6 bestätigt. Nach ihr perzipiert der Geist zuerst den Wissensgegenstand: S <un>angemessen P; erst danach setzt er die gedachten Zeichen "S" und "P" zur mentalen Proposition "S ist <nicht> P" zusammen, und zwar durch einen stillschweigenden mentalen Akt, der nach Locke für jeden, der in sich hineinschaut, erkennbar ist. Wären der Gegenstand des Wissens und die Proposition dasselbe, dann bedürfte es eines solchen Aktes nicht. Das bestätigt sich noch durch den Umstand, daß bestimmte Ideen, die nach Lockes Behauptung selbst Archetypen sind, nach der allgemeinen Wissensdefinition jedenfalls im Urteil nicht als Archetypen, sondern als Zeichen fungieren: sie sind also in Hinsicht auf das Wissen etwas anderes, als sie in Hinsicht auf das Urteil sind.

Der Wissensgegenstand ist komplex. Aber weil in ihm die Einzelideen als unterschieden, nämlich als Relate, angesehen werden ("so as to take a view of them at once, without uniting them into one", 2.12.1), kann er weder eine von jenen komplexen Ideen sein, die der Verstand als "one compound" betrachtet (2.12.1), noch die synthetische Einheit eines Urteils haben. Weil ferner der Wissensgegenstand eben gegenständlich ist, kann er weder wahr noch falsch in dem Sinne sein, in dem eine bejahende oder verneinende Proposition über einen Gegenstand wahr oder falsch ist. Und weil der Wissensgegenstand auf der anderen Seite ein Verbund von Ideen ist, kann man ihn insofern (so wie es Locke im Dritten Brief an Stillingfleet nicht ohne Kautelen tut[13]) "some proposition" nennen. Aber eine solche "Proposition" verbleibt im Vorfeld von Wahrheit und Falschheit, weil sie nicht in das

Korrespondenzverhältnis eintritt, das Wahrheit erst ermöglicht. Manche Philosophen haben die Möglichkeit, diese Nuance zum Ausdruck zu bringen, z.B. durch die Unterscheidung zwischen "propositio" im weitesten Sinn und "judicium". Weil Locke die Bedeutung von "judgement" in einer speziellen Weise fixiert hat und aufgrund seiner terminologischen Disziplin mit Synonymen für "proposition" sparsam ist, wirkt seine terminologische Situation hier etwas beengt.

4. Blick auf die Drafts

Viele Details der späteren Wissens- und Wahrheitslehre Lockes sind 1671 noch unentwickelt, doch ist es reizvoll zu sehen, daß einige Grundlinien schon gezogen sind. Die "agreement"-Vorstellung spielt, soweit ich sehe, eine zentrale Rolle in der Relationenlehre, aber noch nicht in der Wissenslehre ("Relation therefor I thinke is the Agreeing or disagreeing of two or more things one with an other in any way wherein they are capeable of being compared", A 20; 82).[14] Das bedeutet, daß hier noch nicht die "prädikatenlogische" Entfaltung des kategorischen Urteils auf ihre Konsequenz gebracht ist. Stellen aus der Wissenslehre, z.B. in A 27, lesen sich trotzdem wie Vorgriffe auf Teile der Wissenslehre des "Essay". Gewisses Wissen bringt sich selbst zur Perzeption, und zwar "by the things them selves put togeather before our senses or their clear distinct Ideas put togeather & as it were lyeing before us in view in our understandings" (A 27; 112). "Put together", das im "Essay" zu einem Terminus der Urteilslehre geworden ist (4.5.5 - 8), dient hier noch als Ausdruck der Wissenslehre. Knowledge of truth kommt häufig zur Sprache, und die Verbindung von Wissens- und Wahrheitslehre wird stark betont: "We certainly know the truth of any proposition depending on the nature of those Ideas we have" (A 27; 112). Die Frage nach dem Status des Wissensgegenstandes wird schon erörtert. Die komplexe Idee eines Schwans, sagt B 63; 149, ist "a kind of affirmation", und zwar des Inhalts, daß dort, wo die übrigen Schwaneneigenschaften sind, auch Schwanenfüße oder Schwanenstimme sind. Locke sagt nicht geradezu, daß der Wissensgegenstand eine Affirmation ist, fügt aber zur Sicherheit an: "But whether it be an affirmation or noe I will not here dispute" (S.150). Die Behauptung, daß er in A 27; 93 mehr gesagt hat, läßt sich nicht leicht verteidigen.[15)]

A 9; 54 und A 27;93 bringen Elemente der späteren Wahrheitsdefinition - schon mit der Präferenz von "joyne" ("unite")/"seperate" für mentale und "affirmation"/"negation" für verbale Propositionen. Wenn der Geist durch die Verbindung einfacher Ideen komplexe ("compound") Ideen gemacht hat, dann kann er zwei von ihnen als verschieden ansehen und "joyne... togeather or seperate them one from an other by way of affirmation or negation, which when it comes to be expressed in words is cald proposition & in this lies all truth & falshood" (A 9; 54). Nur mit "affirmation" und "negation" arbeitet B 32; 106, das lediglich von verbalen Propositionen handelt und u.a. deshalb interessant ist, weil bei ihm die Termini des "apprehension"-Bereichs noch nicht durch die des "perception"-Bereichs verdrängt sind und weil hier die Korrespondenztheorie noch nicht als Theorie einer Relation zwischen einer Subjekt-Prädikat-Verbindung und einer Ideenrelation unter Einbeziehung der "agreement"-Vorstellung ausformuliert wird. Das eigentümliche Objekt des Wissens ist Wahrheit, "which lies wholy in affirmation or negation, i.e. preposition either mentall or verball which is noe more but apprehending things to be as realy they are & do exist, or expresseing our apprehensions by words fitted to make others apprehend as we doe" (B 32; 106). Zwanzig Jahre später ist die "agreement"-Vorstellung aus ihrer Randlage in der Relationenlehre ins Zentrum der Wissens- und Wahrheitslehre gerückt; und dabei mag die Rezeption eines Vorschlags von Gassendi eine Rolle gespielt haben.

5. Wissensakt und Urteilsakt nach Ockham

Für die Deutung der Wissens- und Wahrheitstexte des "Essay", die ich vorgeschlagen habe, spricht in einem gleichsam externen Argument, das man nicht überschätzen, aber auch nicht verschweigen sollte, die Wissens- und Wahrheitslehre benachbarter Philosophien. Lockes Erinnerungs-, Universalien-, Sprach- und sensitive-knowledge-Lehre enthalten bis in die Formulierungen hinein Elemente offensichtlich ockhamistischer Provenienz, deren Weg bisher nicht geklärt ist. Aber auch in der Frage des Verhältnisses von Wissensgegenstand und Urteil zeigen sich kleine Analogien, denen nachzugehen lohnend wäre. Zu den Akten des Verstandes, heißt es im Ordinatio-Prolog,[16)] gehört der apprehensive, der sich manchmal auf Komplexes und manchmal auf Inkomplexes bezieht. Wir können beispielsweise Propositionen apprehendieren, ohne dabei zu urteilen (im "Essay" ist von diesem Phänomen beim knowledge of truth die Rede). Außerdem aber gibt es im Verstand den judikativen Akt, mit dem er seinen Gegenstand nicht nur erfaßt, sondern ihm auch zustimmt oder nichtzustimmt und der ausschließlich Komplexes zum Gegenstand hat (Prol.q.1, O). Weil uns aber Komplexes erst durch den Apprehensionsakt präsent wird, setzt der Urteilsakt den Akt der Apprehension des Komplexen (ebd.q.1, Q) und damit die Akte der Apprehension des in ihm vereinigten Inkomplexen voraus (ebd.q.1, T). Die Rolle, die im "Essay" mit großer Konsequenz "perceive"/"perception" spielen, spielen hier Ausdrücke des "apprehensio"-Bereichs, die freilich auch Locke als Nachbarn von "perception" nicht fremd sind.[17)] Daß Ockhams Apprehensionsvermögen (nicht anders als Lockes Perzeptionsvermögen) etwas mit Wissen zu tun hat, zeigt die Substituierbarkeit von "actus apprehensivus" durch "notitia", das für Ockham gleichbedeutend mit "cognitio" ist - ähnlich, wie Locke "knowledge" durch "notice" substituieren" kann.[18)] Zwar gibt es für Ockham (anders als für den späten "prädikatenlogisch" konstruierenden Locke) auch Wissen von Inkomplexem ("cognitio/notitia incomplexa"). Aber bei beiden Autoren fungiert das Apprehendieren/Perzipieren (als Wissen von etwas Komplexem), das selbst noch keinen Urteilscharakter hat, als Voraussetzung des Urteils, das allererst wahr oder falsch ist und das nach der genannten Stelle Ockhams durch Assens oder Dissens entsteht, während Gassendi und Locke es durch Affirmation oder Negation entstehen lassen. Dies könnte u.a. eine Maßnahme gegen cartesianische Urteilslehren sein, nach denen Assens und Dissens urteilskonstituierend sind (daß Locke "assent" zu einem Begriff der Wahrscheinlichkeitslehre herabstuft und zugleich eine komplizierte Assensgrammatik für erforderlich erklärt - 4.15.3 und 4.16 -, sieht fast ein wenig nach Affront aus).

6. Wissen, Urteil und Wahrheit nach Gassendi und Bernier

Die Entsprechungen gassendistischer[19] Logiken zur Wissens- und Wahrheitslehre des "Essay" gehen weiter. Die Rolle, die bei Ockham "apprehensio" und bei Locke "perception" spielen, übernimmt hier (mit Rücksicht auf ein epikureisches "φαντασία")[20] "imaginatio", für das allerdings u.a. "perceptio", "apprehensio" und "cognitio" als Synonyma genannt sind.[21] Einfache Imagination oder Apprehension heißt die Tätigkeit des Geistes, bei der man die Idee eines gedachten Gegenstandes einfach vorstellt, ohne ein Urteil zu fällen.[22] Doch können einfache Apprehensionen in sich komplex sein, denn ein Gegenstand wird durch seine Idee nicht nur nach seiner inneren Beschaffenheit, sondern auch nach seinem Verhältnis zu anderen Gegenständen erkannt. Deshalb enthält die Apprehension auch Relationen, von denen die gewöhnlichsten Übereinstimmung und Nichtübereinstimmung sind.[23] "Convenientia" und "discrepantia" sind auch hier ursprünglich Termini der Relationenlehre.

Gassendi spricht mit Rücksicht auf epikureische Stellen (wie Diog.Laert.X, 32: "τῶν αἰσθήσεων ἀλήθειαν") den Apprehensionen Wahrheit zu,[24] macht aber den Vorbehalt, daß Falschheit (und mithin Wahrheit) im strengen Sinn nur Urteilen zukommt und von Apprehensionen bloß ausgesagt wird, sofern sie ihren Korrelaten nicht konform sind und dadurch Anlaß zu falschen Aussagen geben.[25] Durch einfache Apprehensionen wird also im strengen Sinne nichts behauptet[26] -

im Unterschied zu wirklichen Urteilen, mit denen man beurteilt und gleichsam entscheidet, was der Gegenstand ist oder nicht ist.[27] Doch setzt jedes wahre Urteil die Apprehension dessen voraus, was in ihm affirmiert oder negiert wird,[28] auch darf es nur verändert werden, wenn sich zuvor diese Apprehension verändert hat.[29]

Gassendis Urteils- und Wahrheitslehre ist in unterschiedlicher Komplexheit formuliert. In ihrer einfachsten Form (sofern man die Unterscheidung zwischen gedachtem und gesprochenem Urteil nicht berücksichtigt)[30] wird Wahrheit schlicht als conformitas einer Aussage mit dem ausgesagten Gegenstand oder eines Gedankens mit dem gedachten Gegenstand bezeichnet.[31] An etwas differenzierteren Stellen wird die Bedeutung von "Konformsein" erläutert: "Auszusagen, daß der Gegenstand so ist, wie er ist, oder nicht so ist, wie er nicht ist".[32] Dies wiederum wird interpretiert als Übereinstimmung des Attributs mit dem Subjekt: "Tum solum res enunciatur esse id, quod est, cum Attributum Subiecto congruit, hoc est, sic illi est consentaneum, ut sit propterea ipsi coniunctum; seu una cum ipso, eademque res, non dissita, aut dissociata."[33]

Damit ist der für die Wissenslehre folgenreiche Schritt zur "prädikatenlogischen" Betrachtung des kategorischen Urteils getan. Die karge Formulierung (die an den Grundgedanken von Ockhams Wahrheitslehre erinnert) erweckt zunächst den Eindruck, als sei sie nur auf Propositionen bezogen, denn im Prooemium zum Zweiten Teil wird neben "subiectum" auch "attributum" (gleich: "praedicatum") als Satzteil eingeführt (I 99 b/100 a). Der Kontext zeigt jedoch, daß es in Wirklichkeit darum geht, Subjekt und Prädikat und beider Korrelate zugleich zu denken: "**Sol est lucidus**, vera est Affirmatio, quia Sol qualis est, talis enunciatur, & qualis enunciatur, talis est, quia **lucidum esse** ... ita Soli congruit, seu illi sic inest, ut una eademque cum ipso ... res sit" (can.2; I 101 ab). Bei entsprechender Explikation lautet also die These etwa so: Eine Affirmation ist dadurch wahr, daß ihr

Prädikat mit ihrem Subjekt übereinstimmt; und ihr Prädikat stimmt dadurch mit ihrem Subjekt überein, daß die vom Prädikat bezeichnete Tätigkeit oder Eigenschaft mit dem vom Subjekt bezeichneten Gegenstand übereinstimmt. Daß aber Gegenstände, Tätigkeiten und Eigenschaften uns durch Ideen vermittelt werden, gehört zum ABC dieser Philosophie. Daher steckt in der nicht ganz adäquaten Formulierung von Inst. Log.II, can.2, doch implizit die Annahme der Korrespondenz zwischen der Subjekt-Prädikat-Verbindung einerseits und der Übereinstimmung der von Subjekt und Prädikat bezeichneten Ideen andererseits als Grund der Wahrheit.

Die komplexeste Fassung von Gassendis Wahrheitslehre läßt sich aus einer Urteilsdefinition rekonstruieren. Eine Aussage (gedacht ist an mentale Aussagen, s.I 99 a, letzter Abschnitt) entsteht dadurch, daß der "Geist, der seine unterschiedlichen Ideen betrachtet, diejenigen, die miteinander übereinstimmen, durch Affirmation verbindet, und diejenigen, die nicht miteinander übereinstimmen, durch Negation trennt".[34] Diese Stelle enthält zumindest der Sache nach (was immer es mit ihrer Wirkungsgeschichte auf sich haben mag) in nuce die reife Wahrheits- und Wissenslehre Lockes, und zwar bis auf die "sign"-Vorstellung. Für die Wahrheits- bzw. Urteilslehre ist diese Behauptung unmittelbar einsichtig. Was aber die Wissenslehre betrifft, so wird die Apprehension, die dem Urteil zugrunde liegt, infolge der "prädikatenlogischen" Entfaltung des kategorischen Urteils und unter Verwendung eines Motivs aus der Relationenlehre als Übereinstimmung oder Nichtübereinstimmung von Ideen verstanden. Versuchte man, dies in eine bislang noch nicht von der "agreement"-Vorstellung geprägte Wissenslehre zurückzuprojizieren, dann erhielte man etwas, das Lockes 4.1.2 erstaunlich ähnlich sieht. Anzumerken bleibt, daß bei Gassendi der Grund des Zusammenspiels von Verbinden und Affirmation sowie von Trennen und Negation ausdrücklich genannt wird: "ist" verbindet Subjekt und Prädikat und affirmiert zugleich: "ist nicht" trennt Subjekt und Prädikat und negiert zugleich.[35]

*

Der Befund legt eine Vermutung über die Entstehung der Struktur des "Essay"-Lehrstückes nahe. Sie geht vielleicht darauf zurück, daß Locke begann, das kategorische Urteil, von dem her er die Urteilslehre konstruierte, nicht nach der Weise der Aussagenlogik, sondern nach der Weise der Prädikatenlogik zu verstehen. Während sich dadurch das Urteil in "S" und "P" entfaltete und gleichsam zweistellig wurde, erforderte die wahrheitsbegründende Korrespondenz die Herstellung der entsprechenden Zweistelligkeit auf der Gegenstandsseite. Sie wurde erreicht durch Übernahme der in der Relationenlehre eingeführten Termini "agreement" und "disagreement" in die Wissenslehre. Deshalb versteht Locke im "Essay" die Korrespondenz nicht mehr als Relation zwischen "p" und p, sondern differenzierter als Relation zwischen "S ist <nicht> P" und der Relation: S <un>angemessen P; und durch diese Konstruktion wird die Wahrheit für ihn im Grunde so komplex wie eine Relationenfunktion.

Anmerkungen:

1) Ich zitiere nach: An Essay concerning Human Understanding, hg.mit Einführung, kritischem Apparat u.Glossar v.Peter H.Nidditch, Oxford 1975. Die Zitierzahlen bedeuten in der Reihenfolge: Buch.Kapitel.Paragraph(en);
2) Eine Detailerörterung enthält mein Aufsatz "Sinnliches Wissen bei Locke", in:Physik,Philosophie u.Politik. Festschrift für C.Fr.v.Weizsäcker, hg.v. K.M.Meyer-Abich, München 1982, S.253-262;
3) Institutio Logica I: De simplici rerum Imaginatione, II: De Propositione, in: Opera Omnia, Lyon 1658 (Nachdr. Stuttgart-Bad-Cannstatt 1964), Bd.I, S.91-106. - Philosophiae Epicuri Syntagma I: Canonica, in: Opera Omnia, Lyon 1658 (Stuttgart-Bad Cannstatt 1964), Bd.III,S.4-10;
4) François Bernier: Abregé de la Philosophie de Gassendi, Lyon [1]1678, Bd.III ([2]1684, Bd.I);
5) London 1654 (Nachdr. London 1966);
6) Alexander C.Fraser (Hg.): John Locke, An Essay concerning Human Understanding Bd.II, Oxford 1894 (Nachdr.New York 1959), S.168, Anm.1;
7) James Gibson: Locke's Theory of Knowledge, Cambridge 1917 (Nachdr.Cambridge 1960 und 1968), S.121;

8) D.J.O'Connor:John Locke,New York ^{2}1967 (London ^{1}1952), S.155;
9) Siehe unter Anmerkung 35;
10) Locke benutzt diese mittelalterliche Distinktion sehr gern, obgleich seine zweite Wahrheitsexplikation in 4.5.9 nur auf verbale Propositionen zugeschnitten ist.
11) Gassendi: Inst.Log.II, can.1; I 101 a: "Veritas Cognitionis", "Veritas Sermonis" (daneben aber noch "Veritas Scripturae aut Signi"). Entspr.Bernier: Logique II, regle 1;^{1}III 64f.: "Verité de Pensée", "de Discours" ("Ecriture", "Signe"). Auch ^{2}I 61f.;
12) "Putting together" (4.5.5-8) hat als wörtliche Übersetzung "Synthesis", das in dieser Bedeutung ein moderner Nachfolger von "συμπλοκή" zu sein scheint. Zur Sache selbst äußert sich deutlich Lockes Freund Robert Boyle (Birch 5, 539): "Experience is but an assistant to reason, since it doth indeed supply informations to the understanding; but the understanding remains still the judge... The sense does but perceive objects, not judge of them.";
13) Dazu Fraser a.a.O. II 168 (vor Anm. 1);
14) Draft A of Locke's Essay concerning Human Understanding, transskribiert u.mit kritischem Apparat versehen von Peter H.Nidditch, Sheffield 1980 (Zitierweise: "A Paragraphennummer; Seite"). Ähnlich der genannten Stelle ist A 20;82, A 24; 86 und A 27; 94, ferner Stellen wie B 154; 319 in: Draft B of Locke's Essay concerning Human Understanding, transskribiert u.mit kritischem Apparat versehen v.Peter H.Nidditch, Sheffield 1982. - Die Termini erscheinen auch im Zusammenhang des Verhältnisses von Handlungen zu Regeln: A 19;80,A 24;87,B 151;315,B 155; 320;
15) Der Text lautet: Unsere einfachen und komplexen Ideen sind "all that can be any ways the object of our knowledge or understandings whose maine businesse consists in knowing truth & falshood which is to be found only in uniteing or seperateing in our mindes these simple or complex Ideas which are mentall propositions or in affirmation or negation which are verball propositions". "Which are mentall propositions" ist nicht auf "complex Ideas" allein zu beziehen, sondern, wie der Kontext zeigt, auf den ganzen Passus von "uniteing" bis "complex Ideas", den es erläutert;
16) Guilelmus de Occam: In Sententiarum I = Opera Plurima, Lyon 1494 - 1496 (Nachdr.Farnborough 1962) Bd.III;
17) Das zeigt B 32;106, ferner B 63;148. Aber auch der "Essay" hat noch die Aufzählung "imagine, apprehend, comprehend, adhere, conceive"(3.1.5) und verwendet in einer schönen Stelle, auf die das Glossar des Herausgebers aufmerksam macht (1975;828 b) "apprehensive faculties" (4.11.9). - Das entspricht dem Brauch; vgl.Gassendi: De Sensu 1; II 335 b: "percipere, apprehendere, seu cognoscere, ac sentire", auch Inst.Log.I, prooem.; I 92 a, wo "apprehensio" synonym gesetzt wird mit "conceptio", "in-

tellectio" und "notio". Boyle hat entspr. "apprehension" für "idea"; vgl.Birch 4, 416 u.418. - Ähnlich Bernier: Logique en general, [1]III 3: "apprehendons ou concevons" ([2]I 3: "apprehendons ou percevons");

18) Z.B. 4.11.2 und 3;

19) Zum Verhältnis Gassendismus-Locke allgemein: Erfahrung und Hypothesen. Meinungen im Umkreis Lockes, in: Philosophisches Jahrbuch 88 (1981), S.20-49;

20) Z.B. Diogenes Laertius X 50 und Gassendi: Inst.Log.I, prooem.; I 92 a;

21) Gassendi: Inst.Log.I, prooem.; I 92 a: "Conceptio, Apprehensio, Intellectio". Auch De Sensu I; II 335 b: "percipere, apprehendere, seu cognoscere, ac sentire". - Entspr.Bernier: Logique I, prooem.; [1]III 6 ("Conception, Apprehension, Intellection") und Physique I,11; [2]III 163 f.: "sentie, apprehendie, perceüe, ou connue". Da über Lockes evtl.Zugangsweg noch nicht entschieden werden kann, gebe ich hier und im folgenden sowohl Gassendi - als auch Bernierstellen;

22) Gassendi: Inst.Log.I, prooem.; I 92 a: "Imaginatio/Apprehensio simplex". Entspr.Bernier: Logique I;[1]III 6: "Imagination/Apprehension Simple". Zur Mißverständlichkeit dieser Redeweise Lockes B 63;148 f.: "Though they are commonly called simple apprehensions & the names of them simple termes yet in effect are complex or compound & might more properly be caled single termes.";

23) Gassendi: Inst.Log.I, can.17;I 98 b f.: "Sunt autem praeterea alia capita, ex quibus Relationes sumuntur; communissimum vero est Convenientia, et discrepantia." Entspr. Bernier: Logique I, regle 17; [1]III 52 f.: "Il y a encore d'autres chefs d'où se prenent les Relations. Le plus commun est la Convenance, & la Disconvenance.";

24) Gassendi: Canonica 2,can.1;III 5 a: "Omnis Sensio, omnisque Phantasiae, seu apparentiae perceptio vera." Inst. Log.I,can.1; I 92 b: "Imaginatio proinde germana, legitima veraque est, cum...". Entspr.Bernier:Logique I, regle 1;[1]III 9: "Une Imagination est propre, legitime, & vraye, lorsque...";

25) Gassendi: Disquisitio Metaphysica, In Med.IV, dub.3, art.8;Opera III 372 a: "Est igitur falsitas...in ipso proprie iudicio; tametsi posset in singulis quoque apprehensionibus agnosci, quatenus rebus conformes non sunt, iudiciisque ansam falsitatis praebent.";

26) Gassendi: Inst.Log.II,can.1; I 101 ab: "Habuimus quidem parte superiore... Ideam veram: at, quia donec nihil affirmetur, aut negetur, Veritas aut Falsitas haec haeret veluti in suspenso...; ideo Veritas, Falsitasque ad Propositionem proprie pertinent." Entspr.Bernier:Logique II, regle 1;[1]III 63 f: "Dans la premiere Partie nous avons tenu pour Vraye cette Idée...: Mais parce que tant qu'on n'affirme ou qu'on ne nie rien, cette verité, ou cette fausseté demeure comme en suspens...; pour cette raison la Verité & la Fausseté appartiennent proprement à la

Proposition". Auch ^{2}I, 60 f. - Gassendi: Brief an Ludwig von Valois, Juli 1642; VI 148 f.: "Simplex Apprehensio qua asseritur aut negatur nihil, et Iudicium quo asseritur aut negatur aliquid." Ferner Inst.Log.II,can.1; I 101 a: "Veritas Falsitasque ad Propositionem proprie pertinent, qua eam <nämlich: rem, R.S.> talem esse, aut talem non esse pronunciatur." Entspr.Bernier: Logique II, regle 1; ^{1}III 64: "LaVerité & la Fausseté appartiennent proprement à la Proposition, par laquelle l'on prononce de la chose qu'elle est telle, ou n'est pas telle." Auch ^{2}I 61;

27) Gassendi: Inst.Log.II, prooem.; I 99 b: Die Proposition heißt "Iudicium, quatenus per ipsam quid res sit, aut non sit iudicamus, ac veluti decidimus." Entspr.Bernier: Logique II,prooem.; ^{1}III 57: Die Proposition heißt "Jugement, en ce que par elle nous jugeons, & decidons ce que la chose est, ou n'est pas.";

28) Gassendi: Canonica 3,can.3;III 8 b f.: "Dum quid enunciando, sive ratiocinando opinamur, id a quapiam re prius evidente dependet; utpote ad quam attendentes, cogitationemve nostram referentes, inferimus id, a quo agitur, tale esse, aut non esse.";

29) Gassendi: Disquisitio Metaphysica, In Med.IV, dub.3,art. 6; III 370 b: "ut, si velis mutari iudicium, necesse sit apprehensionem mutari.";

30) Die z.B. Disquisitio Metaphysica, In Med.IV, dub.3, art. 8; III 372 a, nicht erwähnt wird.

31) Gassendi: Canonica 1,prooem.;III 4b: "Veritas autem Enunciationis aut iudicii nihil aliud est, quam Conformitas enunciationis ore factae, aut iudicii Mente peracti, cum ipsa enunciata, seu iudicata re." Ferner Inst.Log.II, can.1;I 100 b: "Nihil aliud Veritatis nomine intelligi solet, quam Enunciationis cum re enunciata, seu Cogitationis cum re cogitata Conformitas." Entspr.Bernier: Logique II, regle 1; ^{1}III 63: "L'on n'entend d'ordinaire autre chose par le mot de Verité, qu'une conformité de l' Enonciation avec la chose enoncée, ou de la Pensée avec ce qui est pensé". Auch ^{2}I 60;

32) Gassendi: Disquisitiones Metaphysicae, In Med.IV, dub.3, art.8; III 372 a: "Cum iudicium, quod fertur de re, est ipsi conforme, utpote rem talem enuncians esse qualis est, vel talem non esse, qualis non est." Entspr.Stellen bei Inst.Log.II, can.1, in Anm.26;

33) Gassendi: Inst.Log.II, can.2; I 101 a. Entspr.Bernier: Logique II, regle 2; ^{1}III 66: "Une chose n'est enoncée estre ce qu'elle est, que lors que l'Attribut convient au Sujet, c'est a dire qu'il luy concient tellement qu'il luy est joint, ou une seule, & mesme chose avec luy, non-eloignée, non-disjointe." Auch ^{2}I 63;

34) Gassendi: Inst.Log.II, prooem.; I 99 a: "Mens ad varias quas habet Ideas attendens, eas, quae mutuo congruunt, affirmatione copulat; eas, quae non congruunt, negatione

deiungit." Entspr. Bernier: Logique II, prooem.; [1]III 56: "L'Entendement estant attentif aux diverses Idées qu'il a, joint par l'affirmation celles qui conviennent mutuellement, dis-joint par la negation celles qui ne conviennent pas." Auch [2]I 53;

35) Gassendi: Inst.Log.II, prooem.; 99 ab: "Mens ... Ideas ... affirmatione copulat, ... negatione deiungit ... affirmationem, negationemque fieri intercedente Verbo **Est**, aut ... **Non est**." Entspr. Bernier: Logique II, prooem.; [1]III 56 f.: "L'Entendement ... joint par l'affirmation ..., dis-joint par la negation. ... la negation, & l'affirmation se font par l'entremise du Verbe **est** ou tout seul ... ou avec une particule negative."

***

Der Forma-Begriff in der neuscholastischen Naturphilosophie und sein Beitrag zum Informationsverständnis - eine Erinnerung an Joseph Kleutgen -

Werner Strombach, Dortmund

1 Kurzer Überblick über Kleutgens Schaffen

Joseph Kleutgen war Dortmunder. Am 9.April 1811 wurde er in jener Stadt geboren, die später eine Metropole von Kohle, Stahl und Bier werden sollte. Offenbar war er der für das Geistesleben bedeutendste Sohn dieser Stadt, wenngleich sich sein Wirken - als Theologe, Philosoph, Kirchenpolitiker und Pädagoge - fernab, vorzugsweise in Rom, vollzog.

Kleutgen absolvierte in Dortmund das Gymnasium, studierte in München, Münster und Paderborn, trat 1834 in Fribourg (Schweiz) in den Jesuitenorden ein und wurde 1843 vom Ordensgeneral nach Rom berufen. Dort war er u.a. Ordenssekretär, Konsultor der Indexkongregation und Professor am Collegium Germanicum. Im Rahmen der Tätigkeit für die Indexkongregation hatte er wesentlichen Anteil an der Indizierung des in Wien lehrenden Bolzano-Schülers Anton Günther. Aber auch Hermes, Hirscher und andere katholische Theologen und Philosophen wurden von ihm bekämpft.

Seine These hieß: so wenig es zwischen Christus und Luzifer eine Mitte gibt, so wenig kann es zwischen Rom und dem Atheismus einen Kompromiß geben. Jedes Entgegenkommen den Aufklärern, Liberalen und Materialisten gegenüber, stärkt die Front der Gegner der Kirche, die sich ohnehin schon hart bedrängt sieht. Deshalb erfordere die Zeit ein deutliches Ja jedes Gläubigen zum Glauben und insbesondere auch zur Autorität des kirchlichen Lehramtes.

Kleutgen übernimmt das Wort des Vinzenz von Lerin: quod semper, ubique et ab omnibus, und will damit sagen: Wahrheit liegt in der Tradition der Kirche, die sich dabei auf den Beistand des Geistes berufen kann. Das Neue kann nur Präzisierung, Ergänzung und Vervollkommnung des Alten sein. Nicht Umsturz, sondern Weiterentwicklung ist Fortschritt. Deshalb wirft er den neuen Philosophen auch nicht vor, daß sie sich um eine sichere Basis des Denkens und Erkennens bemühen, wohl aber, daß sie bei ihrer Sucht, alles neu und die Vorzeit verächtlich zu machen, grundsätzliche Wahrheiten mißachten und sich statt dessen auf abenteuerliche Spekulationen einlassen.

Aus dieser Sicht initiiert Kleutgen drei wichtige, wenn auch - damals wie heute - nicht unumstrittene päpstliche Entscheidungen. Es sind dies die Dogmen "Immaculata Conceptio", "Infallibilität des Papstes in Lehramtsentscheidungen" und die Enzyklika Aeterni Patris. Bei letzterer ist Kleutgens Anteil nicht ganz sicher, doch bestätigt sie die von Kleutgen jahrzehntelang vertretene Position.

Kleutgen starb vor 100 Jahren, am 13.Januar 1883, in St. Anton bei Kaltern in Südtirol. Das möge Anlaß sein, sein philosophisches Hauptwerk, 'Die Philosophie der Vorzeit', in den Mittelpunkt unserer Überlegungen zu stellen, und zwar insbesondere den hierin vorzüglich aufgearbeiteten Forma-Begriff. Am Ende wollen wir eine Betrachtung darüber versuchen, ob und inwieweit die Konzeption einer forma uns hilfreich sein kann zu einem tieferen Verständnis dessen, was uns heute, immer noch etwas unausdiskutiert, als Information begegnet, und zwar nicht unter der spezifischen Rücksicht eines Anwendungsbereichs, sondern möglichst allgemein oder 'wesentlich', wenn man so will.

Die 'Philosophie der Vorzeit' will Kleutgen verteidigen. Dieser Titel kann leicht zu Mißverständnissen führen, denn Vorzeit ist hier nicht das, was man geläufig darunter versteht, sondern die Zeit der Kirche bis in das 18.Jahrhundert, und die Philosophie der Vorzeit ist jene, welche "wenigstens auf den katholischen Schulen allgemein gelehrt, und von den Theologen für die heilige Wissenschaft benutzt wurde."[1] Das aber ist keine andere als die auf Sokrates, Platon und Aristoteles zurückverweisende scholastische Philosophie, als deren unbestrittener Lehrmeister Thomas von Aquin anzusehen ist.

Insbesondere sieht Kleutgen es als seine Aufgabe an, Vorwürfe gegen die Scholastik zu entkräften, so z.B. den Vorwurf, daß sie es versäumt habe, "sich über die Bedingungen und Grenzen alles Wissens Rechenschaft zu geben."[2] Deshalb enthält der erste Teil des Kleutgen'schen philosophischen Werkes eine ausführliche erkenntnistheoretische Diskussion mit zahlreichen Einwänden gegen vermeintliche oder tatsächliche scholastische Sätze und entsprechende Gegendarstellungen. So fragt Kleutgen unter anderem nach Ursprung, Prinzipien und Gewißheit menschlichen Erkennens, sucht den scholastischen Realismus gegenüber dem Nominalismus zu rechtfertigen und die scholastische Methode einer Verbindung von analytischem und synthetischem Vorgehen aufzuweisen und zu verteidigen.

Der zweite Teil ist vorwiegend ontologisch orientiert und handelt vom Sein, von der Natur, vom Menschen und von Gott. Einen wichtigen Anlaß zu diesen Betrachtungen bildet nach Kleutgen die Notwendigkeit zu einer Auseinandersetzung insbesondere mit dem Cartesianismus und mit der Identitätsphilosophie im <u>naturphilosophischen</u> Bereich. Denn das Gedeihen der Naturphilosophie hänge zwar auch von der empirischen Kenntnis der Natur ab, mehr noch aber von den metaphysischen Grundlagen und von dem Scharfsinn, mit dem nach diesen die gegebenen Tatsachen beurteilt werden. Mechanisten und Dynamisten hält er deshalb entgegen, daß die qualitative Verschiedenheit der Stoffe und die ihnen beigelegten Kräfte zwar die Möglichkeit zu mannigfaltigen Zusammensetzungen ergeben, die Naturgebilde selbst aber dadurch ebenso wenig erklärt werden wie ein Gebäude durch die Beschaffenheit des Baumaterials.[3] Und so ergibt sich als Konsequenz hieraus die Kleutgen'sche Forderung: "Wie wir Gott, die höchste Ursache aller Dinge, nicht als bloße Macht, durch die alles wird, sondern auch als Weisheit, die aller Wesen ewige Formen (Ideen) enthält, und als das höchste Gut, das aller Dinge und daher auch seines Wirkens und Schaffens letzter

Zweck ist, denken; also müssen wir auch in der Natur, als der nächsten Ursache, nicht den bloßen Stoff, aus dem alles werden kann, sondern auch die Formen, die den ewigen Ideen nachgebildet sind, und eine Tätigkeit denken, die von Zwekken bestimmt wird."[4)]

2 Die forma

In der von Kleutgen konzipierten neuscholastischen Philosophie und hier insbesondere in der Naturphilosophie spielt also - wie sich schon andeutete - der forma-Begriff eine wichtige Rolle.[5)] Dabei werden sicher gegenüber dem Mittelalter an einigen Stellen Abstriche gemacht, das räumt Kleutgen auch durchaus ein; für uns wiederum erscheint nicht alles so wichtig, was Kleutgen in Breite darstellt. Aber es gibt doch einige bemerkenswerte Überlegungen, und auf diese wollen wir, soweit es unsere Fragestellung berüht, unser Augenmerk richten.

Erinnern wir uns, daß es ein Anliegen der griechischen Philosophie war, um in den Besitz der Wahrheit zu gelangen etwas Unwandelbares zu erkennen, "das uns Norm sei, nach der wir anderes beurteilen".[6)] Während Platon dieses Unwandelbare in den Ideen suchte, zeigte Aristoteles, daß es in den sinnlichen Dingen trotz allem Wandel etwas gebe, das nicht verwandelt wird sowie in uns eine Erkenntniskraft, durch die wir jenes Bleibende, d.h. die Wesenheit und die Natur des Dinges erfassen. Dabei sieht die Scholastik - kurz gesagt - in der Wesenheit das principium essendi, in der Natur das principium operandi der Dinge.[7)] Je nachdem es den Naturwesen eigen ist, zu bewegen oder bewegt zu werden, liegt in ihnen ein tätiger Grund, die Bewegungskraft oder ein leidender, die Beweglichkeit. So ist ihnen also - im Gegensatz zu den Artefakten - die Bewegung natürlich.[8)]

Die Wesenheit aber wird gelegentlich auch Form genannt, was jedoch nicht der thomistischen Position entspricht und auch von Kleutgen abgelehnt wird. Tatsächlich bestimme sich das Wesen eines substantiellen Körpers doch nicht nur von der Form her, sondern auch vom Stoff, in dem die Form ist.[9] Beides zusammen, Stoff und Form, ist die Substanz. Die Form bestimmt den Stoff, der nur durch eine Form Dasein erhält, doch kann auch die Form nicht sein, ohne in einem Stoff zu sein. Beide bedingen sich gegenseitig: der Stoff ist in potentia in bezug auf die Form, die Form differenziert und aktualisiert den Stoff, "Dicere igitur, materiam praecedere sine forma, est dicere ens actu sine actu: quod implicat contradictionem", sagt Thomas von Aquin.[10] Deshalb bestimmt man auch Stoff und Form als metaphysische Teile, die zwar gedanklich eine eigene, bestimmte Realität haben, aber weder vom Ganzen, noch voneinander trennbar sind;[11] oder mit den Worten Kleutgens: im Denken getrennt, in der Sache eines.[12] Und deshalb ist die Substanz eines, denn sie ist weder geteilt, noch kann sie geteilt werden.

Die so aus Stoff und Form zusammengesetzte (körperliche oder materielle) Substanz ist nun aber noch nicht Stoff etwa in dem Sinne wie ihn der Chemiker oder der Physiker untersucht. Wenn wir bisher Stoff sagten, so meinten wir den 'Urstoff', die materia prima, und wenn wir Form sagten, meinten wir die forma substantialis, die mit dem Urstoff eine Wesenseinheit, eine 'materielle' Substanz bildet. Diese Substanz aber, und nur mit den 'materiellen' hat es die Naturphilosophie zu tun, ist in gewissem Sinne auch potentia, denn es ist weiterhin bestimmbar, und zwar durch akzidentelle Formen. Die akzidentellen unterscheiden sich von den substantiellen Formen dadurch, daß jene bereits ein substantielles Sein voraussetzen, diese dagegen nur ein potentielles. So also setzt zwar auch die substantielle Form etwas voraus, in dem sie ist, aber dieser Stoff ist selbst noch nicht wirklich, sondern wird es erst durch Hinzutreten der Form. Die akzidentelle Form dagegen kommt zu einem bereits essentiell Vollendeten, selbständig - allerdings metaphysisch - Seienden, als nähere Bestimmung hinzu und aktualisiert dieses im Sinne empirischer Erfaßbarkeit und Meßbarkeit durch Kräfte und Kraftwirkungen, wenngleich auch in gewisser Abhängigkeit von der forma substantialis, so daß die formae accidentales häufig als Ausdruck innerer Entwicklung und Entfaltung der Substanz verstanden werden. Doch so wie die forma substantialis nicht ohne materia prima, so kann die forma accidentalis nicht ohne die Substanz sein. Die akzidentell bestimmte Substanz ist die 'materia secunda', und hier erst beginnt der Zuständigkeitsbereich der naturwissenschaftlichen Forschung. Metaphysische Teile sind nicht Sache der Empirie.

Wenn die Scholastiker aber sagen, die Sinne erfassen nur die Akzidentien, die Vernunft dagegen dringe zur Natur vor, so meinen sie damit nicht nur, daß sich durch die Stoff-Form-Betrachtung das Wesen eines Seienden erschließe, sondern sie wollen damit insbesondere den wirksamen Grund dessen bestimmen, was im Dinge ist und erscheint[13] und was ja - wie schon oben erwähnt - als Natur bezeichnet wird. Und auch hier kommt der forma-Begriff in Ansatz, nun aber nicht als Prinzip der Aktualität, sondern als Prinzip der Aktivität, d.h. der arteigenen Tätigkeit der Substanz.

Schon Aristoteles hatte darauf hingewiesen, daß nur ein Wirkliches und kein Potentielles Bewegungsprinzip sein könne, also nur eine forma und keine materia. Deshalb erscheint die forma im aristotelisch-scholastischen Denken auch als Tätigkeitsprinzip und tritt, da jede Bewegung auch ein Ziel hat, letztlich in Beziehung zum telos, zur Verwirklichung der Form in der Entelechie. So ist also in ontologischer Sicht die forma in dreierlei Hinsicht Prinzip: der Aktualität, der Aktivität und der Finalität substantiellen Seins.

Ein Anliegen der aristotelisch-scholastischen Philosophie im Bereich des körperhaft Seienden war es, das Werden und Vergehen, allgemein gesagt die Verwandlung von Körpern einsichtig zu machen. Diese Verwandlung besteht darin, daß die Formen, welche die Eigenart und die eigentümliche Wirksamkeit eines Körpers ausmachen, erzeugt oder zerstört werden.[14] Und da dies, wie wir heute sagen würden, bis in die letzten, körperlich gar nicht mehr objektivierbaren Strukturen des materiellen Seins hinab geschieht, so folgt, daß der Stoff an sich gar nicht körperlich zu verstehen ist, er ist - in der Sicht der aristotelischen Metaphysik - 'nec quid, nec quale, nec quantum'.[15)]

Während aber dieser 'Urstoff' zu jeglicher Art Formgebung offen ist und damit auch in jegliche Art von physisch Seiendem eintreten kann, ist ein konkretes Material (materia secunda) lediglich zu bestimmten, mit dem Material verträglichen (akzidentellen) Formungen fähig; oder mit Kleutgen: der Urstoff kann zu jeder Art von Körpern werden, weil er an und für sich noch zu keiner Art von Körpern gehört.[16)] Denn an sich genommen hat dieser Stoff weder Größe noch Ausdehnung und ist eben deshalb etwas völlig anderes, als es etwa im 19.Jahrhundert der Materiebegriff des Atomismus wollte, mit dem sich Kleutgen auseinanderzusetzen hatte und dem er schon ahnungsvoll entgegenhielt: Warum sollen denn die Atome nicht weiter geteilt werden können? "Was gibt ihnen jene Dichtigkeit oder Festigkeit, die allen Kräften der Natur Widerstand leisten. Nichts als die Annahme, d.h. die Willkür."[17)]

Die absolute Bestimmbarkeit des Urstoffs bedeutet nun aber keineswegs, daß die Form den Stoff etwa erzeuge, sondern lediglich, daß er irgendeiner Form bedarf, um wirklich sein zu können. Und ebenso bedarf die Form des Stoffes als jenes Subjektes, ohne welches sie weder werden noch dasein kann. "Stoff und Form sind also sich gegenseitig Ursache des Daseins, jedoch nicht etwa als erzeugende oder hervorbringende Ursache - denn das wäre ein Widerspruch, - sondern der Stoff als Subjekt (causa materialis) und die Form als das Differenzierende (causa formalis)."[18)]

Die Art und Weise, in der bei Veränderung oder Entstehen von Körpern die materiegebundenen substantiellen oder akzidentellen Formen mitentstehen, sucht die Scholastik mittels des Begriffs der <u>eductio</u> zu fassen. Der Ausdruck "eductio formae e potentia materiae' bedeutet, daß die materiellen Formen, da sie keine vollständigen oder für sich bestehenden Substanzen sind, d.h. im Zustand der Abtrennung kein eigenes Sein haben, auch keinen absoluten oder getrennten Ursprung haben können. Die Formen werden nicht in dem Sinne, in dem körperliche Dinge werden, also durch Aktualisierung eines Substrats, das dem Gewordenen immanent bleibt. Da sie aber notwendiges Aufbauprinzip jedes körperhaft Seienden sind, werden sie miterzeugt wann immer ein solches hervorgebracht wird.

Die aristotelisch-thomistische Auffassung kommt zum Ausdruck in der Formulierung: "formae generantur sine generatione et corrumpuntur sine corruptione."[19] Hierdurch wird deutlich, daß nicht die Formen entstehen und vergehen, sondern die Seienden, deren substantielle oder akzidentelle Bestimmungen sie sind. Diese werden aber bei der Entstehung eines Seienden auch nicht eigentlich erzeugt, sondern es wird die Potentialität der Materie in bezug auf eine Seinsgestalt aufgehoben. Das bedeutet also insbesondere nicht, daß die Form der Materie bereits irgendwie inhaerent wäre. Eine solche Auffassung, die Anaxagoras zugeschrieben wird (Werden als Umschichtung), lehnen die meisten Scholastiker mit eben dem Hinweis ab, daß es ja dann kein eigentliches Entstehen zuvor nicht existierender Wesen gebe, sondern alles Werden zum bloßen 'Herausziehen' verborgener, aber schon wirklicher Realitäten würde. Auch würde damit wieder die Antinomie des Parmenides hervortreten, deren Überwindung Aristoteles durch die Unterscheidung von aktuell und potentiell Seiendem gelungen war.

Generatio und corruptio als wirkliche Verwandlung (conversio) beziehen sich also auf Substanzen, das Entstehen und Vergehen von Akzidentien wird als Veränderung (alteratio) bezeichnet. So wird es möglich, die Verwandlung bis auf den Urstoff zurückzuführen. Denn nur wenn es keine elementarischen Stoffe gibt, die ein festes, unverlierbares Sein haben, ist der Urstoff wirklich bestimmungslos und offen für die Aufnahme jeder Art substantieller Formen.

Es gibt noch zwei Anwendungsbereiche des forma-Begriffs innerhalb der scholastischen Philosophie, auf die wir abschließend kurz eingehen wollen. So wird der Begriff bezogen:

1) auf einen schöpferischen Geist im Sinne eines Vorbildes oder einer Idee, die insofern auch als (vorbildliche) Ursache des Dinges aufgefaßt wird, und
2) auf einen erkennenden Geist im Sinne einer Nachbildung des Erkannten im Erkennenden gemäß dem thomistischen Grundsatz: das Erkannte ist im Erkennenden nach der Weise des Erkennenden.[20] Denn wenn auch das Sein der Dinge im Erkennenden 'Bild' genannt wird, so muß man doch berücksichtigen, daß der Eindruck, den das Sinnesorgan empfängt, nur Anlaß ist, tätig zu werden, die Aufmerksamkeit auf das wahrzunehmende Objekt zu richten. Deshalb unterscheiden die Scholastiker das Empfangen eines Eindrucks (Rezeptivität) vom Erfassen des Gegenstandes (Spontaneität), das wegen der damit verbundenen Hinwendung auch als intentio bezeichnet wird. Insofern können die Scholastiker sagen, das sinnliche Erkenntnisprinzip forme die wahrgenommenen sinnlichen Formen wie eine 'Form der Formen'.[21] Und damit ist das Erkannte im Erkennenden wie das Ding in der Vorstellung, also nicht seinem physischen, sondern seinem intentionalen Sein nach.

Nur der Vollständigkeit halber sei noch erwähnt, daß der Form-Begriff auch im Alltag, in nicht-scholastischen philosophischen Systemen und in anderen Wissenschaften (z.B.der Psychologie oder Morphologie) Anwendung findet. Wir verweisen auf den Unterschied von Wahrnehmungs- und Anschauungsformen, innerhalb der Wahrnehmung auf Formen der Ruhe (Figuren, Gestalten) und Formen der Bewegung (Klangformen, Tanzformen), auf abstrakte Formen wie z.B. logische, mathematische und juristische und schließlich auf alltagssprachliche Sonderverwendungen wie etwa 'Umgangsformen', 'Leistungsformen' usw.[22]

3 Forma und Information

Wir wollen nun - wie einleitend bemerkt - zum Abschluß die Frage aufwerfen, ob und inwieweit der aristotelische forma-Begriff hilfreich sein könnte für ein tieferes Verständnis dessen, was wir heute Information nennen. Hier aber gilt es, gleich eine Einschränkung zu machen: es soll dabei weder um die syntaktisch-nachrichtentechnische Verwendung des Begriffs gehen, bei der die Frage nach der Meßbarkeit im Vordergrund steht, noch um seine logische oder sprachliche Einordnung, sondern es geht um seinen phänomenalen oder ontologischen Gehalt.

Von der Etymologie her legen sich natürlich Zusammenhänge von forma und Information nahe, und so verwundert es nicht, daß man auch in wissenschaftlichen Arbeiten Beispiele findet, so wenn B.Hassenstein sagt, ein Informationsbüro verlöre seinen Sinn, wenn alle in Frage kommenden Interessenten den Inhalt der angebotenen Informationen schon kennen, oder mit anderen Worten: wenn das zu Formende, das Material, bereits in der beabsichtigten Weise geformt wäre.[23] Das deutet auch schon darauf hin, daß - phänomenal gesehen - Information uns primär im Kommunikationsbereich begegnet, wo auf der einen Seite ein Wissender steht, ein Geber, und auf der anderen ein Empfänger mit partiellem Unwissen, so daß ein Informationsgefälle vorliegt.

Die durch ein Medium übermittelte Information befindet sich in der Form einer Nachricht, sie ist für den Empfänger der noch unbekannte, aber verstehbare und insofern auch wirksame Teil der Nachricht. Ein völlig verstümmeltes Telegramm, das keinen Sinn ergibt, ist ebensowenig eine Information wie eine Mitteilung, die der Empfänger bereits kennt.[24] Während der Übertragung ist die Nachricht an einen materiellen Träger gebunden (Signal), der in dieser Hinsicht Zeichenträger genannt wird. Die Nachricht kann aus einem oder mehreren Zeichen bestehen, wobei es sich in der Regel um Repräsentationszeichen handelt, deren Informationsgehalt festgelegt wurde. Anzeichen kommt dagegen der Informationsgehalt natürlich zu.

Schließlich ist zu bedenken, daß der Informationsgehalt einer Nachricht zunächst nur potentielle Information ist. Erst das empfangende System aktualisiert diese, indem es sie aufnimmt und verarbeitet, d.h. also reagiert.

Wenn wir auf das hier Gesagte die Merkmale einer forma im Sinne der aristotelisch-scholastischen Philosophie zu beziehen suchen, so ergeben sich ganz interessante Parallelen und Interpretationsmöglichkeiten. Freilich kann die Übertragung auf unseren Gegenstandsbereich nur durch Analogien geschehen, was schon daraus resultiert, daß in der substantiellen Konzeption Materie und Form metaphysische entia sind, während wir es hier mit empirischen Gegebenheiten zu tun haben. Die materia in Gestalt eines Zeichenträgers ist nicht nur in potentia, sondern an sich schon 'materia signata'.[25] Wenn wir also sagen: die Information verhält sich zum Zeichenträger wie die forma zur materia, so müssen wir berücksichtigen, daß die forma, die Information, zwar nicht bestehen kann ohne Träger, daß aber der Träger als physische Realität existieren kann, auch ohne Zeichenträger (Informationsträger) zu sein. Die Information ist also insofern actus, als sie das materielle Objekt oder einen materiellen Prozeß als Zeichenträger aktualisiert. Und dies geschieht - wie angedeutet - im Falle von Repräsentationszeichen durch den Geber, im Falle von Anzeichen von Natur aus.

Nun ist aber - so sagten wir im Hinblick auf den Informationsgehalt - dieser erste Aktualisationsschritt noch kein endgültiger: so wie ja auch eine reine Substanz, die nur aus materia prima und forma substantialis besteht, empirisch noch nicht präsent ist, weil sie erst nach Hinzutreten einer weiteren Form, der akzidentellen Bestimmtheit, im beobacht- und meßbaren Bereich wirkt, so wird auch die an den Zeichenträger gebundene potentielle Information erst dadurch 'Wirklichkeit', daß sie in einem empfangenden System 'decodiert' und in Handlung umgesetzt wird: zustimmend oder ablehnend, beachtend oder mißachtend, Freude oder Trauer auslösend usw.

Und damit haben wir zwei Merkmale der scholastischen forma in unsere Überlegungen aufgenommen: das Prinzip der Aktualität und das Prinzip der Aktivität. Die Information aktualisiert den Zeichenträger und wirkt auf den Empfänger, der nun seinerseits aktiv wird und die Information aktualisiert, und zwar 'auf seine Weise' und nach seinen Möglichkeiten. Denn so wie im Sinne der scholastischen Erkenntnistheorie Erkennen ein Ineinander ist von Rezeptivität und Spontaneität und das Erkannte im Erkennenden in der Weise des Erkennenden, so verhält sich das empfangende System gegenüber der potentiellen Information eines Zeichens oder einer Zeichenfolge passiv und aktiv, hinnehmend und aktualisierend. Und wenn man will kann man in der (potentiellen) Information auch noch ein teleologisches Prinzip sehen, denn schließlich steht sie im Dienste einer übergeordneten Ziel- oder Zwecksetzung.

Nun begegnen wir aber dem Informationsbegriff nicht nur im engeren Kommunikationsbereich, wo - zumindest auf einer Seite - der Mensch beteiligt ist, wir finden ihn auch im Sinne von Datum, Maschinenbefehl, Erbinformation und ähnlichem. Paßt das bisher Gesagte auch auf diese Anwendungen?

Ich möchte behaupten: grundsätzlich ja! Daten und Maschinenbefehle, an welche materiellen Träger sie auch immer gebunden sein mögen, sind im Hinblick auf den Computer potentielle Information, die das decodierende System aktualisiert, indem es sie einspeichert, weiterverarbeitet, wieder ausgibt, also in Aktivitäten umsetzt. Und nicht anders bei der Erbinformation. Sie bedeutet doch zunächst, daß eine Mannigfaltigkeit von Molekülen in bestimmter, jedoch nicht unveränderbarer Weise geordnet, strukturiert als eine Einheit vorliegt - die forma tritt auch im scholastischen Denken als Prinzip der Einheit auf -, die in bezug auf den sich entwickelnden Organismus - potentiell zunächst - alle Information enthält, die im Verlauf der Ontogenese aktualisiert wird, im Wachstum, im Stoffwechsel, im Verhalten und in der Vermehrung.[26)] Und - wiederum parallel zu oben angestellten

Überlegungen - muß man sagen: die Information besteht nicht unabhängig von ihren Trägermolekülen, nur gedanklich kann sie abgelöst werden. Aber umgekehrt sind die Moleküle und Molekülketten auch dann und nur dann Erbinformation, wenn sie in einer solchen Form, in einer gewissen Struktur also, vorliegen. Im Hinblick darauf haben wir an anderer Stelle gesagt: "Information ist eine Struktur, die in einem empfangenden System etwas bewirkt."[27)]

Und wenn wir abschließend an den Fall denken, daß ein Forscher über seine Erkenntnisse, ein Dichter über seine Gedanken, ein Architekt über seine Pläne <u>informiert</u>, so haben wir auch noch jenen forma-Aspekt vor uns, den wir in bezug auf einen schöpferischen Geist Vorbild oder <u>Idee</u> genannt haben. Also zeigt sich in der Tat, daß man - ausgehend vom aristotelisch-scholastischen forma-Begriff - den Inhalt des phänomenalen und des ontologischen Informationsbegriffes verdeutlichen und somit zu einem besseren Verständnis seines Gehaltes beitragen kann.

Anmerkungen:

1) J.Kleutgen, Die Philosophie der Vorzeit, 1.Bd., Münster 1860 (Ph.d.V.I);3 (2.Aufl.Innsbruck 1878);
2) Ph.d.V.I; 17;
3) J.Kleutgen, Die Philosophie der Vorzeit, 2.Bd., Münster 1863 (Ph.d.V.II);272;
4) Ph.d.V.II; 278;
5) Vgl.u.a. J.Donat, Cosmologia, ed. 9 et 10, Innsbruck 1936, P.Hoenen, Cosmologia, ed. 4, Romae 1949, F.Renoirte, Philosophie der exakten Wissenschaften, Einsiedeln-Zürich-Köln 1955;
6) Ph.d.V.I; 90;
7) Ph.d.V.I; 155, Ph.d.V.II; 262. - Vgl.auch Aristoteles, Metaphysik (Philosophische Werke Bd.I, hrsg.von E.Rolfes, Leipzig 1921); V.c.4;
8) Ph.d.V.II; 262;
9) So sagt z.B. Thomas von Aquin: "Patet ergo quod essentia comprehendit materiam et formam" (Über das Sein und das Wesen, dt.-lat.Ausgabe, übers. und erläutert von R.Allers, Darmstadt 1976); c.2;
10) Thomas von Aquin, Summa theologica (Deutsche Thomasausgabe Salzburg-Leipzig 1934); p.1. q.66. a.1;

11) J.Schwertschlager, Philosophie der Natur, 2.Aufl.Kempten 1922, Bd.III der Philosophischen Handbibliothek;
12) Ph.d.V.II; 123;
13) Ph.d.V. I; 160;
14) Ph.d.V.II; 238;
15) Aristoteles, Metaphysik VII, c.3;
16) Ph.d.V.II; 246;
17) Ph.d.V.II; 274;
18) Ph.d.V.II; 249;
19) Aristoteles, Metaphysik VII, c.8; dazu auch Thomas von Aquin, Summa theol. p.I, q.65, a.4: "Den Formen der vergänglichen Dinge nun ist es eigen, daß sie zuzeiten sind und zuzeiten nicht sind, ohne daß sie selbst entstünden oder vergingen."
20) Ph.d.V.I; 35;
21) Ph.d.V.II; 286;
22) Vgl.Artikel "Form", in: Handbuch philosophischer Grundbegriffe, hrsg.von H.Krings, H.M.Baumgartner und Chr.Wild, Bd.2, München 1973;
23) B.Hassenstein, Was ist Information? in: Naturwissenschaft und Medizin 13/1966 (Boehringer) Mannheim; 40;
24) Ich habe an anderer Stelle ("Wesen und Bedeutung der Information", Wissenschaft und Weltbild 1/1979;17) in Anlehnung an H.Sachsse (Einführung in die Kybernetik) zunächst gesagt, eine Nachricht sei alles, was wirkt, im Nachsatz aber erläutert, es sei der Informationsgehalt der Nachricht, der wirkt. Deshalb sei hier klargestellt, daß es nach meinem Verständnis auch Nachrichten geben kann, die nicht wirken. - Im übrigen enthält die erwähnte Publikation auch einige vom Autor nicht zu vertretende und das Verstehen erschwerende Druckfehler.
25) Thomas von Aquin, "Et dico materiam signatam, quae sub determinatis dimensionibus consideratur" (De ente et essentia, c.2);
26) Im übrigen wird auch organische Evolution verstanden als Anpassung des genetischen Codes und des durch ihn ermöglichten Verhaltens an die Tatsachen. In diesem Sinne ist Evolution Informationsgewinn (C.F.von Weizsäcker, Der Garten des Menschlichen - Beiträge zur geschichtlichen Anthropologie, München/Wien 1977);
27) W.Strombach, Information und Ordnung - eine naturphilosophische Analyse; in: Theologie - Grund und Grenzen, Festgabe für Heimo Dolch zur Vollendung des 70. Lebensjahres, hrsg. von H.Waldenfels, Paderborn 1982.

***

Zum Begriff "Technik"

Arbeitsergebnisse eines Seminars

Ellen Walther-Klaus, Bochum

Der Umfang des Begriffes Technik ist so weit, daß - wenn Kants Satz über die Reziprozität zwischen Inhalt und Umfang eines Begriffes zutrifft - der Inhalt dieses Begriffes vergleichsweise einfach sein müßte.[1)]

Da die Menge der Vorstellungen aber, die der Begriff "Technik" umfaßt, sehr groß ist und täglich weiter zunimmt, fällt es relativ schwer den Inhalt anzugeben, das was notwendig zum Begriff dazu gehört.[2)]

Hinzu kommt, daß eine Fülle von Assoziationen und Verwechslungen mit anderen Begriffen, z.B. Technologie oder technische Forschung diese Aufgabe erschweren.

Eine mögliche Einteilung könnte durch industriell zusammengehörige Bereiche gegeben sein: Berg- und Hüttentechnik, Förder-Technik, Maschinenbau-Technik, Elektro-Technik (unterteilt in Starkstrom-Technik, Nachrichten-Technik, Hochfrequenz-Technik und Elektronik), Feinwerk-Technik, Verkehrstechnik, Metall-, Holz-, Kunststoff-Bearbeitungs-Technik, Chemische Technik, Reproduktionstechnik, Lebensmittel-Technik etc.

Diese Einteilung aber ist keineswegs eindeutig; so gehört die Computer-Technik sowohl in den Bereich der Elektronik als auch in den Bereich der Regelungs- und Verfahrenstechnik.

So ist aus dieser Einteilung wenig über den Inhalt des Begriffes zu gewinnen.

Der Begriff "Technik" hat seine Wurzeln im Altgriechischen. τέχνη bedeutet hier Kunst, Kunstfertigkeit. In adjektivischer Form τεχνικός wird er von einem Menschen ausgesagt, der "etwas kann", der "sich auf etwas versteht", der Kunstfertigkeit oder methodisches Vorgehen besitzt (z.B. Technik eines

Fußballspielers).[3] Er kann in diesem Sinne auch auf geschickte Betrüger angewendet werden. Im Lateinischen entspricht dem Wort "τέχνη" der Begriff "ars".

Der Begriff "technica" selbst tritt erst im 17.Jahrhundert in einem Buch,[4] des Würzburger Jesuitenpaters Caspar Schott auf, mit dem Titel "Technica Curiosa". Es umfaßt Kapitel, wie z.B. "Mirabilia mechanica", "Mirabilia hydrotechnica", "Mirabilia Magdeburgia",[5] Themenbereiche, die im weiteren Sinne auch heute zur Technik gerechnet werden.

Hans Sachsse hat den Inhalt des Begriffes "Technik" gekennzeichnet als eine Form des Handelns, das einen Umweg wählt, weil ein bestimmtes Ziel über diesen Umweg leichter zu erreichen ist![6]

Dieser Technik-Begriff ist sehr weit gefaßt. Jede instrumentelle Beschäftigung mit der Natur - z.B.die Verwendung des Faustkeils, handwerkliche Tätigkeiten und Fertigkeiten - und auch alle Tätigkeiten im Sinne des Begriffes "τέχνη" werden mit dieser Kennzeichnung umfaßt.

Anders aber als der heutige Begriff Technik entfalten die Begriffe τέχνη und ars eine ästhetisch, künstlerische Komponente. Benutzt man anstelle des Begriffes "Technik des Teppichknüpfens" "Kunst des Teppichknüpfens", so wird deutlich auf den Menschen abgezielt, der diese Kunst ausübt und eine Abgrenzung gegenüber dem hergestellten Produkt erreicht. Der Gebrauch des Wortes Technik in diesem Zusammenhang geschieht im verwandten Sinn. Die von Hans Sachsse gegebene Erläuterung des Begriffes Technik, die auch das Handwerk früherer Jahrhunderte mit einschließt, ist zu weit im Hinblick auf die Bedeutung des Begriffes Technik, so wie er heute - meist mit dem Zusatz "modern" - gebraucht wird. Denn vom heutigen Standpunkt aus werden die Handwerke früherer Zeiten kaum noch als lebensfeindlich betrachtet, sondern erscheinen vielfach nostalgisch verklärt, obwohl es zu jeder Zeit auch andere Meinungen dazu gab. Eine intensionale Definition des Begriffes Technik, die genau das als Definiens beinhaltet, was der Vorstellung, dem Umfang nach, unter diesen Begriff fällt und die moderne Technik als solche charakterisiert, findet sich in keiner Niederschrift.

Die Aufgabe der Technik liegt, - im Gegensatz zu den Naturwissenschaften - in der Bewältigung der Natur durch Artefakte (dazu gehören: Werkzeuge, Häuser, Verkehrsmittel, Arzneimittel, ...).

Während die Naturwissenschaften die Natur zu erkennen suchen, nach Gesetzmäßigkeiten forscht, bemüht sich der Techniker diese Natur zu bewältigen, für den Menschen zu nutzen, den Lebensraum des Menschen zu erweitern und die Lebensbedingungen und Lebensqualitäten zu verbessern, wobei auch die technische Machbarkeit eine wesentliche Rolle spielt.

Das Wesen der modernen Technik - im Gegensatz zu dem Gebrauch des Wortes im weiteren Sinn, der jede Art von Handwerk und jede Bewältigung der Natur mittels Artefakten einschließt - hat Prof.A.Menne in seinem Seminar "Philosophische Probleme der Technik" in einer Arbeitsdefinition herausgestellt: Moderne Technik soll eingegrenzt werden als eine:
"Form des Handelns zur Bewältigung der Natur durch Mittel, die in industrieller, arbeitsteiliger und komplexer Organisation erstellt werden."

Mit dieser Definition lassen sich die unterschiedlichen Bedeutungen des Wortes Technik im weiteren Sinn, wie es z.B. durch die Kennzeichnung von H.Sachsse geschieht, und im engeren, modernen Sinne deutlich voneinander abgrenzen. Ebenso kann man Grenzen zwischen den Begriffen "moderne Technik", "technische Produkte", "technischer Fortschritt bzw. technische Entwicklung" und Technologie ziehen und auf diese Weise eine Anzahl von Spezifizierungsproblemen, überhaupt erst einmal in den Griff bekommen und auf eindeutige Aussagen hin untersuchen.

Es ergibt sich, daß der Begriff Technik im gegenwärtigen deutschen Sprachgebrauch in mindestens fünf verschiedenen Bedeutungen verwandt wird:

1) er wird analog zum ursprünglichen Sprachgebrauch von τέχνη im Sinne von Kunstfertigkeit, Können, methodisches Vorgehen (Technik des Tennisspielens) benutzt;
2) im weiteren Sinne als Bewältigung der Natur mittels Artefakten (Werkzeuge, Bauten, Waffen, Ackergeräte);
3) im spezifisch modernen Sinne ist Technik die Bewältigung der Natur durch industrielle, arbeitsteilige, komplexe Organisation;
4) im übertragenen Sinne werden auch die Produkte der Technik, die technischen Hilfsmittel und Apparate selber Technik genannt;
5) gelegentlich wird auch Technologie anstelle von Technik verwandt.

Der Begriff "Technisches Produkt" als Synonym zu "Technik" bringt es mit sich, daß ein Kernkraftwerk, ein technisches Produkt, anstelle der Energieversorgungstechnik mittels Kernkraft gesetzt und diesem Produkt wird - vor allem bei Kritikern - ein Eigenleben, eine Verselbständigung zugestanden; man legt ihm Eigenschaften wie gut oder schlecht bei. Das moderne Kraftwerk heute, der Faustkeil vor Millionen Jahren ist aber für sich betrachtet keine Technik, weder in der oben genannten Bedeutung noch in allen anderen Kennzeichnungen. Techniken sind allenfalls die Handhabung des Faustkeils oder seine Herstellung. Dies gilt in gleichem Maße für Kraftwerke oder die Computer. Als technische Produkte können sie nichts ausrichten, erst die Handhabung durch den Menschen, der gezielte Einsatz, die Ausführung von Programmen durch den Programmierer fallen unter die Bedeutung "Technik". Technik ist das Schaffen von Erzeugnissen, Produkten und Verfahren, dessen Urheber aber letztlich der Mensch bleibt. Diese Personengebundenheit wird durch das Wort "Kunst" eher vermittelt, während die Technik als unpersönliches Element erscheint, das sich verselbständigt hat und als ein Menschliches Leben bedrohendes und feindliches "Wesen" empfunden wird.[7)]

Verwechselt werden auch die Begriffe "Technik" und "Technologie". Die Bedeutung des Begriffes Technologie ist jedoch festgelegt: es handelt sich um die Wissenschaft von der Technik, gehört sozusagen zur Metasprache über die Technik. Die Vermengung beider Begriffe resultiert möglicherweise aus der Verfahrenstechnik, in der Verfahren zur Handhabung anderer Techniken entwickelt werden, wie es z.B. in der Kybernetik der Fall ist. Darüber hinaus wird Technologie in einer älteren weiteren Bedeutung auch als Lehre von der Entwicklung der Technik in ihren gesellschaftlichen Zusammenhängen aufgefaßt. Die Arbeitsdefinition - Technik als ein Handeln mit Mitteln erstellt durch industrielle, arbeitsteilige komplexe Organisation - nimmt frühere Kennzeichnungen auf, führt sie aber weiter auf den ganz bestimmten, der heutigen Sicht entsprechenden Aspekt der modernen Technik, die eng mit technischer Forschung verknüpft, aber nicht identisch ist.

Die Definition umfaßt beispielsweise die Interpretation A.Gehlens,[8)] der in der Technik, ihren Produkten und den aus der Technik gewachsenen, menschlichen Institutionen die Entwicklung eines "Ersatzinstinktes" des Menschen sieht, mit dem er sich gegen die Natur behaupten und überleben kann. Der Mensch stellt die Technik in seinen Dienst, die naturgegebenen Möglichkeiten zu erweitern, um die Natur als Lebensraum des Menschen zu bewältigen. Die Organisationsformen, mit denen das heute geschieht, sind nicht zuletzt durch die Entwicklung der modernen Naturwissenschaften und der Mathematik wesentlich komplexer geworden. Die Vielzahl der Entdeckungen macht es für den einzelnen Menschen nahezu unmöglich einen gesamten Überblick über alle modernen Entwicklungen der heutigen Zeit zu gewinnen, so daß das arbeitsteilige Prinzip, ohne das die Technik nicht auskäme, für viele Menschen zu einem Alptraum wird. Verstärkt wird das Gefühl der Ohnmacht durch Komplexität der industriellen Organisation die sich aus verschiedensten Ansätzen ergeben hat. An dieser Stelle setzt eine massive

Kritik ein, die auf die ethischen Probleme der Technik hinweist. Es wird gefordert, daß Nutzen, Schaden und Aufwand der Technik - genauer: verschiedener Techniken - sorgfältig gegeneinander abgewogen werden. Das zunächst relativ langsame Wachstum der Technik ließ zuerst kaum nachteilige Konsequenzen und unerwünschte Nebenwirkungen erkennen. Mit dem immer schneller werdenden Wachstum der Technik und dem großräumigen industriellen Einsatz, der zwar Arbeitserleichterung und Arbeitszeitverkürzungen mit sich brachte, traten nun einige nachteilige Nebenwirkungen auf, deren Schaden vielleicht kaum wieder zu beheben sein wird.

Die Technik-Euphorie, die noch bis in die siebziger Jahre andauerte, wird in Frage gestellt und weicht heute zunehmend einem Skeptizismus und einer Technikfeindlichkeit.

Eklatant tauchen Fragen nach den ethischen Aspekten in der Gen-Technik auf, die Gen-Manipulationen in den Bereich des Möglichen rückt.

Darf der Mensch alles tun, was er machen kann?

Unter Mißachtung dieser und ähnlicher Fragestellungen wird die Technik zu einem Instrument, das den Menschen - um dessen Willen sie da ist, seinen Nutzen, seine Naturbewältigung - verdrängt und statt dessen die technischen Produkte zum Selbstzweck macht.

Viele Forscher haben dieses Problem erkannt und eindeutig Stellung genommen:

Alfred Nobel, schwedischer Chemiker und Industrieller, der durch seine Erfindung des Dynamits sehen konnte, wie die damit verbundene Technik zum Nutzen des Menschen - z.B. zum Sprengen von Gestein bei Tunnelbauten - eingesetzt wurde, mußte auch erleben, daß die gleiche Technik gegen den Menschen als Vernichtungsmittel im Kriege eingesetzt wurde. Seine Stiftung des Nobelpreises, der alljährlich auf fünf verschiedenen Wissenschaftsgebieten an Menschen verliehen werden soll, "die im verflossenen Jahr der Menschheit den größten Nutzen gebracht haben," (Le Prix Nobel, Stockholm 1901) resultiert aus dem Bewußtsein dieser Technik-Ambivalenz.

Aber nicht die Technik als solche, sondern der Mensch, der diese verwendet und einsetzt, ist verantwortlich für das Ergebnis, das sich nach der Anwendung einstellt. Er allein kann entscheiden, ob sie zum Guten oder zum Schlechten benutzt wird.

Eine erste Folgerung, die aus der bisherigen Entwicklung zu ziehen ist, muß eine genaue Untersuchung der Gefahren, Schäden und Nebenwirkungen schon im technischen Forschungs- und Entwicklungsprozeß sein.

Nun ist die technische Forschung aber nicht die Technik. Nach der o.g. Definition, daß Technik sich beschreiben läßt als Natur-Bewältigung durch Mittel aus komplexer industrieller arbeitsteiliger Organisation lassen sich die Bereiche Technik und technische Entwicklung bzw. technische Forschung voneinander abgrenzen. Technische Forschung umfaßt all die Vorgänge, die noch nicht in die industrielle Organisation übergegangen sind, das Moment der schöpferischen Idee steht im Vordergrund. Technische Forschung ließe sich beschreiben als systematisches Suchen nach Mitteln schöpferischer, zweckgerichteter, arbeitsteiliger, komplexer Organisation zur Natur-Bewältigung. Sie hat etliche Berührungspunkte mit der naturwissenschaftlichen Forschung. Die Verflechtung zwischen Technik und technischer Forschung ist besonders groß, weil in vielen Industrien Forschung und Umsetzung in die Praxis Hand in Hand gehen und einen stetigen Rückkopplungsprozeß auslösen. In der Praxis hat sich gezeigt, daß bei der Entwicklung neuer Techniken häufig Schäden und Nebenwirkungen nicht in dem Maße gesehen werden, wie es erst geschieht, wenn eine bestimmte Technik über weite Bereiche angewandt wird. Das Problem besteht darin, möglichst alle Parameter, die zur Beschreibung eines technischen Vorgangs dienen, zusammenzutragen, was aber nicht immer vollständig möglich ist.

So geht eine entwickelte Technik in die industrielle Organisation, wird also im eigentlichen Sinne zur Technik, und in der Anwendung zeigen sich die Unzulänglichkeiten

- die fehlenden Parameter. Damit setzt wieder die technische Forschung ein.

Unterlassungen in dieser Hinsicht können nicht der Technik zugeschrieben werden, sondern müssen den für diesen Einsatz verantwortlichen Menschen zur Last gelegt werden. Die Behauptung von der Verselbständigung der Technik ist eine Flucht vor der Verantwortung, die dem Menschen mit ihrer Benutzung auferlegt wird. Es läßt sich von daher auch nicht von den Zielen der Technik sprechen, letztlich sind es die Ziele des Menschen, er setzt sie, mögen sie nun wirtschaftlicher, gesellschaftlicher oder kultureller Art sein. Der Vorwurf der Ambivalenz den man der Technik macht, müßte eher der Forschung der Technik als dieser selbst gemacht werden, da hier die Entscheidungen noch offen sind. Der Weg der Forschung an sich aber wurde bislang kaum in Zweifel gestellt. Zunächst ist ein mehr an Wissen immer zu wünschen. Aber es häufen sich Stimmen, die dann vor Weiterentwicklung warnen, wenn die Möglichkeit zum Mißbrauch mit katastrophalen Folgen nicht auszuschließen sind; da der Mensch sowohl zum Guten wie zum Bösen fähig ist und sehr wohl zur eigenen Vernichtung beitragen kann.

Hier Entscheidungskriterien zu finden, ist Aufgabe einer Wissenschaftsethik nicht etwa Aufgabe der Technik. Das erfordert aber andererseits einen hohen Kenntnisstand der technischen Materie. Leider ist die Zahl z.B. der Schüler, die in diesen Fächern unterrichtet werden, klein gegenüber der Zahl derer, die - obwohl sie in einer technischen Umwelt leben - nichts davon wissen wollen. Sie leugnen ihre technische Umwelt, ohne zu bedenken, daß sie mit letzter Konsequenz ohne die Technik nicht mehr leben könnten. Sie vergessen einfach, wieviel Segnungen die Technik dem Menschen bisher gebracht hat.

Anmerkungen:

1) Immanuel Kant, Logik, ein Handbuch zu den Vorlesungen, in: Kants Werke Bd.VIII, Hrsg. Cassirer, Berlin 1923, S.323 ff.;
2) Ch.S.Peirce, Collected Papers, Cambridge (Mass.) 1960, Bd. II, § 396 ff.;
3) J.E.Heyde, Zur Geschichte des Wortes Technik, aus: Humanismus und Technik, Berlin Dezember 1963;
Heyde gibt eine ausführliche Darstellung der Entwicklung des Wortes "Technik", vom Altgriechischen bis zur heutigen Bedeutung, er zeigt, daß es schon 80 Jahre vor dem ersten Beleg für "la technique" von Schott benutzt wurde. S.25/26;
4) ebenda, S.33;
5) ebenda, S.34;
6) H.Sachsse, Anthropologie der Technik, Vieweg, Braunschweig 1978;
7) Oswald Spengler, Der Mensch und die Technik, Beck, München 1971;
8) A.Gehlen, Der Mensch, Seine Natur und seine Stellung in der Welt; Junker/Dünnhaupt-Verlag, Berlin 1944.

***

Was heißt und wie geschieht Erkennen?

H.Westhoff, Aachen

Am Parthenon des Apollotempels von Delphi war bekanntlich eine Inschrift angebracht, von der man lange Zeit nicht recht wußte, auf wen sie zurückzuführen wäre; wer Autorenrechte auf sie besäße.

Verdächtigt wurden Sappho, die Seherin von Lesbos; Solon, der Gesetzgeber und auch Sokrates. Heute neigt man dazu, sie dem Chilon zuzuschreiben, neben Solon einem der Sieben Weisen der griechischen Antike.

Warum vorweg diese Bemerkung zu einer Frage, die allenfalls Geistesgeschichtler interessieren dürfte?

Weil diese Inschrift, dieses "gnothi seauton", dieses "Erkenne dich selbst!" bis auf den heutigen Tag nichts von seiner verpflichtenden Gültigkeit verloren hat - weil es in die im Thema dieses Beitrags angesprochene Problematik unmittelbar hineinführt - weil dem von Existenzängsten bedrängten Menschen der Gegenwart mit dieser Aufforderung eine Möglichkeit aufgezeigt wird, mit Hilfe des Reflexionsaktes der Selbsterkenntnis die Ursache für sein gefährdetes Dasein genauer zu erfahren und ihr daraufhin besser zu begegnen - weil das Verständnis von Erkennen, wie es heute vorherrscht, ausschließlich oder doch weitgehend das Ergebnis eines Schrumpfungsprozesses ist, der seinen Anfang genommen hat mit dem Anspruch des neuzeitlichen Menschen auf Selbstgesetzlichkeit.

Von dieser Zeit an wird Erkennen verstanden und vollzogen als ein nur noch vom Intellekt bestimmtes Streben danach, herauszufinden und festzustellen, wie eine Sache beschaffen ist - ein ausschließlich scientifisches Unternehmen also, in dem es anspruchsarm darauf ankommt, abfragbares Wissen zu erwerben.

Nichts mehr von der sokratischen Einstellung, Erkennen durch Anerkennen und Bekennen als eine zusammengehörige Trias zu bezeugen. Und auch nichts von der biblischen Auffassung, nach der Erkennen der Beginn eines Verhaltens ist, das sich erst im Vollzug der Liebe bestätigt, verwirklicht und vollendet (Gen.4,1; Lk 1,34).

Mit anderen Worten: Nach einem soteriologischen Moment im Erkenntnisstreben von heute suchen wir vergebens.

Der Erkenntnisakt heute ist unmittelbar und ausschließlich auf den Erwerb von Wissen ausgerichtet, ist sittlich indifferent, bestätigt sich im intakten Merkvermögen, ist daher letztlich eine Angelegenheit des Gedächtnisses und nicht mehr, wie es früher mal war, darüber hinaus eine Sache des Gewissens.

Kehren wir zum Ausgang zurück! "Erkenne dich selbst!" Wozu? Offenbar, um aus dieser Selbsterkenntnis die Folgerungen für mich selbst zu ziehen: wie ich bin; wie ich sein sollte.

Daher ist es angebracht, die nachfolgenden Überlegungen in Anlehnung an Gedankengänge meines verehrten Lehrers Peter Wust zu diesem Thema als eine Metaphysik der Erkenntnis zu verstehen und darzustellen.

I. Seinsordnung und Denkordnung

Das erste Grundproblem der Erkenntnismetaphysik ist die Frage nach dem Aufbau der Erkenntnisrelation. Diese Relation ist eine Seinsbeziehung von ganz einzigartiger Natur. Sie besteht in der geistigen Überbrückung von Seinsordnung und Denkordnung, von Objekt und Subjekt.

Drei Momente sind in ihr zu unterscheiden: zum einen die beiden Beziehungsträger, zum anderen die Beziehung selbst.

Der erste Beziehungsträger ist das Erkenntnissubjekt, dessen Aufgabe darin besteht, im Akte der Erfassung des Objekts die Seinsbeziehung der Erkenntnis zu setzen.

Der zweite Beziehungsträger ist das Objekt. Der Verstehensfähigkeit des Subjekts korrespondiert auf der Seite des Objekts die Verstehbarkeit, die Intelligibität.

Die Erkenntnisbeziehung selbst ist die geistige Verinnerlichung des Objekts im erfassenden Subjekt oder die intentionale Übertragung des Wesensgehaltes der Sache aus der Seinsordnung in die logische Ordnung oder in die Denkordnung des Subjekts.

Vom Geistesakt des Subjekts her gesehen ist die Erkenntnisrelation keine wechselseitige Beziehung. Sie ist eine relatio non mutua; denn durch die Relation wird auf der Objektseite nichts geändert. Nur das Subjekt ändert sich beim Erfassungsakt, indem es in der Verinnerlichungsaktion der Erkenntnis aus sich heraus, aber in sich verbleibend, den Gedanken über das Objekt, d.h. den Begriff als das geistige Gegenbild der Sache erzeugt.

Indessen, irgendwie ist auch das Objekt bei der Erzeugung des Gedankens mitbeteiligt, insoweit nämlich der erzeugte Gedanke tatsächlich ein geistiges Gegenbild der Sache ist. Denn nur im Hinblick auf das Objekt ist das Subjekt imstande, den sachgerechten Gedanken in sich zu erzeugen.

Die Funktion des Objekts in der Struktur der Erkenntnisrelation besteht also nicht nur darin, daß sich das Subjekt in der Objektivität oder Sachgerechtheit seiner Erkenntnis von dem Wesensgehalt des Objekts bestimmen läßt. Das Objekt gibt vielmehr auch einen gewissen Anstoß für die Denkbewegung im erkennenden Subjekt.

Dieser Anstoß kann aber nicht im Sinne einer mechanischen Bewegung gedacht werden; denn ein materielles Sein kann als solches keine geistige Bewegung auslösen. Dennoch ist das sinnfällige Objekt in gewisser Weise Anlaß dafür, daß das Subjekt auf dem Wege über die Sinnesdata in sich selbst zur Begriffsbildung und zu weiteren Denkakten übergeht.

Diese gleichsam ideale Kausalität von seiten des Objekts

läßt sich nur so erklären, daß sein ideeller Wesensgehalt, das intelligibile in sensibili, in geheimnisvoller Weise eine Art Vermählung eingeht mit dem geistigen Seelengrunde des auffassenden Subjekts und daß dann aus dieser Verbindung der sachgerechte Gedanke im Subjekt entspringt.

Letztlich jedoch bleibt diese geistige Vermählung von Objekt und Subjekt beim Entstehen der Erkenntnisrelation für unser endliches Begreifen ein unergründliches Geheimnis.

Noch ein Wort zum Zweck der Erkenntnis: Bei der Frage nach dem letzten Zweck der Erkenntnis ist der innere, rein geistige Zweck ins Auge zu fassen. Dieser Zweck liegt in der Erkenntnis der Wahrheit um ihrer selbst willen. Mitfolgend wird dabei auch ein gewisser Vitalzweck des Menschen erfüllt: Die Orientierung im Sein im Interesse seiner vitalen Existenz.

Das absolut selbstlose Wahrheits- und Erkenntnisstreben hat aber für das erkennende Subjekt auch die Folge der Selbstklärung und Selbstgestaltung. Das darf freilich nicht rein intellektualistisch verstanden werden; denn eine einseitige Kultivierung des Intellekts bedeutet im Grunde eine Mißgestaltung des ganzen Menschen. Der sittliche Wert der Erkenntnis wird erst dann gewonnen, wenn der erkennende Mensch als Gesamtpersönlichkeit in der selbstlosen Hingabe an die Ordnung des Seins immer objektiver, disziplinierter und reifer wird. In diesem Sinne ist auch das Wort zu verstehen, daß die Wahrheit uns frei macht.

So verstandene und anerkannte Wahrheit entbindet den edleren Menschen in uns von den Fesseln der niederen Selbstsucht. Vor allem aber wird der Mensch durch das selbstlose Wahrheitsstreben sich auch der Grenzen des menschlichen Seins bewußt und zur Ehrfurcht vor dem letzten großen Geheimnis erzogen, das sich hinter allen Erscheinungen verbirgt.

II. Wahrheit und Wahrheitsgewißheit

Das zweite Grundproblem der Erkenntnismetaphysik ist die Frage nach dem Wesen der Wahrheit und der Wahrheitsgewißheit. Eine alte Definition der Wahrheit lautet: veritas est adaequatio rei et intellectus, das Wesen der Wahrheit besteht in der Übereinstimmung von Erkenntnisinhalt und dem objektiven Sachverhalt.

Bei dieser Definition ist jedoch zu beachten, daß es sich um die Erkenntniswahrheit handelt, die ihr Fundament in der Seinswahrheit hat. Man bezeichnet die Erkenntniswahrheit auch als subjektive oder logische Wahrheit. Beide Bezeichnungen besagen im Grunde dasselbe. Die Erkenntniswahrheit ist nämlich das geistige Gegenbild des objektiven Seins und seiner Ordnung in der logischen oder der Gedankenordnung des erkennenden Subjekts. Sie ist die geistige Vertretung des ordo essendi im ordo cognoscendi, der Seinsordnung in der Erkenntnisordnung.

Die logische Wahrheit hat die Seinswahrheit zur Voraussetzung; denn der erkennende Geist will etwas an sich Seiendes in seiner Ordnung erkennen. Er erschafft oder erzeugt nicht das an sich Seiende, sondern er findet beides vor; er entdeckt es durch sein Denken und in seinem Erkennen.

Die großen Geisteskämpfe in der Philosophie der Neuzeit drehen sich hauptsächlich um diesen Begriff der Seinswahrheit; leider mit dem Ergebnis, daß dieser Begriff mehr und mehr in Frage gestellt worden ist.

Mit dem Begriff der Seinswahrheit ist aber in der Philosophie der Neuzeit auch der Begriff der veritas prima gefallen, der für das mittelalterliche Denken das metaphysische Binde- und Schlußglied zwischen veritas logica und veritas ontologica darstellt. Aber die Metaphysik der Erkenntnis kann diesen Begriff einer lebenden Urwahrheit nicht entbehren, wenn sie das Problem der Erkenntnis vollkommen durchdenken will. Endliches Objekt und endliches Subjekt fordern geradezu einen Urgeist, der die Quelle aller Wahrheit oder die veritas prima genannt werden kann.

Gewisse Schwierigkeiten dagegen bereitet bei der Definition der Erkenntniswahrheit der Begriff der adaequatio. Durch die Angleichung des Intellekts an das Objekt im Akt der Erkenntnis entsteht in der Erkenntnisrelation eine Übereinstimmung des Erkenntnisinhalts mit der an sich seienden Sache.

In dieser Übereinstimmung ist einerseits eine Verschiedenheit zwischen Objekt und Subjekt gegeben und andererseits auch eine gewisse Identität.

Die Verschiedenheit ist darin zu suchen, daß es sich um eine zweifache Daseinsweise handelt: um eine Daseinsweise in der Realordnung und um eine Daseinsweise in der logischen Ordnung, um eine esse in re und um eine esse in mente.

Die Identität liegt darin, daß es sich bei diesem zweifachen Dasein um ein- und dasselbe Sosein handelt; denn der gleiche Ordnungsgehalt oder die gleiche Wesenheit tritt einmal auf in der realen Seinsordnung und ein anderes Mal in der logischen Ordnung des Begriffs, des Gedankens überhaupt.

Der Wesensgehalt in der Seinsweise des Begriffs ist ein stellvertretendes geistiges Bild für die Sache selbst mitsamt ihrem Wesensgehalt in der konkreten Daseinsweise.

Diese Abbildtheorie darf freilich nicht im Sinne des modernen englischen Empirismus aufgefaßt werden; denn der Begriff ist kein sinnliches Vorstellungsbild der Sache, sondern ein geistiges Bild im strengen Sinne, eine gedankliche Repräsentation oder Stellvertretung.

Der Begriff der repraesentatio rei kann freilich falsch gedeutet werden. Das geschieht dann, wenn unsere Gedanken die Dinge und ihre Ordnung nur äußerlich vertreten sollen als bloße sinnblinde Zeichen, wie die nominalistischen Theorien das Verhältnis von Gedanken und Wirklichkeit deuten. Die repraesentatio rei ist nämlich im Sinne einer inneren Stellvertretung zu verstehen, da das geistige Wort eine innere Verwandtschaft hat mit dem Wesen der Sache.

Neben dem Begriff der Wahrheit sind die Begriffe der Falschheit und des Irrtums zu betrachten.

Wenn das Wesen der Erkenntniswahrheit in der Übereinstimmung von Erkenntnisinhalt und Sachverhalt besteht, dann ist die Falschheit die Nichtübereinstimmung von Erkenntnisinhalt und Sachverhalt. In einem falschen Urteil wird entweder unberechtigter Weise verbunden, was in der objektiven Ordnung der Wirklichkeit nicht zusammengehört, oder es wird gewaltsam getrennt, was in der Realordnung notwendig zusammengehört.

Irrtum aber ist entweder das Fürwahrhalten einer Falschheit oder das Fürfalschhalten einer Wahrheit.

Es gibt jedoch keine Falschheit an sich. Alle Falschheit ist zurückzuführen auf die falsche Verbindung oder Trennung von Seiten des urteilenden Subjekts.

Das Wesen der Erkenntniswahrheit erhält seine Vollendung in der echten Erkenntnis- oder Wahrheitsgewißheit. Ganz allgemein gesprochen ist die Gewißheit die auf irgendeiner Form von Evidenz beruhende Festigkeit der Urteilszustimmung. In dieser Definition ist freilich nicht unterschieden zwischen echter und unechter Evidenz und auch nicht zwischen echter Gewißheit und Scheingewißheit.

Echte Gewißheit ist nur dann gegeben, wenn das Fürwahrhalten eines objektiven Wahrseins ein in der objektiven Evidenz der Vernunft begründetes Fürwahrhalten ist. Erkenntnis ist dann ein streng kritisch gesichertes Wissen des Wissens.

Das Gegenteil dieser echten Erkenntnisgewißheit ist entweder das grundlose Meinen oder die völlige Ungewißheit des Zweifels.

Von der echten, kritisch gesicherten Vernunftgewißheit, die man auch als reflexive Gewißheit bezeichnet, ist zunächst einmal die vorreflexive oder die natürliche Gewißheit zu unterscheiden. Diese natürliche Gewißheit ist ein donum naturae, ein unschätzbares Geschenk der Natur. Die Philosophie jedoch darf nicht bei dieser natürlichen Gewißheit stehen bleiben, sondern muß zur kritisch gesicherten Gewißheit vorzudringen versuchen. Freilich darf dabei die Naturverbundenheit nicht verloren gehen. Deshalb ist der radikale Zweifel eine übersteigerte Reflexivität, die weder zur echten reflexiven Gewißheit führt, noch die natürliche Gewißheit bestehen läßt.

Eine wesentliche Bedeutung kommt bei der reflexiven Gewißheit dem Bestimmungsgrunde der Urteilszustimmung zu. Dieser Bestimmungsgrund entscheidet darüber, ob echte Gewißheit oder Scheingewißheit gegeben ist.

Es gibt eine Reihe von falschen Bestimmungsgründen bei der Urteilszustimmung und dementsprechend auch verschiedene Formen von Scheingewißheit.

Am bekanntesten ist die Gefühlsgewißheit als eine Form von unechter Gewißheit. Historische Bedeutung hat sie gewonnen in der Gefühlsphilosophie Friedrich Jacobis im 18. Jahrhundert.

Ein falscher Bestimmungsgrund für die Urteilszustimmung ist auch die bloße Autorität. Im Beginn des 19.Jahrhunderts ist die philosophische Richtung des Traditionalismus diesem Irrtum zum Opfer gefallen.

Wieder eine andere Form von Scheingewißheit entsteht dadurch, daß man sich bei der Urteilszustimmung auf die physische Denknotwendigkeit oder auch auf die Gewohnheit der Erfahrung beruft. Diesen Irrtum finden wir besonders in der Philosophie David Humes.

Der einzig berechtigte Bestimmungsgrund für die Urteilszustimmung ist die objektive Sachevidenz. Die Evidenz überhaupt kann äußere Zeugnis- und Glaubensevidenz oder innere Sachevidenz sein. Bei der inneren Evidenz unterscheidet man wieder die mittelbare Folgerungsevidenz von der unmittelbaren inneren Evidenz. Die letzte Grundlage aller echten Gewißheit ist immer die unmittelbare innere Evidenz der Sache.

Obwohl man bei der echten Gewißheit keine Intensitätsgrade unterscheiden kann, spricht man doch von Stufengraden der Gewißheit. Dabei unterscheidet man in aufsteigender Skala die moralische, die physische und die metaphysische Gewißheit.

Die moralische Gewißheit ist die Gewißheit der Zeugnis- und Glaubensevidenz; die physische Gewißheit betrifft die Tatsachenwahrheiten der Natur und des Naturlaufs. So wissen wir mit physikalischer Gewißheit, daß die Sonne morgen aufgehen wird. Auf der obersten Gewißheitsstufe steht die philosophische oder metaphysische Gewißheit. Mit ihr stellt man auch die mathematische Gewißheit zusammen.

Vielleicht kann man metaphysische und mathematische Gewißheit unter den gemeinsamen Oberbegriff einer certitudo rationalis bringen. Als Vernunftsgewißheiten sind sie beide absolute Gewißheiten. Indessen besteht zwischen ihnen ein wichtiger Unterschied; und gerade dieser Unterschied ist entscheidend für die Wesenskluft zwischen Mathematik und Metaphysik.

Die Mathematik ist eine schlechthin exakte Wissenschaft. Sie kann stetig voranschreiten, wenigstens solange, wie sie sich unphilosophisch verhält als schlechthin operierende Mathematik.

Die Metaphysik aber mit ihrer philosophischen Gewißheit kann immer wieder auf ihre Ursprünge zurückgeworfen werden und wird tatsächlich auch immer wieder auf diese Ursprünge zurückgeworfen. Wenn sie aber zeitweilig versucht hat und sogar jetzt noch immer wieder versucht, ihre metaphysische Gewißheit in eine mathematische Gewißheit zu verwandeln (man vergleiche Descartes, Spinoza, Leibniz!), dann bedeutet das im Grunde ein Mißverstehen ihres eigenen Wesens.

Die objektive Evidenz ist das Kriterium der Wahrheit, d.h. jenes Merkmal, mit dessen Hilfe wir das Wahre vom Falschen unterscheiden können. Wenn das kontradiktorische

Gegenteil des einsichtigen Sachverhalts als denkunmöglich erkannt wird, dann ist damit das Kriterium der Gewißheit gegeben. In der Unvollziehbarkeit des radikalen Zweifels haben wir das Kriterium für die Gewißheit der Wahrheit überhaupt.

Die richtungweisenden Erkenntnismittel für die Feststellung, wann bei einer Erkenntnis objektive Evidenz vorliegt,nennt man die Normen der Gewißheit. Die beiden Hauptnormen der Gewißheit sind die Norm der Vernunft und die Norm des Selbstbewußtseins. Andere Normen sind die Norm der Erinnerung und auch die Norm der sinnlichen Wahrnehmung.

Das Gegenteil der Gewißheit ist die Ungewißheit oder der Zweifel. Der Zweifel ist jener subjektive Zustand, bei dem die Gründe und die Gegengründe gleich kräftig sind, so daß das Erkenntnissubjekt unentschieden zwischen Ja und Nein steht. In dieser Urteilsenthaltung sah die antike Skepsis geradezu ein sittliches Ziel des Menschen. Der Höhepunkt dieses Ethos sollte in der absoluten Unerschütterlichkeit des zweifelnden Geistes liegen.

Die Hauptformen des Zweifels sind der negative und positive, der partielle und der totale, der methodische und der radikale Zweifel. Im radikalen Zweifel haben wir das Extrem des Zweifels überhaupt. Er versucht alle Wahrheit wie auch alle Erkenntnisfähigkeit prinzipiell aufzuheben. Praktisch ist dieser geistige Nihilismus überhaupt nicht durchführbar.

Bei der Frage nach Sinn und Berechtigung des Zweifels muß selbstverständlich zwischen dem methodischen und dem radikalen Zweifel unterschieden werden.

Der methodische Zweifel hat insofern einen Sinn, als er nur ein vorläufiger Zweifel ist, der im Dienste der Wahrheitsfindung steht. Er bedeutet eine berechtigte Vorsicht gegenüber unserer subjektiven Irrtumsmöglichkeit.

Ganz anders steht es mit dem prinzipiellen oder radikalen Zweifel. Denn im Grunde bedeutet der radikale Zweifel eine Ehrfurchtslosigkeit gegenüber dem Sein. Aber selbst dieser äußerste Zweifel kann noch eine positive Bedeutung für das Leben haben; dann nämlich, wenn er nur eine vorübergehende Krise darstellt, nach deren Überwindung der Mensch eine ganz andere Stellung gegenüber der Wahrheit gewinnt, als er sie vor dem Zweifel hatte. Allerdings berechtigt diese Tatsache nicht dazu, den radikalen Zweifel geradezu experimentierend zu suchen. Denn niemand kann wissen, ob er den Zweifel, den er planmäßig und experimentierend gesucht hat, auch glücklich überwinden wird.

Alle glückliche Überwindung des Zweifels ist letztlich eine Sache der Gnade, und kein Mensch kann sich berechnend auf die Gnade einstellen, da sie ein Geschenk ist, das nur dem zuteil wird, der sich ohne Vorbehalt ihr überläßt.

Die beiden großen Irrtümer, die in der Geschichte der Philosophie dauernd gegen Wahrheit und Gewißheit hervortreten, sind der Relativismus und der Skeptizismus. Für den Relativismus ist alles gleich wahr, was immer von Menschen gedacht wird; für den Skeptizismus ist nichts wahr.

Der Relativismus begegnet uns in der Philosophie der Griechen zuerst in der Flußlehre der Herakliteer. Noch entschiedener wird er vertreten von dem Sophisten Protagoras, der den Menschen als das Maß aller Dinge proklamiert. In der Philosophie der Neuzeit ist der Relativismus in den mannigfaltigsten Gestalten aufgetreten. So lehrt der englische Deismus im 18.Jahrhundert den religiösen Relativismus. Das 19.Jahrhundert verschreibt sich dem Relativismus in der Denkweise des Historismus oder im Wahrheitsbegriff des Pragmatismus und der Als-ob-Philosophie und dem Fiktionalismus des Hans Vaihinger. Im Neukantianismus der Marburger Schule wird der Wahrheitsprogressismus vertreten. Nach dieser Theorie wandelt sich die Wahrheit beständig mit den sich wandelnden Hypothesen der Forschung. Auch der Existentialismus unserer Tage ist eine Form des Relativismus. Nach ihr können wir die Wahrheit nicht objektiv gewinnen, weil bei der Suche nach der Wahrheit auch das eigene Selbst beteiligt ist; je ernster der Mensch nach der Wahrheit sucht, desto mehr wird er in sein eigenes Selbst hineingerissen. Und im soziologischen Relativismus unserer Zeit wird die Wahrheit abhängig gedacht von den Formen und Wandlungen der Gemeinschaft.

Alle derartige Theorien verfehlen sich gegen die Unbedingtheit der Wahrheit.

Als Begründer des Skeptizismus in der antiken griechischen Philosophie gilt Pyrrhon von Elis (360-270 vor Chr.). Wir unterscheiden die ältere, die mittlere (gemäßigte) und die jüngere Skepsis, die wieder radikaler wird und auf die ältere Skepsis zurückgreift.

Bedeutende Skeptiker der Neuzeit sind Montaigne (1533-1592); Bayle (1646-1706) und Hume (1711-1776). Ein starker Strom Skepsis bestimmte auch die Philosophie Kants im Sinne des Agnostizismus, obwohl Kant selbst nicht als Skeptiker angesprochen werden kann.

III. Das Transzendenzproblem der Erkenntnis

Das dritte Grundproblem der Erkenntnismetaphysik betrifft die Sachbezogenheit der Erkenntnis. Da es sich dabei darum handelt, das Erkenntnisobjekt nach seinem Dasein wie nach seiner Ordnung als unabhängig vom erkennenden Subjekt und seinen Akten oder als subjekttranszendent zu bestimmen, so kann man dieses Problem auch als das Transzendenzproblem der Erkenntnis bezeichnen. Dabei ist jedoch zu beachten, daß es neben diesem erkenntnistheoretischen Transzendenzproblem noch ein metaphysisches Transzendenzproblem gibt und daß das erstere Problem in das letztere ausmündet.

Das metaphysische Transzendenzproblem betrifft nicht die Frage der Unabhängigkeit des objektiven Seins vom erkennenden endlichen Subjekt, sondern von jeglicher Subjektivität schlechthin. Das Ergebnis ist dabei, daß das Sein in letzter Hinsicht als subjektabhängig und das heißt, als vernunftbestimmt zu gelten hat. Damit mündet das metaphysische Transzendenzproblem aus in das alte scholastische Lehrstück von der Konvertibilität des ens und des verum.

Das engere erkenntnistheoretische Transzendenzproblem wird vielfach nur auf die an sich seienden materiellen Außenweltdinge bezogen. Es gibt aber auch ein an sich seiendes Idealsein und ein an sich seiendes Personsein. Immerhin kann das sog. Außenweltproblem als das am nächsten liegende Problem der Subjekttranszendenz in der Erkenntnisfrage betrachtet werden.

Wird nun das subjekttranszendente Sein geleugnet, so sprechen wir von erkenntnistheoretischem Idealismus; wird es bejaht, so sprechen wir von erkenntnistheoretischem Realismus. Bei dem letzteren ist zu unterscheiden zwischen natürlichem und kritischem Realismus.

Oswald Külpe (1862-1915) führt für den Realismus folgende Argumente an: Er weist hin auf den wesentlichen Unterschied zwischen unmittelbaren Wahrnehmungsvorstellungen einerseits und Erinnerungs- und Phantasievorstellungen andererseits. Weiterhin betont er das Beharren der Dinge oder ihr Verändertwerden in den sog. Wahrnehmungspausen. Verwandt damit ist der Hinweis auf das Verharren und Sichverändern jener Dinge, die unserer Einwirkung völlig entzogen sind, wie z.B. der gesetzmäßig geregelte Gang der Gestirne. Ein anderes wertvolles Argument ist der Hinweis auf das Sichmelden der alltäglichen Gebrauchsdinge in dem Augenblick, wo wir sie brauchen und nicht zur Hand haben. Sehr eingehend hat Heidegger von diesem Argument her das In-der-Welt-sein des Menschen geschildert.

Man wird jedoch auch wieder zugestehen müssen, daß für den prinzipiellen Idealismus keines dieser Argumente eine durchschlagende Beweiskraft hat.

Der erkenntnistheoretische Idealismus leugnet entweder das transsubjektive Sein der Außenwelt oder er leugnet wenigstens die Erkennbarkeit dieses Seins. Wir müssen zwischen einem subjektiven, einem objektiven und einem logischen oder transzendentalen Idealismus unterscheiden. Der subjektive Idealismus besteht darin, daß man das transsubjektive Sein als bloße Bewußtseinsgegebenheit auffaßt. Das äußerste Extrem dieses subjektiven oder Bewußtseinsidealismus ist der Solipsismus. Beim objektiven Idealismus gilt das Sein als Erzeugnis eines objektiven und unpersonalen Bewußtseins. Der logische Idealismus denkt sich alles Sein in ideale oder logische Geltung aufgelöst.

Die Gefahr des erkenntnistheoretischen Idealismus liegt vor allem darin, daß er den Menschen als einen absoluten Schöpfer betrachtet und den Ernst des Objektiven unterschätzt. Die neuzeitliche Philosophie ist seit Descartes und Kant mehr und mehr unter den unheilvollen Einfluß der idealistischen Erkenntnistheorie geraten. Die Philosophie der Gegenwart zeigt zwar überall Ansätze zu einer Rückkehr zum Objektiven, jedoch ist der volle Durchbruch zum Objekt bis jetzt nicht erzielt worden.

Im metaphysischen Transzendenzproblem erhält die formale Theorie der Erkenntnis ihre metaphysische Unterbauung und wird so zur Metaphysik der Erkenntnis im strengen Sinne. Beim metaphysischen Transzendenzproblem handelt es sich nicht mehr um das Verhältnis der endlichen Subjektivität zum subjekttranszendenten Sein, sondern um die letzte metaphysische Wechselbeziehung zwischen Subjektivität und Objektivität oder zwischen Vernunft und Sein überhaupt.

Eine ganze Reihe von Fragen metaphysischer Natur tauchen dabei auf. Das Ergebnis aller dieser Fragen läßt sich dahin zusammenfassen, daß logische Wahrheit und ontologische Wahrheit ihre Letztbegründung finden in der veritas prima. Diese veritas prima ist zugleich absoluter ewiger Wahrheitsgehalt (Objektivität) und ewiges absolutes Wahrheitsleben (Subjektivität). Subjektivität und Objektivität treten uns also in der veritas prima entgegen in der Gestalt der absoluten Identität von Wahrheit und Sein, von Form und Leben.

IV. Das Ursprungsproblem der menschlichen Erkenntnis

Das vierte Grundproblem der Erkenntnismetaphysik betrifft die Frage nach den Quellen, denen das Material der Erkenntniswahrheit entstammt. Bei dieser Frage entscheidet sich der einseitige Rationalismus für die Vernunft als die einzige Quelle der Erkenntnis. Demgegenüber betrachtet der Empirismus die sinnliche Erfahrung als ausschließende Quelle.

Zwischen diesen beiden extremen Richtungen steht jene vermittelnde Auffassung, die sowohl in der Vernunft wie in der Erfahrung den Ursprung der Erkenntnis sieht und den Anteil beider Quellen in kritischer Weise abzugrenzen versucht.

Der einseitige Rationalismus lehrt entweder ein materiales oder ein funktionales a priori der Erkenntnis. In beiden Fällen wird die Bedeutung der Sinnesdata unterschätzt. Am weitesten entfernt sich der Kantianismus mit seinem funktionalen a priori von der objektiven Wirklichkeit.

Der Empirismus unterschätzt die Bedeutung der Vernunft bei unserer Erkenntnis und drückt den Menschen auf das Niveau des vernunft- und begrifflosen Tieres herab.

Das klassische System der Vermittlung zwischen beiden extremen Richtungen ist die scholastische Lehre von der Erkenntnis. In bezug auf das Ursprungsproblem der Erkenntnis besteht in der mittelalterlichen Philosophie eine Einheit von Augustinus bis Thomas. Allerdings ist auch zwischen dem augustinischen und dem scholastischen System noch ein Unterschied wahrnehmbar, insofern Augustinus den Vernunftfaktor, Thomas mehr den Erfahrungsfaktor akzentuiert.

Dieser Unterschied kommt hauptsächlich zum Ausdruck in dem Gegensatz zwischen der Augustinischen Illuminationslehre und der Thomistischen Abstraktionslehre.

Thomas läßt die Erkenntnis nicht nur von den Sinnesdaten her beginnen, sondern er leitet auch die Objektivität der Erkenntnis restlos her von der Seinswahrheit der Dinge. Die Vernunft ist dabei zugleich Organ der Empfängnis (intellectus possibilis) und Organ der spontanen Reaktivität (intellectus agens). Die Seinsform des Objekts und die geistige Lebensform des Subjekts erzeugen miteinander in einer geheimnisvollen Zusammenwirkung das geistige Wort oder den Begriff.

Für Augustinus reicht der Beitrag von Seiten des Objekts nicht aus, wenn es sich um gewisse letzte Wesenserkenntnisse mit ihrem absoluten Vollkommenheitscharakter und mit ihrer absoluten Erkenntnisgewißheit handelt. Bei dieser besonderen Art von Erkenntnis scheint aber nach Augustins Ansicht die rein natürliche Erkenntniskraft der Seele ebensowenig auszureichen wie der Sinngehalt der Objekte. Er nimmt deshalb bei diesen höchsten Erkenntnissen eine Art Erleuchtung der Seele von der Absolutregion her an. Der klare Sinn dieser Erleuchtungs- oder Einstrahlungslehre ist freilich von jeher auf das heftigste umstritten worden.

V. Grenzen der menschlichen Erkenntnis

Das letzte der fünf Grundprobleme der Erkenntnismetaphysik betrifft die Frage nach den Grenzen unserer Erkenntnis. Auch bei dieser Frage sind zwei extreme Stellungnahmen möglich.

Man kann die Vernunft überschätzen und man kann sie unterschätzen. Den Widerstreit der beiden Parteien, die sich in dieser Frage gebildet haben, der Dogmatisten und der Pyrrhonianer, hat Pascal in seinen Pensées von den verschiedenen Seiten her beleuchtet.

Die Partei der Dogmatisten übersieht in ihrem unbegrenzten Vernunftoptimismus, wie verschwindend klein in Wirklichkeit der Umfang unserer absolut gesicherten Erkenntnisse ist. Wir sind überall von Geheimnissen umgeben. Zahlreich sind außerdem die Irrtumsmöglichkeiten, denen unsere endliche

Vernunft ausgesetzt ist. Erst recht aber sind wir gegenüber den übernatürlichen Glaubensgeheimnissen gezwungen, das sacrificium intellectus, die Selbstverdemütigung unseres Intellekts einzugestehen und darzubieten.

Diese Vorsicht vor dem überschwenglichen Vernunftoptimismus kann jedoch auch in das absolute Gegenteil umschlagen, in den unbegrenzten Vernunftpessimismus. Dieser Vernunftpessimismus der Pyrrhonianer übersieht jedoch, daß die Grenzen der Erkenntnis für unsere endliche Vernunft keine absoluten Grenzen sind. Unsere Vernunft ist schon dadurch über die Grenzen ihres Wissens erhaben, daß sie sich ein Wissen von diesen Grenzen erwerben kann. So liegt also im Wissen des Nichtwissens oder in der docta ignorantia, der gelehrten Unwissenheit des Nicolaus Cusanus ein Triumpf der Vernunft über ihre eigene Endlichkeit.

Die absolute Vernunftunterschätzung dient aber auch nicht dem Glauben, wie z.B. Kant gemeint hat ("Ich mußte das Wissen aufheben, um dem Glauben Platz zu machen"). Denn der absolut vernunftblinde Glaube ist wertlos und entspricht nicht der Würde des Menschen und der menschlichen Freiheit.

Der Glaube ist eine freie Unterwerfung der natürlichen Vernunft unter die übernatürlichen Glaubensmysterien.

***

Bibliographie zu Albert Menne.
Zusammengestellt von Christa Matthies, Bochum.

A. Monographien, Aufsätze und Beiträge zu Sammelwerken.

1949

1) Zur Wahrheitswertstruktur des Urteils. In: Methodos 1, 1949, pp 390-404;

1950

2) Die Tradition als Glaubensquelle. In: Theologie und Glaube, 1950, pp 267-270;
3) Bemerkungen zu einem theologischen Paradoxon. In: Philos.Jahrb. 70, 1950, pp 468-474;

1951

4) (Gemeinsam mit H.Angstl u.A.Wilhelmi): Kontrolliertes Denken. Festschrift f.W.Britzelmayr, München 1951;
5) Zur Stufenkoppelung monadischer bivalenter Funktoren. In: (4), pp 92-102;

1952

6) Zu den triadischen bivalenten Aussagefunktoren. In: Theorie 18, 1952, pp 66-69;

1953

7) Dissertation: Logistische Analyse der kategorischen Syllogismusfunktoren und das Problem der Nullklasse. München 1953;
8) Beweis und Negation. In: Actes du XIème Congr.Int.de Phil.(Bruxelles 1953). Bd.5, Amsterdam/Louvain 1953, pp 91-97;

1954

9) Logik und Existenz. Meisenheim 1954;
10) (Gemeinsam mit I.M.Bocheński) Grundriß der Logistik. Paderborn 1954, 2.A.1962, 3.A.1965, 4.A.1973 (Auch in engl.u.franz.Sprache erschienen);

1956

11) Logistik. In: Der große Herder, Freiburg 1956, p 1407;
12) Wahrheitswert. ebd. p 829;
13) Wahrheitswertfunktion. ebd. p 829;
14) Whitehead, Alfred North. ebd. p 1148;
15) Wiener, Norbert. ebd. p 1171;
16) Wiener Schule. ebd. p 1174;
17) Wittgenstein, Ludwig. ebd. p 1256;
18) Zeichen. ebd. p 1385;

1957

19) Was ist und was kann Logistik? Paderborn 1957.2.A.1970
20) Mengenlehre und Trinität. In: Münch.Theol.Zeitschr.3, 1957, pp 180-188;
21) Implikation u.Syllogistik. In: Zeitschr.f.Philos.Forschung 11, 1957, pp 375-386;
22) Drobisch, Moritz Wilhelm. In: Neue Deutsche Biographie (Bayr.Akad.d.Wissensch.1957), p 12;
23) Dubislav, Walter Ernst Otto. ebd. p 145;
24) Ars Magna, Ars Combinatoria. In: Lexikon f.Theologie u.Kirche, Freiburg 1957-65, Bd.I, Sp.907;
25) Semantik, ebd. Bd.IX, Sp.646;
26) Semantologie. ebd.;

27) Semasiologie. ebd.;
28) Semiotik. ebd. Sp.650;
29) Syllogismus. ebd. Sp.1203f.;
30) Syntaktik. ebd. Sp.1249;
31) System. ebd. Sp.1264;
32) Unendlichkeit. ebd. Bd.X, Sp.478ff.;
33) Whitehead, Alfred North. ebd. Sp.1084;
34) Wittgenstein, Ludwig. ebd. Sp.1202;
35) Zeichen. ebd. Sp.1321f.;
36) Die Problemgeschichte der Logik. In: Philos.Jahrb.65, 1957, pp 433-435;
37) Besprechung: Die Philosophie Hugo Dinglers (von W. Krampf). In: Phil.Lit.Anz.10, 1957, pp 30-32;
38) Besprechung: Shepherdson, On the interpretation of aristotelian syllogistic. In: Zentralblatt f.Math., 1957, pp 292f.;

1959

39) (Gemeinsam mit I.M.Bocheński) Logisch-philosophische Studien. Freiburg 1959, (Auch in engl.Sprache ersch.);
40) Einige Ergebnisse der Syllogismusforschung und ihre philosophischen Konsequenzen. In:39), pp 61-70;
41) Zur logischen Analyse der Existenz. In:39), pp 97-106;
42) Was ist Analogie? In: Philos.Jahrb.67,1959,pp 389-395;

1960

43) Zur Reduktion polyadischer Valenzfunktoren. In: Atti del Congr.Int.di Filos. (Venezia 1958). Bd.5, Firence 1960, pp 393-401;

1962

44) Identität, Gleichheit, Ähnlichkeit. In: Ratio 4, 1962, pp 44-53 (auch in engl.);
45) Einige Aspekte zum Thema Sprache und Logik. In: Archiv f.Rechts- und Sozialphilosophie 48, 1962, pp 507-523;
46) Logico-philosophical studies, ed.by A.Menne, Dordrecht 1962;
47) Some results of the investigation of the syllogism and their philosophical consequences. In:46), pp 55-63;
48) The logical Analysis of existence. In:46), pp 88-96;
49) Die formale Logik. In: Der große Herder, Geist und Kultur, Freiburg 1962, Sp.1213-1221;
50) Die Philosophie der Mathematik. ebd. Sp.1221-1223;
51) Die Philosophie im anglo-amerikanischen Raum. ebd. Sp.1299-1304;
52) Grundriß der Logistik. 2.A.1962;

1964

53) Über monadische Valenzfunktoren. In: Mem.del XIII. Congr.de Filos. (Mexico 1963) Bd.5,Mexico 1964, pp 237-246;
54) Möglichkeiten der Anwendung der Logik in der Rechtswissenschaft. In: Beiheft 40, N.F.3, d.Archivs für Rechts- u.Sozialphilos., 1964, pp 151-155;
55) Possibilities for the application of logic in legal science. In: M.U.L.L. (Modern uses of logic in law) (New Haven,Conn.) 1964, pp 135-138;

1965

56) Zur Syllogistik strikt partikulärer Urteile. In: Contributions to logic and methodology in honor of I.M. Bocheński. Amsterdam 1965, pp 91-97;

57) Besprechung: Josef Stallmach, Dynamis und Energeia. In: Zeitschr.f.Philos.Forschung 19, 1965, pp 360-362;

58) Grundriß der Logistik. 3.A.1965;

1966

59) Einführung in die Logik. Bern 1966 (Span.übers.1970). 2.A.1973, 3.A.1981;

60) Gestalten der Logik. In: Studium generale 19, 1966, pp 160-168;

61) Existenz in der Logik. In: Deskription, Analytizität und Existenz. Hrsg.v.P.Weingartner. (Intern.Forschungszentrum f.Grundfragen d.Wissensch.Salzburg. Drittes u.Viertes Forschungsgespräch). Salzburg 1966, pp 55-68;

1967

62) Zur Geschichte und Analyse des exklusiven Urteils. In: Geschichte u.Zukunft. Dem Verleger Anton Hain zum 75. Geburtstag. Hrsg.v.A.Diemer. Meisenheim 1967, pp 477-484;

63) Zur Transitivität der Implikation. In: Abstracts of Papers 3rd.Int.Congr.for Logic,Methodology and Philos. of Science. Amsterdam 1967, p 15;

64) Über trivalente Funktoren. In: Journal of Symbolic Logic 32, 1967, pp 563f.;

1968

65) I.M.Bocheński. Logik der Religion. Köln 1968 (übers.u. mit Anm.versehen)

66) Die Logik von Gottfried Ploucquet. In: Akten des XIV. Int.Kongr.f.Philos., Bd.3, Wien 1968, pp 45-48;

1969

67) Zur formalen Struktur der Autorität. In: Kant-Studien 60, 1969, pp 289-297;

68) Modalitäten als Stufenfunktoren. In: Acta logica, Analele Universitatii Bucuresti, Anul XII (1969), pp 109-119;

1970

69) Sammlung der Schriften, welche den logischen Cacul Prof.Ploucquets betreffen, mit neuen Zusätzen, hrsg.v. A.F.Bök mit einem Vorwort u.einer Bibliographie v. A.Menne, Stuttgart 1970;

1971

70) Adjunktion. In: Hist.Wörterb.d.Philosophie, Hrsg.v. J.Ritter, Bd.1, Basel 1971, p 885;

71) Affirmation. ebd. p 101;

72) Affirmativ. ebd. p 101;

73) Alternation. ebd. p 199;

74) Alternative. ebd. p 200;

75) Anerkennungstheorie. ebd. pp 300ff.;

76) Antilogie. ebd. p 392;

77) Apophansis. ebd. p 447;

78) Apophantisch. ebd. p 447;

79) Äquipollenz. ebd. pp 478f.;

80) Äquivalenz. ebd. pp 479f.;
81) Ausschließung. ebd. pp 678f.;
82) Behauptungssatz. ebd. p 816;
83) Behauptungszeichen. ebd. pp 816f.;
84) Beifall. ebd. p 818;
85) Bejahung. ebd. pp 823f.;

1972

86) Dann und nur dann, wenn - so. In: Hist.Wörterb.d. Philos., Hrsg.v.J.Ritter, Bd.2, Basel 1972, p 11;
87) Diametral. ebd. p 229;
88) Disjunkt. ebd. p 261;
89) Disjunktion. ebd. p 261;
90) Einordnung. ebd. p 407;
91) Einzelimplikation. ebd. p 425;
92) Einzelurteil. ebd. p 427;
93) Erläuterungsurteil. ebd. p 702;
94) Erweiterungsurteil. ebd. p 733;
95) Existenzurteil. ebd. p 852;
96) Existenzaussage. ebd. p 861;
97) Exklusion. ebd. p 865;
98) Form des Urteils. ebd. pp 972f.;
99) Fremd, Fremdheit. ebd. p 1102;
100) Was ist Wahrheit? In: Ratio Bd.XVI, pp 62-68 (Auch in engl.);
101) Einführung in die Logik, 2.A.;

1973

102) Wort und Ding. Zur Identität des Wortes: In: Sprache im techn.Zeitalter, Bd.45 (1973), pp 1-8;
103) Definition. In: Handb.philos.Grundbegriffe, 3 Bde. hrsg.v.Krings,Baumgartner,Wild. München ab 1973, Bd.I, pp 268-274;
104) Zur Geschichte und Deutung des exceptiven Urteils. In: Akten d.XV.Welt-Kongresses f.Philosophie, Varna 1973, Bd.V, pp 71-74;
105) Zur Beurteilung der mehrwertigen Logik. In: Studia Philosophica in honorem Sven Krohn, Annales Universitatis Turkuensis, Tom.126, Turku 1973, pp 133-142;
106) Wozu man heute Philosophie treibt - die Antwort Schopenhauers. In: Text-Dokumentation der Schopenhauer-Gesellschaft, Forum 73, pp 3-13;
107) Grundriß der Logistik. 3.A.1973;

1974

108) (Gemeinsam mit G.Frey) Logik und Sprache,München 1974;
109) Wie und wozu treibt man Philosophie? In: Universitas 29.Jg. (1974), pp 619-626 (auch engl.u.spanisch);
110) (Gemeinsam mit Kurt Hübner) Natur und Geschichte. Akten d.X.Deutschen Philosophen-Kongresses 1972 in Kiel. Hamburg 1974;
111) Zur logischen Analyse der Wahrheit. In: Ratio Bd.XVI (1974), (auch engl.);
112) Kants Kritik der Syllogistik. In: Akten d.IV.Int.Kant-Kongresses in Mainz 1974, Berlin 1974, Bd.II 1, pp 130-134;

113) Sprachphilosophie. In: Perspektiven der Linguistik. Hrsg.v.W.Koch, 2 Bde., Stuttgart 1973/74, Bd.2 (1974), pp 1-19;
114) Logik und Linguistik. ebd. pp 20-39;
115) Gegensatz. In: Hist.Wörterb.d.Philosophie, hrsg.v. J.Ritter, Bd.3, Basel 1974, pp 117-119;
116) Gegenteil. ebd. p 136;
117) Geltungstheorie. ebd. pp 237f.;
118) Genau dann, wenn - so. ebd. p 268;
119) Generalisierung. ebd. p 269;
120) Generell. ebd. pp 277f.;
121) Einige Aspekte zum Thema "Sprache und Logik". In:108), pp 159-173;
122) Wort und Ding. In:108), pp 174-182;
123) Thesen zur Podiumsdiskussion: "Macht Mengenlehre wirklich krank? Das Problem der Reform des Mathematikunterrichtes in der Grundschule". (20.6.1974 Recklinghausen);

1975

124) Wahrheit und Irrtum. In: Nordwestdeutsche Gesellsch.f. ärztliche Fortbildung 1974, München 1975, pp 2-8;
125) Kant - Der "Alleszermalmer". In: 56.Schopenhauer-Jahrbuch, Frankfurt 1975, pp 39-50;

1976

126) 25 Jahre Allgemeine Gesellschaft für Philosophie in Deutschland. In: Allg.Zeitschr.f.Philosophie Bd.1 (1976), pp 69-73;
127) Peirce-Kongreß in den Niederlanden 1976. ebd.pp 75-77;
128) Identitätstheorie. In: Hist.Wörterbuch d.Philosophie. Hrsg.v.J.Ritter, Bd.4, Basel 1976, p 157;
129) Idiogenetisch. ebd. p 186;
130) Implikation. ebd. pp 263-265;
131) Implikator. ebd. p 268;
132) Individualaussage. ebd. p 286;
133) Individualurteil. ebd. p 295;
134) Individuenkonstanten. ebd. p 299;
135) Individuenvariablen. ebd. p 299;
136) Inklusion. ebd. pp 383f.;
137) Invers. ebd. p 575;
138) Inversion. ebd. p 575;
139) Konjunktion. ebd. pp 966f.;
140) Konjunktor. ebd. p 967;
141) Kontravalenz. ebd. p 1068;
142) Kopula. ebd. pp 1100f.;

1977

143) Zur Begriffsgeschichte von "hypothetisch". In: Alte Fragen und neue Wege des Denkens. Festschr.f.Josef Stallmach, Bonn 1977, pp 92-100;
144) Julius Kraft, Philosophie als Wissenschaft und Weltanschauung. Hrsg.u.eingeleitet v.A.Menne,Hamburg 1977;
145) Julius Kraft. Skizze seines Lebens.In:144), pp XII-XV;
146) Quellen des Irrtums. Wissenschaftliche Reihe d. Schering AG., Berlin 1977;

147) Das Begründungsproblem der Logik. In: Logik,Ethik, Theorie d.Geisteswissenschaften, hrsg.v.G.Patzig,E. Scheibe,W.Wieland, Hamburg 1977, pp 49-57, Akten des XI.Deutschen Philos.Kongresses, Göttingen 1975;
148) Mengen und Kollektionen. In: Logik,Mathematik u.Philosophie d.Transzendenten. Festgabe f.Uuno Saarnio,hrsg. v.Ahti Hakamies, Paderborn 1977, pp 67-73;
149) Zum 80.Geburtstag v.Arthur Hübscher. In: Duitse Kroniek, Jg.29(1977), Nr.3, pp 85-87;

1978

150) Laudatio auf Arthur Hübscher.In: Wege zu Schopenhauer, hrsg.v.Cl.Köttelwesch, Wiesbaden 1978, pp 18ff.;
151) Ein Weg zu Schopenhauer. ebd. pp 74ff.;
152) Zur logisch-ontologischen Analyse von Information. "Philosophische Aspekte der Bildungsinformatik",FEoLL, Paderborner Arbeitspapiere, Bd.6, hrsg.v.Polák, Paderborn 1978, S.1-6;
153) Europäische Sommerakademie für Philosophielehrer. In: Allg.Zeitschr.f.Philosophie, Bd.3, pp 80-84;
154) Wandlungen des philosophischen Menschenbildes. Festschrift zum 125jähr.Bestehen der Gesellschaft Haideblümchen, 1978, S.11-22;

1979

155) "Zum Anwendungsproblem der Logik". In: Abstracts 6th Int.Congr.of Logic,Methodology and Philosophiy of Science, Hannover 1979, p 130;

1980

156) Einführung in die Methodologie (elementare, allgemeine wissenschaftliche Denkmethoden im Überblick) Wiss. Buchgesellschaft, Darmstadt 1980;
157) Philosophische Probleme der Mathematik. In: Philosophia Naturalis, Bd.18, Heft 1, Meisenheim 1980, S.103-115;
158) Natur und Technik im philosophischen Aspekt heute. Int.philos.Sommerakademie in Brixen v.28.7.-4.8.1979, redigiert u.zusammengestellt v.A.Menne,H.-M.Elzer, A.Sparber, Sonderband Philosophia Naturalis, Bd.18, Heft 1, Meisenheim 1980;
159) Philosophie in der Bildungskrise der Gegenwart. Hrsg. H.-M.Elzer,G.Frey,A.Menne, Tagungsbericht d.philos. päd.Sommerakademie d.Allg.Gesellsch.f.Philos.in Deutschland, 6.-20.8.1977 in Prutz-Ried/Oberinnatl, 1.A. St.Augustin, 1980;
160) Philosophische und didaktische Perspektiven der Mengenlehre. In:159), S.67-75;
161) Äquivalenz. In: Handb.wissenschaftstheoretischer Begriffe, hrsg.v.J.Speck, UTB Nr.966,Göttingen, pp 4-5;
162) Allsatz. ebd. p 6;
163) Atomsatz. ebd. p 42;
164) Funktor. ebd. p 239;
165) Identität. ebd. UTB Nr.967, Bd.2, p 288;
166) Implikation. ebd. p 294;
167) Individuum. ebd. pp 295-297;
168) Prädikator. ebd. p 501;

169) Materie des Urteils. In: Hist.Wörterb.d.Philosophie, Bd. 5, Basel 1980;
170) Unbewältigte Gegenwart. In:Schopenhauer-Jahrbuch 1981, Frankfurt 1980, S.36-45;

1981

171) Zum Problem der Anwendung von Logik. In:Logik,Ethik und Sprache; Festschrift f.Rudolf Freundlich. Hrsg.v. Kurt Weinke. Wien/München 1981, S.166-168;
172) Unbewältigte Information. In:Informatik u.Philosophie. Hrsg.v.Helmut Schauer u.Michael Tauber, Wien/München 1981, S.56-66;
173) Albertus Magnus.Neue Maßstäbe in einer Zeit der Krise. In:RUB-Winter (8), Schriftenreihe d.Ruhr-Universität u.d.Stadt Bochum, hrsg.v.R.Koschnitzke u.E.A.Plieg, Bochum 1981, S.63-72;
174) Magdalena Aebi (1898-1981).In:Burgdorfer Jahrbuch 1981 49.Jg., S.78-81;
175) I.M.Bocheński, Logik der Religion. Aus dem engl.übers. u.mit Anmerkungen versehen v.A.Menne, Paderborn 1981;
176) Albertus Magnus. In:Information Philosophie 1981, Heft 2, Basel, S.4-6;
177) Einführung in die Logik, 3.A.1981;

1982

178) Zusammen mit Niels Öffenberger: Über eine mehrwertige Darstellung der Oppositionstheorie nicht-modaler Urteilsarten. Zur Frage der Vorgeschichte der mehrwertigen Logik. In:Zeitschr.Philosophia, Athen, Jg.1980-81, S.304-323;
179) Arthur Schopenhauer. In:Klassiker d.philos.Denkens. Hrsg.v.Norbert Hoerster, 2.Bd.München 1982, S.194-229;
180) Das unendliche Urteil von Kant. In:Philosophia Naturalis, Bd.19,Heft 1-2,Meisenheim 1982, S.151-162;
181) Zusammen mit Niels Öffenberger. Zur modernen Deutung der aristotelischen Logik. Hildesheim 1982;
182) Theologische Qualifikation und mehrwertige Logik. In: Theologie-Grund und Grenzen. Festgabe f.Heimo Dolch zur Vollendung des 70.Lebensjahres, hrsg.v.Hans Waldenfels, S.395-399;
183) Concerning the logical Analysis of "Existence". In: The Monist, Vol.65, Nr.4, 1982, S.415-419;
184) Zum logisch-ontologischen Status von Gesetzen. In: Contemporary Conceptions of Law, Actes of the 9th World Congress for Philosophy of Law, Wiesbaden 1982, S.199;

1983

185) Arthur Schopenhauer: Die Welt als Wille. In:Grundprobleme der großen Philosophen, Bd.III Neuzeit,Göttingen 1983, S.98-124;
186) (Gemeinsam mit I.M.Bocheński) Grundriß der formalen Logik, Paderborn 1983, (5.A.von Nr.10/1954);
187) Zur Anwendbarkeit mehrwertiger Kalküle in der juristischen Logik. In: Festschrift f.Ulrich Klug zum 70.Geburtstag, 2 Bde., Köln, Bd.I Rechtsphilosophie,Rechtstheorie, S.135-141;

188) Zum Identitätsproblem chemischer Stoffe. Eine Veröffentlichung der medizinisch wissenschaftlichen Buchreihe von Schering, Schering AG., Berlin 1983.

1984

189) Einführung in die Methodologie, 2.A.Darmstadt 1984;
190) Modalität des Urteils. In:Hist.Wörterb.d.Philosophie. Hrsg.v.Ritter u.Gründer, Stuttgart, Bd.6/1984,S.12-16;
191) Negat. ebd. S.666;
192) Negation. ebd. S.666-670;
193) Negator. ebd. S.694-695;
194) Obversion. ebd. S.1089-1090;
195) Opposition. ebd. S.1237-1238;
196) Magdalena Aebi, Kants Begründung der "Deutschen Philosophie", Hildesheim, 2.A.1984;
197) Logik als Organon und als Wissenschaft. In:Freiburger Zeitschr.f.Philosophie u.Theologie,Bd.31,(1984)S.9-19;
198) Was hat heute Philosophie mit Weisheit zu tun? In:Herder-Initiative "Am Ende der Weisheit?", hrsg.v.G.K. Kaltenbrunner, Freiburg 1984, S.150-156;
199) Nachruf Dr.Grote. In:Zeitschrift f.Philos.Forschung, Bd.38, Heft 2, S.322;
200) Qualität und Quantität. In:Schule und Wirklichkeit. Festgabe zum 60.Geburtstag v.Wingolf Scherer, hrsg.v. Ludwig Blanck-Conrady u.Ludwig Hardörfer, Düsseldorf 1984, S.82-94;
201) Unbekannte Chemikerbriefe. In:Zeitschr.f.Allg.Wissenschaftstheorie XV/1 (1984), S.195;

1985

202) Ein großer Sohn der Stadt Höxter. Vor 75 Jahren starb Prof.Dr.Alfons Lehmen. In:Höxter-Corvey, Monatsheft des Heimat- u.Verkehrsvereins, Nr.4/April 1985, 33.Jg.
203) Zur modernen Deutung der Aristotelischen Logik, Bd.II Zusammen mit Niels Öffenberger), Hildesheim 1985;
204) Gestalten der Logik, in:Nr.203, S.160-168, (Nachdruck von Nr.60);
205) Zur Syllogistik strikt partikulärer Urteile. In:Nr.203 S.141-147 (Nachdruck von Nr.56);
206) Mehrwertige Logik im juristischen Denken. In:Rechtstheorie, Beiheft 8, "Juristische Logik,Rationalität u. Irrationalität im Recht", Berlin 1985, S.61-68;
207) Logik und Intelligenz. In:Der Intelligenzbegriff in den verschiedenen Wissenschaften: Referate einer interdisziplinären Arbeitstagung; Schriftenreihe der österreichischen Computergesellschaft, Bd.28, Wien/ München 1985, S.57-60;
208) Wprowadzenie do metodologii, in:Miscellanea Logica, Tom II (poln.Übersetzung von Nr.151), Akademia teologii katolickiej, Warszawa 1985, S.9-143;
209) Einführung in die Formale Logik, Darmstadt 1985;
210) Arthur Schopenhauer. In:Klassiker des philosophischen Denkens, Bd.3, 3.A.München 1985, SS.194-230;

1986

211) Zur Logik und ihrer Geschichte. In:Philosophia Naturalis, Bd.22(1985), SS.460-468;

212) Einführung in die Logik, 4.A.Tübingen;
213) Rezension: Paul Thom, The syllogism. Archiv f.Geschichte der Philosophie, Berlin/New York, S.203f.;
214) Mythos und Logik, in:Zur Kritik d.wiss.Rationalität, zum 65.Geburtstag v.Kurt Hübner, hrsg.v.Hans Lenk, Freiburg/München, SS.133-143;
215) Zur formalen Logik: Ein System und eine Orientierung. In:Allg.Zeitschrift f.Philosophie,Bd.11(1986),S.89-91;
216) The Cambridge History of Later Medieval Philosophy.In: Information Philosophie Nr.4(1986), S.32-33;
217) Logic and Reality. In:The Monist, Vol.69(1986), pp 295-99;
218) Die Philosophie der Menschenrechte. In:Kölner Universitätsjournal, 16.Jg.,Nr.4(1986), S.26;
219) Zur ontologischen Position des Absoluten. In:Philosophisch-Theologische Grenzfragen. Festschrift f.Richard Schaeffler z.Vollendung d.60.Lebensjahres, hrsg.v. J.Kirchberg u.J.Müther, Essen 1986, S.153-161;

1987

220) Philosophische Probleme von Arbeit und Technik, hrsg. v.A.Menne, Darmstadt 1987;
221) Einleitung in die Philosophischen Probleme von Arbeit und Technik. In:Nr.220, S.5-8;
222) Drei Arten von Erkenntnisgegenständen im Anschluß an Wittgensteins Tractatus. In:Logik,Wissenschaftstheorie und Erkenntnis, Akten des 11.Int.Wittgenstein Symposiums v.4.-13.8.86 in Kirchberg/Österr, Wien 1987, SS.405-407;

1988

223) Folgerichtig Denken. Logische Untersuchungen Philosophischer Begriffe und Probleme. Darmstadt 1988;
224) Zur Struktur von Aus- und Weiterbildung. In:Wissenschaftliche Reihe Schering, Berlin 1988;
225) Definition. In:Handwörterbuch der Soziolinguistik, Berlin 1988;
226) Kontraposition und Syllogistik. In:Akten des XVIII. Weltkongresses f.Philosophie, Bristol;
227) Zur Widerspruchsfreiheit der Trinität. In:Festschrift Heinrich Beck;
228) Die Kontraposition in der Scholastik. In:Festschrift Franz Josef Schmale.

B. Zeitungs-Artikel

Vorbemerkung: Der tatsächlich gedruckte Artikel weicht oft durch Kürzungen und Umstellungen erheblich ab vom Text des eingesandten Manuskripts. Insbesondere ist die Überschrift fast stets ein Werk der Redaktion.
Diese Aufstellung von Zeitungs-Artikeln erhebt keinen Anspruch auf Vollständigkeit

1972

1. Philosophie heute - wozu? in:Die WELT 1972;
2. Der Kieler Philosophenkongreß. in:Die WELT, Okt.1972;

1973

3. Der große akademische Katzenjammer - Vier Jahre Hamburger Universitätsgesetz. in:Die WELT, 12.5.73;
4. Philosoph der realen Werte - Zum 75.Geburtstag v.Fritz Joachim v.Rintelen. in:Die WELT 16.5.73;
5. Johannes Lotz - 70 Jahre. in: Die WELT 2.8.73;
6. Im Plenum gabs nur Bekenntnisse - Bericht vom XV.Weltkongreß d.Philosophie in Varna. in: Die WELT 26.9.73;
7. Der Vater der neuen Mathematik - Gottlob Frege und die Mengenlehre. in:Die WELT 14.11.73;
8. Wie der böhmische Leibniz Schafe zählte - Vor 125 Jahren starb Bernard Bolzano, der Mitbegründer der Mengenlehre. in: Die WELT 18.12.73;

1974

9. Ein Streiter für den wahren Nietzsche - Zum 70.Geburtstag des Philosophen Karl Schlechta. in:Die WELT 22.1.74;
10. Der Naturphilosoph Joseph Meurers wird 65. in:Die WELT 13.2.74;
11. Vom Guten hängt alles Sein ab - Zum 75.Geburtstag des Philosophen Helmut Kuhn. in:Die WELT 22.3.74;
12. Begräbnis erster Klasse - der Tote lebt. Im Wissenschaftszentrum Berlin tagte der Kongreß der Phänomenologen. in:Die WELT 2.5.74;
13. Mengenlehre darf kein Schulschreck sein. Wissenschaftler üben scharfe Kritik an der Praxis des Mathematikunterrichts. in:Die WELT 6.8.74;
14. Die Wirklichkeit ist nur ein Gedanke. Der Neukantianer Paul Natorp: Begründer der Sozialpädagogik. in:Die WELT 23.8.74;
15. Paul Natorp: un néo-kantien. Le père de la Socio-Pédagogie. (Übersetzung aus: Die WELT) in: La Tribune D'Allemagne;
16. Die Gedanken der Antike sind nicht überwunden. Zum 75. Geburtstag des Philosophen Vinzenz Rüfner. in:Die WELT 11.9.74;
17. Thomas und die Pariser Uni. Der Kölner Mediävistentag - Vorbild interdisziplinärer Forschung. in:Die WELT 20.9.74;
18. Congrès des médiévistes à Cologne (Übersetzung aus:Die WELT, in:La Tribune D'Allemagne 10.10.74, Nr.561);
19. Der Philosoph Walter Brugger wird 70. in:Die WELT 17.12.74;

1975

20. Die Weisen an den Rhein. Der XVI.Philosophen-Weltkongreß findet in Deutschland statt. in:Die WELT 18.1.75;
21. Einer, der fragen kann. Der Philosoph Hermann Noack wird morgen 80 Jahre alt. in:Die WELT 22.2.75;
22. Sie steht allen Richtungen offen. 25 Jahre Allgemeine Gesellschaft für Philosophie. in:Die WELT 17.4.75;
23. Une société ouverte à tous les courants. Vingt-Cinquième anniversaire de la Fondation de L'AGPD (Übersetzung aus:Die WELT) in:La Tribune D'Allemagne 15.5.75;
24. Erinnerung an eine Sturzgeburt. In Münster tagte die Gesellschaft für Wissenschaftsgeschichte zu ihrem zehnjährigen Bestehen. in:Die WELT 15.5.75;

1976

25. Kant auf dem Leisten der Logik. Zum 150.Geburtstag Friedrich Ueberwegs. in:Rheinischer Merkur Nr.5, 22.1.76;
26. Ist die Logik überholt? Moderne Philosophen über sich selbst. in:Die WELT 6.3.76;
27. Prälat Josef Höfer zum Gedenken. in:Der Dom Nr.16, 18.4.76;
28. Josef Höfer. in:FAZ 9.4.76;
29. Der Kampf gegen die Vorurteile. Zum 350.Todestag von Francis Bacon. in:Rheinischer Merkur 9.4.76;
30. Reise ins Reich Gottes. Zum Tod von Botschaftsrat Professor Josef Höfer. in:Rheinischer Merkur Nr.18, 30.4.76;
31. Leiter zur Wahrheit. Der Asket unter den Philosophen: Zum 25.Todestag von Ludwig Wittgenstein. in:Rheinischer Merkur Nr.18, 30.4.76;
32. Ethos des Maßes. In memoriam Vinzenz Rüfner. in: Rheinischer Merkur Nr.24, 29.5.76;
33. Seiner Zeit voraus. Zum Kongreß über den Philosophen C.S.Peirce. in:Rheinischer Merkur Nr.27, 2.7.76;
34. Das Dilemma des Skeptikers. Zum 200.Todestag David Humes. in:Rheinischer Merkur, 25.8.76;
35. Gekrümmter Raum und mehrblättrige Fläche. Zum 150. Geburtstag des großen Mathematikers Riemann. in:FAZ 15.9.76;
36. Teufel und Taufe. Mittelalterliche Vorstellungen des Guten und Bösen. in:Rheinischer Merkur 17.9.76;
37. Die Welt als Wille und Fortschritt. Schopenhauer und der Marxismus - Eine Tagung in Winterthur. in:Rheinischer Merkur 8.10.76;
38. Kants Kärrner. Zum 50.Todestag Rudolf Eislers. in: Rheinischer Merkur 17.12.76;

1977

39. Philosophie zum Nachschlagen. Bruggers Wörterbuch nach 30 Jahren. in:Rheinischer Merkur 7.1.77;
40. Der schweigsame Philosoph. Was Ludwig Wittgenstein wirklich lehrte. in:Rheinischer Merkur Nr.5,4.2.77;

41. Gott und Natur sind eins. Vor 300 Jahren starb der Philosoph Baruch Spinoza. in:Rheinischer Merkur 21.2.77;
42. Dem Planeten auf der Spur. Vor 150 Jahren starb der Astronom Pierre Simon Laplace. in:Die WELT 21.2.77;
43. Gustav Ermecke 70. in:Die WELT 28.2.77;
44. Husserl ist sein Leitstern. Der Philosoph Ludwig Landgrebe wird 75. in:Die WELT 9.3.77;
45. Grundgesetz des Universums. Isaac Newton entdeckte die Schwerkraft - Zu seinem 250.Todestag. in:Rheinischer Merkur 1.4.77;
46. Princeps mathematicorum. Zum 200.Geburtstag von Carl Friedrich Gauß. in:Rheinischer Merkur Nr.17,29.4.77;
47. Zum 85.Geburtstag von Johannes Erich Heyde. in:Die WELT 21.5.77;
48. Spezialist des Allgemeinen. Der Philosoph Friedrich Karl Kaulbach wird 65 Jahre alt. in:Die WELT 15.6.77;
49. Alle Fragen beantwortet. Carl Friedrich von Weizsäcker ist 65 Jahre alt. in:Die WELT 28.6.77;
50. Begnadeter Lehrer. Michael Schmaus zum 80.Geburtstag. in:Rheinischer Merkur Nr.28, 15.7.77;
51. Durchbruch auf dem Vatikanum. Michael Schmaus wird 80. in:Die WELT 16.7.77;
52. Wunder und leichte Kerne. Heimo Dolch 65 Jahre alt. in:Die WELT 20.7.77;
53. Meister des Stückwerks. Zum 75.Geburtstag des Philosophen Sir Karl Popper. in:Die WELT 28.7.77;
54. Kronzeuge Schopenhauer. Die Wanderjahre des jungen Philosophen. in:Rheinischer Merkur 26.8.77;
55. Der fliegende Pater und seine Routen. Joseph Bocheński wird 75. in:Die WELT 30.8.77;
56. Die Beweislast liegt bei den Reformern. Tiroler Sommerakademie über Bildungskrisen der Gegenwart. in: Die WELT 31.8.77;
57. Joseph Bocheński wird 75 Jahre alt. in:Rheinischer Merkur Nr.35, 2.9.77;
58. Die Scholastik war ganz anders. Der internationale greß für die Philosophie des Mittelalters tagte in Bonn. in:Die WELT 7.9.77;
59. Der Mahner Schopenhauer. Wider die naive Fortschrittsgläubigkeit der Gegenwart. in:Die WELT 10.9.77;
60. Im Selbststudium zu den Sternen. Das erste Genie Deutschlands: Johann Heinrich Lambert. in:Die WELT 21.9.77;
61. In memoriam Paul Bernays. in:Die WELT 1.10.77;
62. Der Aquinate im Überblick. Rolfes bewährte Übersetzungen neu. in:Rheinischer Merkur Nr.40,7.10.77;
63. Beim Wein wurden die Denker praktisch. Die Deutsche Gesellschaft für Philosophie debattierte in Stuttgart das Problem des Glücks. in:Die WELT 13.10.77;
64. Er macht die Physik anschaulich. Pascual Jourdan wird 75. in:Die WELT 18.10.77;
65. Braucht Europa eine kath.Universität? Jahrestagung 1977 der Görres-Gesellschaft in Innsbruck. in:Die WELT 20.10.77;

66. Stille Werkstattarbeit. Der Philosoph Rudolph Berlinger wird 70 Jahre alt. in:Die WELT 25.10.77;
67. Suche nach der inneren Freiheit. Vor 50 Jahren starb Leonard Nelson, der Vater des ethischen Sozialismus. in:Die WELT 29.10.77;
68. Die Dialektik war ihm ein großer Irrtum. Der Philosoph Trendelenburg. in:Die WELT 30.11.77;

1978

69. Josef de Vries 80 Jahre alt. in:Rheinischer Merkur Nr.1, 1978;
70. Josef de Vries Achtzig. in:Die WELT 3.1.78;
71. The return of Schopenhauer, pessimistic anti-utopian. in:The German Tribune 12.2.78 Nr.826 (Übers.aus:Die WELT 21.1.78);
72. Ein Philosoph im Wandel der Mode. Arthur Schopenhauer und seine zweite Renaissance-Werkauswahl von Werner Brede. in:Die WELT 21.1.78;
73. Kein Platz mehr für Futurologen. Das 16.Symposion der Deutschen Gesellschaft für Wissenschaftsgeschichte in Hannover. in:Die WELT 11.5.78;
74. Philosophie des lebendigen Geistes. Fritz-Joachim von Rintelen zum 80.Geburtstag. in:Die WELT 12.5.78;
75. Wolfgang Ritzel 65 Jahre. in:Die WELT 17.8.78;
76. Research. Science find the future has a past. in:The German Tribune Nr.841, 28.5.78;
77. An der Wiege der modernen Psychologie. In Memoriam Goclenius. in:Die WELT 8.6.78;
78. Können wir bald nicht mehr bis drei zählen? in:Die WELT 16.9.78;
79. Hermann Krings 65 Jahre. in:Die WELT 25.9.78;
80. Als Beamte noch auf ihre Pension verzichteten. Der Gegen-Marx: Friedrich Albert Lange zum 150.Geburtstag. in:Die WELT 26.9.78;
81. Demócrata filósofo. in:Tribuna Alemana Nr.733, 8.10.78 (Übers.aus:Die WELT d.vorangehenden Artikels);
82. Peter R.Hofstätter wird 65 Jahre.in:Die WELT 20.10.78;

1979

83. Eine neue Kritik der reinen Vernunft? Kurt Hübners bahnbrechendes Werk zur Wissenschaftstheorie. in: Die WELT 9.1.79;
84. Auf geradem Weg zur "Atheisterey". Vor 300 Jahren wurde der Philosoph Chr.v.Wolff geboren. in:Die WELT 24.1.79;
85. Von den Sternen zu Gott. Dem Astronomen Joseph Meurers zum 70.Geburtstag. in:Rheinischer Merkur 15.2.79;
86. Der Philosoph vor Gericht. Eine mustergültige Ausgabe von Briefen Arthur Schopenhauers. in:Die WELT 17.2.79;
87. Er ondolierte die Lichtstrahlen. Ein genialer Naturwissenschaftler: Vor 350 Jahren wurde Christian Huygens geboren. in:Die WELT 12.4.79;
88. Über den Sinn der Tugenden. Gespräche mit dem fragenden Leser - Josef Pieper wird 75. in:Die WELT 4.5.79;
89. Die Sache der Philosophie. Zum 75.Geburtstag von Josef Pieper. In:Rheinischer Merkur 4.5.79;

90. Zum 900.Geburtstag von Petrus Abaelardus. in:Rheinischer Merkur 11.5.79;
91. Philosoph Gerhard Funke 65. in:Die WELT 21.5.79;
92. Stechmücke Adorno, Eidechse Heidegger... Allerlei Viehlosophisches aus Darmstadt. in:Die WELT 2.6.79;
93. Heimtückische Tricks der Verwaltung. Die Philosophie als Fach an den europäischen Schulen: Ihr wird das Leben oft schwergemacht. in:Die WELT 14.7.79;
94. Wie das Weltall aus einem Zahlenverhältnis entstand. Philosophische Probleme von Natur und Technik: Die Int.Sommerakademie in Brixen führte zu neuen Erkenntnissen. in:Die WELT 10.8.79;
95. Was ist ein Energon? Tiefseetaucher als Denker. in: Die WELT 11.8.79;
96. Zeitgestalten. Der Philosoph Hengstenberg wird 75 Jahre. in:Rheinischer Merkur 31.8.79;
97. Warum England Astrid Proll auslieferte. Naturrecht und menschliche Würde - Kongreß der int.Vereinigung für Rechts- und Sozialphilosophie in Basel. in:Die WELT 15.9.79;
98. Mit Hildegard nach Äquatorial-Guinea. in:Die WELT 29.9.79;
99. Kurt Schütte 70 Jahre. in:Die WELT 13.10.79;
100. Ohne ihn gäbe es kein Fernsehen. Zum 100.Todestag Maxwells. in:Die WELT 5.11.79;
101. Urzustand Krieg. Zum 300.Todestag von Thomas Hobbes. in:Rheinischer Merkur 7.12.79;
102. Walter Brugger 75 Jahre. in:Rheinischer Merkur 14.12.79;

1980

103. Carl Gustav Hempel 75. in:Die WELT 8.1.80;
104. Hermann Westhoff wird 65. in:Die WELT 16.2.80;
105. Der Urvogel ohne Flügel; Joachim Illies legt Thesen zur Entstehung des Lebens vor. in:Die WELT 31.5.80;
106. Gesetze müssen für die Zukunft gelten; Poppers Vorarbeiten zu seiner "Logik der Forschung". in:Die WELT 9.8.80;
107. Von der Antike bis zum Rationalismus. Eine Reclam-Edition führt in die Philosophie ein. in:Die WELT 5.7.80;
108. Ernst v.Hippel 85. in:Rheinischer Merkur/Christ und Welt 3.10.80;
109. Schopenhauer-Freunde; Leserbriefe, Rheinische Post, 24.10.80;
110. Albertus kein Frauenfeind. Leserbriefe, Westd.Allgemeine Zeitung 8.10.80;
110. Für 300 Denare. in:Die WELT 11.10.80;
111. Auf seinen schmalen Schultern stehen viele. Zum 700. Todestag des großen Denkers und Täters Albertus Magnus in:Die WELT 15.11.80;
112. Ein Albertus für den Papst. Besprechung. in:Die WELT 11.12.80;

1981

113. Gegen falsche Mythen. Der Philosoph Alois Dempf wird 90 Jahre alt. in:Die WELT 2.1.81;

114. Béla v.Brandenstein 80. in:Die WELT 17.3.81;
115. Todestag von Hermann Schell. Auf den Index gesetzt. Recht verstandene Katholizität hemmt nicht den geistigen Fortschritt. in:Rheinischer Merkur Mai 81;
116. Abaelard und die Liebe mit Rückgrat.Echte Überzeugung. in:Die WELT 9.4.81;

1982

117. Jede Theorie ist wie ein Scheinwerfer. Der Philosoph Karl Popper wird 80 Jahre alt. Der weite Weg vom absoluten Marxismus zur offenen Gesellschaft. in:Rheinischer Merkur 22.7.82;
118. Logische Religion. in:Rheinischer Merkur 3.9.82;

1983

119. Newton kein schlechter Schüler. Kalendarium;
120. Die Lebensdaten von Newton - Vor 250 Jahren starb Newton. Welt-Report 26.3.83;
121. Philosoph aus Dortmund, Joseph Kleutgen. in:Rheinischer Merkur 21.1.83;
122. Beiträge zur Informationstheorie. Neue Zürcher Zeitung Nr.97, 27.4.83;
123. Von der Herrschsucht der Pfauenhähne. Kritik und Würdigung des Darwinismus: Das nachgelassene Buch von Joachim Illies. in:WELT des Buches 3.9.83;
124. Hermann Krings. in:Rheinischer Merkur 23.9.83;
125. Johannes Lotz 80 Jahre. in:Rheinischer Merkur 29.7.83;
126. Doch nicht Mengenlehre. Gedenkblatt für den Mathematiker L.Euler. in:Die WELT 17.9.83;
127. Die Kunst der Klarheit. Peter R.Hofstätter zum 70.Geburtstag. in:Die WELT 20.10.83;
128. Der Vater der "Encyclopédie". Was bleibt von der Aufklärung? - Zum 200.Todestag von Jean d'Alembert. in: Die WELT 29.10.83;
129. Die Kultur macht den Menschen. Michael Landmann 70. in: Die WELT 16.12.83;

1984

130. Carl Jantke wird 75. in:Die WELT 21.9.84;

1985

131. Seelenkunde ohne Seele. P.Hofstätter über die Grenzen der Psychologie. in:Die WELT 9.1.85;
132. Oh, süße Philosophie. in:Die WELT 10.1.85;
133. Vom Buch Kohelet an. Gibt es eine eigenständige jüdische Philosophie? in:Die WELT 13.4.85;
134. Vertrauen statt Angst. Konferenz über "Arbeit und Technik" in Bochum. in:Die WELT 4.6.85;

1986

135. Vorbild der Paulskirche. Lübeck:Gesellschaft für Wissenschaftsgeschichte. in:Die WELT 14.5.86;
136. Weg mit der Metaphysik. Zum 50.Todestag des Philosophen Moritz Schlick. in:Die WELT 26.6.86;
137. Kritiker der Vernunft und des Mythos. Kurt Hübner wird 65. in:Die WELT 1.9.86;
138. Die unsterbliche Summa. Kölner Mediävistenkongreß über Thomas von Aquin. in:Die WELT 23.9.86;

139. Vor Tabus sei gewarnt. Kölner Kongreß zum Thema Menschenrechte. in:Die WELT 21.10.86;
140. Un congrès sur les droits de l'homme. in:La Tribune d'Allemagne, 2.11.86;
141. Briefmarken als Tapetenzierer. Historisches über ein königliches Hobby: Carlrichard Brühls Geschichte der Philatelie. in:Die WELT 27.12.86;
142. Ein Experte, dem man voll vertraut. Hans Sachsse wird 80. in:Die WELT 29.12.86;

1987

143. Eine Pariser Love-Story, die im Kloster endete. in: Die WELT;
144. Um die Sache Sokrates. Kongreß in Köln: Philosophie als Erziehungsmittel. in:Die WELT 17.3.87;
145. Interview mit Sir Karl Popper:
    1) Reden in verwickelter Weise - Die Erbsünde deutscher Philosophie. in:Die WELT 6.7.87;
    2) Nicht nur Physiker, auch Philosophen können schlechte Philosophen sein. in:Die Welt 8.7.87;
    3) Wir spielen auf unserm Gehirn wie ein Pianist auf dem Flügel. in:Die WELT 11.7.87;
146. Die dritte Welt und die Wirklichkeit. Sir Karl Popper wird 85. in:Die WELT 28.7.87;
147. Zum 85.Geburtstag des Philosophen I.M.Bocheński. Das Schwere leicht gefaßt. in:Die WELT 30.8.87.

*****